객체지향의 사실과 오해

역할, 책임, 협력 관점에서 본 객체지향

객체지향의 사실과 오해

역할, 책임, 협력 관점에서 본 객체지향

지은이 조영호

펴낸이 박찬규   엮은이 이대엽   디자인 북누리   표지디자인 아로와 & 아로와나

펴낸곳 위키북스   전화 031-955-3658, 3659   팩스 031-955-3660

주소 경기도 파주시 문발로 115 세종출판벤처타운 #311

가격 20,000원   페이지 260   책규격 172 x 235 x 14mm

1쇄 발행 2015년 06월 17일

2쇄 발행 2015년 12월 17일

3쇄 발행 2018년 07월 31일

4쇄 발행 2019년 11월 20일

5쇄 발행 2020년 11월 20일

6쇄 발행 2021년 07월 24일

7쇄 발행 2022년 01월 27일

8쇄 발행 2022년 07월 20일

9쇄 발행 2023년 04월 20일

ISBN 978-89-98139-76-6 (93000)

등록번호 제406-2006-000036호   등록일자 2006년 05월 19일

홈페이지 wikibook.co.kr   전자우편 wikibook@wikibook.co.kr

이 도서의 국립중앙도서관 출판시도서목록 CIP는

서지정보유통지원시스템 홈페이지(http://seoji.nl.go.kr)와

국가자료공동목록시스템(http://www.nl.go.kr/kolisnet)에서 이용하실 수 있습니다.

CIP제어번호 CIP2015014958

객체지향의 사실과 오해

역할, 책임, 협력 관점에서 본 객체지향

The Essence of Object-Orientation

Roles, Responsibilities, and Collaborations   조영호 지음

위키북스

객체지향이라는 단어는 오랜 역사와 성숙도에도 불구하고 소프트웨어 개발 커뮤니티에서 여전히 수많은 오해와 논쟁을 불러일으키곤 합니다. 객체지향이란 무엇일까요? 이 질문에 여러분은 뭐라고 답하시겠습니까?

물론 객체지향에는 많은 사람들이 동의하는 공통적인 특징이 있습니다. 추상화, 캡슐화, 상속, 다형성은 객체지향을 다른 패러다임과 구분하는 중요한 특징입니다. SOLID로 대표되는 몇 가지 원칙들을 사용하면 훌륭한 객체지향 코드를 작성할 수 있다는 사실에 반박하는 개발자들은 그다지 많지 않습니다. 반복적으로 발생하는 문제와 해법의 쌍을 일컫는 디자인 패턴 역시 많은 객체지향 프로그래머들이 유용하다고 생각하는 도구 중 하나입니다. 그래서 객체지향이란 무엇일까요? 물론 이 질문에 정답이란 존재하지 않습니다. 중요한 것은 여러분이 이 질문에 대한 자신만의 견해를 가지고 있느냐는 것입니다.

안타깝게도 대부분의 사람들은 여전히 객체지향이란 무엇인가에 대해 자신있게 대답하지 못하는 것 같습니다. 실제로 상속이 무엇인지는 대답할 수 있지만 일반화가 무엇인지에 대해서는 대답하지 못하는 개발자분들이 꽤 많습니다. 객체지향이 말 그대로 객체를 지향한다는 사실을 잘 알고 있으면서도 많은 분들이 여전히 클래스나 상속을 중심으로 객체지향을 바라보고 있습니다.

이 책은 객체지향이란 무엇인가라는 원론적이면서도 다소 위험스러운 질문에 대한 제 나름의 대답을 말씀드리기 위해 쓰여졌습니다. 객체지향으로 향하는 첫 걸음은 클래스가 아니라 객체를 바라보는 것에서부터 시작합니다. 객체지향으로 향하는 두 번째 걸음은 객체를 독립적인 존재가 아니라 기능을 구현하기 위해 협력하는 공동체의 존재로 바라보는 것입니다. 세 번째 걸음을 내디딜 수 있는지 여부는 협력에 참여하는 객체들에게 얼마나 적절한 역할과 책임을 부여할 수 있느냐에 달려 있습니다. 객체지향의 마지막 걸음은 앞에서 설명한 개념들을 여러분이 사용하는 프로그래밍 언어라는 틀에 흐트러짐 없이 담아낼 수 있는 기술을 익히는 것입니다.

이 책의 목적은 여러분들이 객체지향의 첫 번째 걸음에서 시작해 마지막 네 번째 걸음까지 재빠르게 내디딜 수 있도록 도움을 드리는 것입니다. 이 책은 객체지향을 더 잘 이해하기를 원하시는 분들을 위해, 혹은 객체지향에 대한 오해와 불신을 품고 계신 분들을 위한 책입니다. 책을 덮은 후 여러분들이 지금까지 해왔던 방식을 뒤돌아보면서 깊은 사색에 잠길 수만 있다면 이 책은 그 목적을 다한 것이라고 생각합니다.

저와 함께하는 짧지만 즐거운 여행에 동참하신 것을 환영합니다.

대상 독자

이 책은 객체지향 프로그래밍 언어를 사용하는 소프트웨어 개발자를 대상으로 쓰여졌습니다. 여러분이 적어도 하나 이상의 객체지향 프로그래밍 언어에 능숙하다면 이 책은 바로 여러분을 위한 책입니다. 이 책의 목표는 페이지를 한장 한장 넘길 때마다 프로그래밍을 했던 기억을 떠올리며 "그게 이런 의미였구나", "그래서 그 언어가 그런 방식으로 설계됐구나"라는 생각을 하도록 만드는 것입니다.

책을 읽어보면 알겠지만 구현 코드가 나오는 장은 7장이 유일합니다. 나머지 장들은 전부 지루할 정도로 무미건조한 글과 그림으로 채워져 있습니다. 그러나 너무 걱정하지는 않으셔도 됩니다. 여러분이 객체지향 프로그래밍에 대한 어느 정도의 지식을 가지고 계시다면 글과 그림의 의미를 여러분의 경험과 쉽게 연결하실 수 있을 것입니다.

물론 개발 경험이 전무하다고 해서 이 책을 읽을 수 없는 것은 아닙니다. 비개발자가 책을 읽더라도 이해하는 데는 큰 무리가 없을 정도로 일반적이고 평이한 난이도를 유지하기 위해 노력했습니다. 하지만 실제로 코드를 작성한 경험이 많으면 많을수록, 객체지향 프로그래밍 언어에 대한 지식이 많으면 많을수록 책의 행간에 숨겨져 있는 의미를 좀 더 깊이 있게 이해할 수 있을 것입니다.

이 책은 8개의 장으로 구성돼 있습니다.

"1장. 협력하는 객체들의 공동체"에서는 객체지향 패러다임의 핵심이 자율적인 객체들의 협력이라는 사실을 강조합니다. 지금까지 객체지향의 중심이 클래스나 상속이라고 생각했던 분들은 1장을 읽고 나서 약간의 당혹감을 느낄 수도 있을 것입니다.

"2장. 이상한 나라의 객체"에서는 '객체란 무엇인가'라는 본질적인 질문에 대답하려고 합니다. 제목이 암시하는 것처럼 2장의 대부분은 루이스 캐롤이 쓴 『이상한 나라의 앨리스』를 모티브로 하고 있습니다. 앨리스의 이야기를 듣고 나면 객체가 상태와 행동, 식별자를 가진 존재라는 사실을 이해하게 될 것입니다.

"3장. 타입과 추상화"에서는 소프트웨어 개발에서 가장 중요한 개념인 추상화와 마주치게 될 것입니다. 거창해 보이지만 추상화는 단순화를 의미합니다. 객체지향 패러다임에서 가장 널리 사용되는 추상화는 동적인 객체들을 단순화시켜 정적인 타입으로 갈무리하는 것입니다. 타입의 개념을 이해하고 나면 객체를 구현하기 위해 클래스를 사용하는 이유를 이해하게 될 것입니다.

"4장. 역할, 책임, 협력"에서는 객체지향 설계의 가장 중요한 재료인 역할, 책임, 협력에 관해 설명합니다. 객체들은 협력에 참여하기 위해 특정한 역할을 맡고 역할에 적합한 책임을 수행하게 됩니다. 대부분의 사람들은 객체지향이라는 말에서 클래스와 상속을 떠올리겠지만 4장을 읽고 나면 역할, 책임, 협력이 객체지향의 핵심이라는 사실을 알게 될 것입니다.

"5장. 책임과 메시지"에서는 훌륭한 메시지가 훌륭한 객체지향 설계의 기반이라는 사실을 강조합니다. 객체의 자율성과 설계의 유연성은 얼마나 훌륭한 메시지를 선택하느냐에 달려 있습니다. 여러분이 이 책에서 단 하나의 장만 읽겠다고 한다면 5장을 읽기를 권해드리겠습니다.

"6장. 객체 지도"에서는 객체지향이 구조와 기능이라는 두 가지 관점을 어떻게 조화시키는지에 관해 설명합니다. 구조는 기능에 비해 변화에 더 안정적입니다. 따라서 객체지향 패러다임은 객체들의 구조 안에 기능을 녹임으로써 변화에 안정적인 소프트웨어를 개발할 수 있게 합니다. 만약 도메인 모델에 관해 들어본 적이 있다면 이번 장에서 도메인 모델과 객체지향 패러다임 사이의 관계를 이해하게 될 것입니다.

"7장. 함께 모으기"에 이르면 마침내 처음이자 마지막으로 구현 코드가 등장합니다. 7장의 목표는 1장부터 6장까지 다룬 내용을 동작하는 코드를 통해 정리하는 것입니다. 7장을 읽고 나면 추상적으로 흩어져 있던 개념들이 좀 더 명확하고 구체적인 실체로 다가올 것입니다.

책을 읽는 방법

이 책은 1장부터 7장까지 유기적인 흐름으로 연결돼 있습니다. 따라서 이 책을 읽는 가장 효과적인 방법은 처음부터 끝까지 차례대로 읽어 내려가는 것입니다. 책의 중간부터 읽을 경우 내용을 이해하기 어려울 가능성이 높기 때문에 특별한 이유가 아니라면 책의 흐름에 따라 순서대로 읽어 주시기 바랍니다.

이 책이 세상에 나오게 된 동기는 조금 특별합니다. 제가 이 책을 쓰기 시작한 이유는 지금도 집필 중인 다른 책을 이해하는 데 필요한 개념과 배경 지식을 제공하고 싶었기 때문입니다. 솔직히 말해서 이 책에 실린 내용들이 독립된 한 권의 책으로 묶여 나오게 될 것이라고는 것은 추호도 예상하지 못했습니다. 제 입장에서 보면 이 책은 순전히 우연의 산물인 것이죠.

시간을 거슬러 2012년 가을로 떠나 보겠습니다. 그 무렵 저는 건강상의 이유로 회사를 휴직하고 칩거를 가장한 여유 있는 백수 생활을 누리고 있었습니다. 오랜만에 풍요로운 자유 시간을 얻게 된 저는 오래 전부터 생각만 하고 실천에 옮기지 못했던 집필을 시작하기로 마음먹었습니다.

집필은 순조로웠습니다. 쓰고 싶은 것은 많았고 의욕은 넘치던 시절이었으니까요. 3개월의 휴직 기간이 끝나고 정신을 차려보니 400페이지 분량의 원고가 제 책상 위에 놓여져 있었습니다. 완결된 원고는 아니었지만 중간 점검도 할 겸 평소에 알고 지내던 개발자 몇 분께 원고 리뷰를 부탁드렸습니다.

안타깝게도 리뷰 결과는 실망스러웠습니다. 대부분의 분들이 원고 중간중간 불쑥 튀어나오는 생소한 용어와 개념에 치여 전체적인 내용을 이해하기 어려웠다는 피드백을 주셨던 것입니다. 그때 저는 깨달았습니다. 휴직 기간 동안 저는 오직 저만을 위한 책을 쓰고 있었던 것입니다. 복직 후 바쁜 일상 속으로 내동댕이쳐진 저는 하염없이 흐르는 시간을 붙잡지 못한 채 원고를 미완의 상태로 방치할 수밖에 없었습니다.

원고에 다시 손을 댈 용기를 냈을 때 제일 먼저 한 일은 기존 원고와 결별하고 모든 것을 처음부터 다시 쓰기 시작한 것입니다. 그리고 앞서의 실수를 반복하지 않기 위해 책을 이해하는 데 필요한 객체지향의 기본 지식과 개념들을 개괄적으로 설명하는 내용을 추가하기 시작했습니다. 처음에는 단순히 책을 보완하기 위해 시작한 글들이 모양과 틀을 갖춰가면서 한 권의 독립적인 책으로 출간하는 편이 더 가치 있겠다는 피드백이 늘어났습니다. 그렇게 해서 이 책이 세상의 빛을 보게 됐습니다.

이 이야기를 말씀드리는 이유는 집필 의도를 명확하게 알고 책을 보시는 것이 중요하기 때문입니다. 이 책의 목적은 객체지향 프로그래밍에 대한 구체적이고 상세한 지식을 전달하는 것이 아닙니다. 이 책은 객체지향을 다루는 다른 책이나 자료들을 읽을 때 미리 알고 있으면 도움될 만한 기본 배경과 지식을 다루는 책입니다. 그리고 제가 객체지향의 세계에 발을 들여 놓았을 때 누군가가 이런 이야기를 해줬더라면 좋았을 텐데 하고 아쉬워했던 내용들을 정리한 책입니다.

이 책 한 권을 읽었다고 해서 갑자기 여러분의 수준이 높아진다거나 더 훌륭한 프로그램을 작성할 수 있다거나 하는 일은 절대 일어나지 않을 것입니다. 이 얇은 책에 담겨 있는 내용이 너무 빈약하고 부족하다고 생각하는 분들도 있을 것입니다. 하지만 이것 한 가지는 장담할 수 있습니다. 이 책을 읽고 나면 객체지향을 바라보는 여러분의 시야가 깊어지는 동시에 넓어질 것이라는 점입니다.

이 책은 지금까지 제가 어떤 글을 쓰면서도 느끼지 못했던 희열과 고통을 동시에 안겨준 책입니다. 기술적인 지식을 비기술적인 이야기로 풀어내는 것은 정말로 즐겁고도 흥분되는 도전이었습니다. 하지만 책을 쓰는 내내 기술적인 문맥에 적절한 이야기를 만들어내야 한다는 압박감에 시달려야 했습니다. 제 시도가 신선함으로 비춰질지 아니면 과욕이 부른 치기어림으로 끝날지는 전적으로 이 책을 읽으시는 여러분의 판단에 달려 있습니다.

감사의 글

뒤돌아보면 원고를 쓰는 동안 정신적, 육체적으로 꽤나 힘든 시기를 보냈던 것 같습니다. 건강상의 이유로, 사람과의 관계로, 주기적으로 찾아오는 허탈함으로 지칠 때마다 집필을 그만두고 싶다는 생각이 들었던 적이 한두 번이 아니었습니다. 아마도 이 책의 완성을 기다려주시고 아낌없는 격려와 응원을 보내주신 분들이 없었다면 이 책은 세상에 나오지 못했을 것입니다.

먼저 책을 쓰는 내내 처음부터 끝까지 긍정적인 피드백을 보내주신 이동철 님께 감사의 인사를 드립니다. 이동철 님의 응원이 없었다면 이렇게 무모한 내용을 책으로 내겠다는 결심을 하지는 못했을 것입니다.

책을 시작할 수 있게 격려해 주신 이일민 님께도 감사드립니다. 자주 뵙지는 못하지만 만날 때마다 집필하시면서 느꼈던 어려움과 즐거움을 들려주신 덕분에 책을 마무리할 수 있는 용기를 얻을 수 있었습니다.

처음부터 끝까지 꼼꼼하게 리뷰해 주신 김병모 님께도 감사의 말씀을 드립니다. 김병모 님의 피드백이 쌓일 때마다 책에 대한 자신감도 그에 비례해서 늘어났다는 말씀을 드리고 싶습니다.

원래 이 원고는 여전히 집필 중인 또 다른 책의 일부로 포함될 예정이었습니다. 원고를 리뷰하고 한 권의 독립된 책으로 내는 것이 좋겠다는 차민창 님의 조언이 없었다면 이 원고는 아직도 제 컴퓨터 안에 있었을 것입니다.

감사의 글

집필과 관련해서 많은 조언을 해주신 백명석 님과 최범균 님께도 감사드립니다. 두 분과 이야기할 때마다 제가 쓰고 있는 책이 많은 분들께 도움될 수 있으리라는 확신을 가질 수 있었습니다.

NHN NEXT에서 사제의 연을 맺었던 박소은 님께도 감사드립니다. 박소은 님의 피드백으로 이 책이 프로그래밍을 갓 시작한 사람들에게도 큰 도움이 될 것이라는 기대감을 가지게 되었습니다.

오랜 시간 동안 원고를 내놓지 못한 채 침묵하고 있던 저를 끝까지 믿고 기다려주신 위키북스 박찬규 대표님과 편집자이신 이대엽 님께도 지면을 빌려 감사의 말씀을 드립니다.

무엇보다 사랑하는 부모님께 가장 큰 감사를 드리고 싶습니다. 조문희, 김영숙, 이 두 분이 안 계셨다면 이 책은 세상에 나올 수조차 없었을 것입니다.

목 차

목차

01
협력하는 객체들의 공동체

시너지를 생각하라. 전체는 부분의 합보다 크다.

— 스티븐 코비(Stephen R. Covey)

객체지향이라고 불리는 새로운 세상의 문을 연 대부분의 사람들은 "객체지향이란 실세계를 직접적이고 직관적으로 모델링할 수 있는 패러다임"이라는 설명과 마주하게 된다. 이런 식의 설명이 전달하고자 하는 핵심은 객체지향 프로그래밍이란 현실 속에 존재하는 사물을 최대한 유사하게 모방해 소프트웨어 내부로 옮겨오는 작업이기 때문에 그 결과물인 객체지향 소프트웨어는 실세계의 투영이며, 객체란 현실 세계에 존재하는 사물에 대한 추상화라는 것이다.

아쉽게도 실세계의 모방이라는 개념은 객체지향의 기반을 이루는 철학적인 개념을 설명하는 데는 적합하지만 유연하고 실용적인 관점에서 객체지향 분석, 설계를 설명하기에는 적합하지 않다. 애플리케이션을 개발하면서 객체에 직접적으로 대응되는 실세계의 사물을 발견할 확률은 그다지 높지 않다. 비록 그런 객체가 존재한다고 하더라도 객체와 사물 간의 개념적 거리는 유사성을 찾기 어려울 정도록 매우 먼 것이 일반적이다.

심지어 소프트웨어가 반영해야 하는 객관적인 실세계가 존재한다는 아이디어조차도 논란의 여지가 있는 철학적 근거를 기반으로 한다.

노련한 객체지향 전문가들은 본능적으로 이런 사실을 인지하고 있다. 대다수의 개발자들은 객체지향 애플리케이션이 실세계를 모방해야 한다는 설명을 전혀 납득하지 못한다. 방화벽이 화재의 확산을 막는 것이 아니라 네트워크 침입을 막는다고 해서 문제될 것이 있을까? 실세계의 방화벽이 건물과 연관돼 있다고 해서 네트워크 방화벽이 건물과 연관될 필요가 있는가? 비유의 적절성을 떠나 소프트웨어 방화벽과 건물의 방화벽 사이의 의미적 거리만큼이나 소프트웨어 객체와 실세계 사물 사이에 존재하는 연관성은 희미하다.

객체지향의 목표는 실세계를 모방하는 것이 아니다. 오히려 새로운 세계를 창조하는 것이다. 소프트웨어 개발자의 역할은 단순히 실세계를 소프트웨어 안으로 옮겨 담는 것이 아니라 고객과 사용자를 만족시킬 수 있는 신세계를 창조하는 것이다. 버트란드 마이어(Bertrand Meyer)는 "소프트웨어 시스템이 해결하려고 하는 실재는 잘해봐야 먼 친척밖에는 되지 않는다[Meyer 2000]"는 말로 소프트웨어의 세계와 실세계 사이의 거리를 잘 표현하고 있다.

실세계의 모방이라는 개념이 비현실적임에도 여전히 많은 사람들이 실세계 객체와 소프트웨어 객체 간의 대응이라는 과거의 유산을 반복적으로 재생산하는 이유는 뭘까? 그것은 실세계에 대한 비유가 객체지향의 다양한 측면을 이해하고 학습하는 데 매우 효과적이기 때문이다.

객체를 스스로 생각하고 스스로 결정하는 현실 세계의 생명체에 비유하는 것은 상태와 행위를 '캡슐화(encapsulation)'하는 소프트웨어 객체의 '자율성(autonomous)'을 설명하는 데 효과적이다. 현실 세계의 사람들이 암묵적인 약속과 명시적인 계약을 기반으로 협력하며 목표를 달성해 나가는 과정은 '메시지(message)'를 주고받으며 공동의 목표를 달성하기 위해 '협력(collaboration)'하는 객체들의 관계를 설명하는 데 적합하다. 실세계의 사물을 기반으로 소프트웨어 객체를 식별하고 구현까지 이어간다는 개념은 객체지향 설계의 핵심 사상인 '연결완전성(seamlessness)'을 설명하는 데 적합한 틀을 제공한다.

실세계의 모방이라는 객체지향의 개념은 훌륭한 프로그램을 설계하고 구현하는 실무적인 관점에서는 부적합하지만 객체지향이라는 용어에 담긴 기본 사상을 이해하고 학습하는 데는 매우 효과적이다. 객체지향을 설명하는 많은 책과 문서들이 오해의 여지가 있다는 사실을 잘 알고 있음에도 실세계의 모방이라는 개념을 쉽게 포기하지 못하는 이유가 바로 여기에 있다.

이번 장에서는 객체지향에 관한 기본적인 내용을 설명하기 위해 잠시 동안만 실세계의 모방이라는 과거의 인습에 얽매일 예정이다. 먼저 소프트웨어 객체란 실세계 사물의 모방이라는 전통적인 관점에서 객체지향의 다양한 개념을 설명하기로 한다. 비록 전통적인 관점이 문제 해결방법으로서의 실용성 측면에서는 의심스럽더라도 객체지향이라는 세계를 이해하는 데는 도움될 것이다.

협력하는 사람들

커피 공화국의 아침

샐러리맨들이 매일 아침 달콤한 늦잠의 유혹을 물리치며 어딘가로 무거운 발걸음을 향하는 이유는 그곳에 회사가 있기 때문이다. 만원 버스에 몸을 실은 채 주위를 둘러보면 잠이 덜 깬 부스스한 얼굴과 초점 없는 눈동자들이 버스 안의 공기를 무겁게 짓누른다. 덜컹거리는 버스 속에서 사람들과 부대끼며 겨우 정거장에 도착하고 나면 출근시간에 늦지 않기 위해 종종걸음으로 바삐 걸어가는 인파의 홍수 속에 묻히고 만다. 사무실에 도착해서 컴퓨터 모니터의 전원을 켜면 어제와 비슷한 또 하나의 하루가 시작된다는 사실에 가슴 한편이 아려오지만 그렇다고 해서 회사를 그만두고 딱히 다른 일을 할 엄두도 나지 않는다.

다람쥐 쳇바퀴 같은 지루한 일상에 한 가지 위안이 있다면 매일 아침 회사 카페테리아에 들러 따뜻한 아메리카노를 마시는 일이다. 커피 특유의 쌉쌀함이 초라한 현실 속의 내 모습을 비추는 것 같아 서글프기도 하지만 한편으로는 혀끝을 감싸고 도는 그 알싸한 맛이 쓰디쓴 일상을 어루만져 주는 것 같은 느낌에 매일 아침 카페테리아로 발걸음을 향할 수밖에 없는 것이다.

카페테리아 앞에 길게 늘어선 줄 속에 몸을 맡긴 채 이런저런 생각을 하다 보니 주문할 차례가 다가왔다. 주문대에 다가서자 캐시어가 얼굴에 미소를 머금은 채 반갑게 맞아 주었다.

"안녕하세요. 어떤 걸로 주문하시겠어요?"

환하게 웃는 얼굴을 보니 안개처럼 짙게 드리워져 있던 우울함의 농담이 조금은 옅어지는 것 같았다.

"따뜻한 아메리카노 주세요."

"사이즈는 레귤러로 드릴까요?"

"예, 레귤러 사이즈로 주세요."

"감사합니다. 금액 결제 부탁드릴께요."

사원증으로 금액을 결제하고 캐시어로부터 영수증과 진동벨을 받은 후 주문대를 빠져나왔다. 오전 이 시간에는 워낙 카페테리아를 방문하는 직원들이 많아 커피가 준비될 때까지 조금 기다려야 한다. 지루한 시간을 때울 만한 일이 없어 주위를 두리번거리다 주문을 받는 캐시어의 모습이 눈에 들어왔다.

캐시어는 여전히 유쾌한 미소를 띠며 주문을 받고 있었다. 내가 서 있는 자리에서는 손님과 주고받는 대화가 잘 들리지는 않았지만 음료의 종류와 사이즈를 물어보는 일상적인 질문과 답변을 주고받는 듯했다. 손님의 주문을 받은 캐시어는 미리 준비된 컵의 옆면에 음료의 종류를 적은 후 카운터 옆에 있는 테이블에 놓았다.

캐시어가 컵을 놓은 테이블 위에는 지금까지 주문된 컵이 바리스타를 향해 일렬로 늘어서 있었다. 손님이 많아지면 많아질수록 테이블 위에서 순서를 기다리는 컵들의 발걸음도 조금씩 더뎌져 갔다. 출근 시간이 다가올수록 조금씩 길어지는 회사 엘리베이터 앞의 행렬처럼 컵의 행렬도 조금씩 길어지며 바리스타의 마음을 옥죄고 있었다.

바리스타는 바쁜 손놀림으로 자신의 차례를 기다리고 있는 컵 하나를 들어 옆면에 적힌 주문 내역을 살펴봤다. 찰나의 순간에 주문 내역을 뇌의 한켠에 적어 넣은 바리스타는 커피 머신을 향해 돌아서서 차분히 주문된 커피를 만들기 시작했다. 커피 머신 특유의 칙, 하는 소리와 함께 따뜻한 김을 머금은 커피가 컵 위로 춤추듯 흘러내렸다. 여기까지 커피 특유의 온기와 쌉쌀한 향이 전해지는 것 같다.

바리스타는 커피가 채워진 컵을 주문대 우측에 있는 테이블에 올려 놓았다. 캐시어는 진동벨을 울려 커피를 애타게 기다리고 있을 손님에게 준비가 끝났음을 알렸다. 어디선가 바쁜 발걸음이 들려오더니 한 손님이 진동벨을 캐시어에게 반환하고는 테이블 위에 놓인 컵을 재빠르게 채갔다.

아침 시간의 카페테리아는 항상 부족한 카페인을 채우려는 손님들의 아우성과 손님들이 마실 카페인을 제공하기 위해 바삐 움직이는 캐시어와 바리스타의 열정으로 가득 찬다. 손님은 커피를 주문하고, 캐시어는 주문을 받고, 바리스타는 커피를 제조한다. 바리스타의 제조가 끝난 커피는 다시 캐시어에게 전달되고 캐시어는 퀭한 눈으로 카페인을 기다리고 있는 손님에게 커피가 준비됐다는 반가운 소식을 알린다. 커피 한잔을 주문하는 이 작은 이벤트를 완성하는 데도 여러 사람의 조율과 조화가 필요한 것이다.

모듬 음료 주문은 손님이 커피를 주문하고, 캐시어가 주문을 받고, 바리스타가 커피를 제조하는 과정을 거친 후에야 완료된다. 커피를 주문하고 제조하는 과정은 역할, 책임, 협력이라는 사람의 일상 속에 항상 스며들어 있는 세 가지 개념이 한데 어울려 조화를 이루며 만들어 낸 것이다.

감미로운 커피 맛을 음미하며 만족스럽게 자신의 자리로 돌아가는 모든 과정 속에는 손님, 캐시어, 바리스타 사이의 암묵적인 **협력** 관계가 존재한다.

따뜻한 커피와 함께할 수 있는 소박한 아침 시간의 여유를 누릴 수 있는 이유는 커피를 주문하는 손님, 주문을 받는 캐시어, 커피를 제조하는 바리스타라는 **역할**이 존재하기 때문이다.

손님, 캐시어, 바리스타는 주문한 커피를 손님에게 제공하기 위해 협력하는 과정에서 자신이 맡은 바 **책임**을 다한다. 손님은 카페인을 채우기 위해 커피를 주문할 책임을 수행한다. 캐시어는 손님의 주문을 받는 책임을 성실히 수행한다. 바리스타는 주문된 커피를 제조하는 책임을 수행한다.

커피 주문이라는 **협력**에 참여하는 모든 사람들은 커피가 정확하게 주문되고 주문된 커피가 손님에게 정확하게 전달될 수 있도록 맡은 바 **역할**과 **책임**을 다하고 있는 것이다.

역할, 책임, 협력은 우리가 삶을 영위하기 위해 다른 사람과 접촉하는 모든 곳에 존재한다. 덜컹거리는 차를 정비하기 위해 들른 정비소에서도, 주린 배를 채우기 위해 들어간 식당에서도, 소프트웨어 개발 프로젝트가 진행되는 곳에서도, 사람이 사는 곳이라면 어디서나 역할, 책임, 협력이 존재한다.

때마침 손 안에 쥐고 있던 진동벨이 울렸다. 손 안을 흔드는 진동벨의 묵직한 느낌을 보니 캐시어가 커피가 준비됐다는 사실을 손님에게 알리는 책임을 성실히 수행한 모양이다. 이제 손님이라는 역할을 끝낼 때가 왔다. 제조된 커피를 받아 들고 일자리로 돌아가는 것으로 손님으로서의 책임을 완수할 생각이다. 커피를 받아 들고 엘리베이터에 타고 나면 커피 주문이라고 불리는 협력 관계는 깔끔하게 마무리될 것이다.

마지막으로 좋은 소식을 전할 수 있어 기쁘다. 여러분은 객체지향에서 가장 중요한 개념 세 가지를 이미 이해했다는 점이다. 그것은 바로 역할, 책임, 협력이다.

이제 실생활에서 일어나는 커피 주문이라는 기분 좋은 협력 관계를 통해 객체지향의 기본적인 개념을 살펴보도록 하자.

요청과 응답으로 구성된 협력

일상에서 발생하는 대부분의 문제는 개인 혼자만의 힘으로 해결하기 버거울 정도로 복잡하기 때문에 사람들은 혼자서 문제를 해결하기보다는 다른 사람들의 도움을 받아 문제를 해결하는 것을 선호한다. 사람들은 스스로 해결하지 못하는 문제와 마주치면 문제 해결에 필요한 지식을 알고 있거나 서비스를 제공해줄 수 있는 사람에게 도움을 요청(request)한다.

일반적으로 하나의 문제를 해결하기 위해 다수의 사람 혹은 역할이 필요하기 때문에 한 사람에 대한 요청이 또 다른 사람에 대한 요청을 유발하는 것이 일반적이다. 따라서 요청은 연쇄적으로 발생한다.

- 커피 주문이라는 협력은 손님이 캐시어에게 원하는 커피를 주문하면서 시작된다. 손님이 캐시어에게 주문하는 것은 커피를 제공해 줄 것을 캐시어에게 요청하는 것이다.

- 주문을 받은 캐시어는 주문 내역이 기록된 컵을 전달함으로써 바리스타에게 주문된 커피를 제조해줄 것을 요청한다.

그림 1.1 커피 주문을 위해 협력하는 사람들

요청을 받은 사람은 주어진 책임을 다하면서 필요한 지식이나 서비스를 제공한다. 즉, 다른 사람의 요청에 응답(response)한다. 요청이 연이어 발생하기 때문에 응답 역시 요청의 방향과 반대 방향으로 연쇄적으로 전달된다.

- 바리스타는 커피를 제조한 후 제조가 완료됐음을 캐시어에게 알려 주는 것으로 캐시어의 요청에 응답한다.

- 캐시어는 진동벨을 울려 손님에게 주문된 커피가 준비됐음을 알림으로써 손님의 주문에 응답한다.

그림 1.2 커피 주문을 위해 협력하는 사람들

요청과 응답을 통해 다른 사람과 **협력(collaboration)**할 수 있는 능력은 인간으로 하여금 거대하고 복잡한 문제를 해결할 수 있는 공동체를 형성할 수 있게 만든다. 협력의 성공은 특정한 역할을 맡은 각 개인이 얼마나 요청을 성실히 이행하는가에 달려 있다.

역할과 책임

사람들은 다른 사람과 협력하는 과정 속에서 특정한 **역할(role)**을 부여받는다. 카페테리아에서 손님이 주문한 커피를 제조하기 위해 캐시어와 바리스타가 협력하는 과정 속에는 '손님', '캐시어', '바리스타'라는 역할이 존재한다.

역할은 어떤 협력에 참여하는 특정한 사람이 협력 안에서 차지하는 책임이나 임무를 의미한다. 어떤 사람이 손님이라는 역할을 맡았다면 그 사람은 커피를 주문하는 임무를 맡게 된다. 캐시어라는 역할을 맡은 사람은 손님으로부터 주문을 받아야만 한다. 바리스타 역할을 맡은 사람은 주문된 커피를 제조해야 할 책임이 있다.

잠깐, 방금 **책임(responsibility)**이라는 단어를 사용했던가? 그렇다. 역할이라는 단어는 의미적으로 책임이라는 개념을 내포한다. 선생님이라는 역할은 학생을 가르칠 책임이 있음을 암시한다. 범죄자를 검거할 책임을 거부하는 사람에게 경찰관이라는 역할을 부여할 사람은 아무도 없을 것이다. 우리가 프로그래머라는 역할을 맡을 수 있는 이유는 훌륭한 프로그램을 개발할 책임을 기꺼이 받아들이기 때문이다.

특정한 역할은 특정한 책임을 암시한다. 협력에 참여하며 특정한 역할을 수행하는 사람들은 역할에 적합한 책임을 수행하게 된다. 손님에게는 커피를 주문할 책임이 있다.

캐시어에게는 주문 내용을 바리스타에게 전달할 책임과 커피가 준비됐다는 사실을 손님에게 알릴 책임이 있다. 바리스타는 커피를 제조할 책임이 있다. 역할과 책임은 협력이 원활하게 진행되는 데 필요한 핵심적인 구성 요소다.

사람들이 협력을 위해 특정한 역할을 맡고 역할에 적합한 책임을 수행한다는 사실은 몇 가지 중요한 개념을 제시한다.

- **여러 사람이 동일한 역할을 수행할 수 있다:** 손님 입장에서 자신이 주문한 커피를 마실 수만 있다면 어떤 캐시어가 주문을 받는지는 중요하지 않다. 캐시어의 입장에서 자신이 전달한 주문 내역에 맞게 커피를 제조할 수만 있다면 어떤 바리스타가 커피를 제조하더라도 크게 상관하지 않는다.

  만약 캐시어가 카페테리아를 그만둔다면 캐시어라는 역할에 따르는 책임을 수행할 수 있는 다른 사람을 캐시어로 고용하면 된다. 손님은 오늘의 캐시어가 어제의 그 캐시어가 아니어도 크게 개의치 않을 것이다. 결국 손님 입장에서는 캐시어가 주문을 받고 커피가 완성됐다는 사실을 통보하는 책임을 성실히 이행할 수만 있다면 그만이다.

- **역할은 대체 가능성을 의미한다:** 손님 입장에서 캐시어는 **대체 가능(substitutable)**하다. 좀 더 정확하게 말하면 두 명이 동일한 역할을 수행할 수 있다면 요청자 입장에서 둘 중 어떤 사람이 역할을 수행하더라도 문제가 되지 않는다.

- **책임을 수행하는 방법은 자율적으로 선택할 수 있다:** 요청을 받은 사람들은 요청을 처리하는 방법을 자유롭게 선택할 수 있다. 커피 제조를 요청받은 바리스타는 자신만의 독특한 방법으로 커피를 제조할 수 있다. 어떤 바리스타는 카푸치노의 거품을 이용해 커피 표면에 아름다운 무늬를 만들기도 하고 어떤 바리스타는 아메리카노의 향을 좀 더 향기롭게 만드는 방법을 알지도 모른다. 중요한 것은 커피를 제조하라는 동일한 요청을 받더라도 바리스타의 역할을 수행하는 사람들마다 서로 다른 방식으로 요청을 처리할 수 있다는 것이다. 이처럼 동일한 요청에 대해 서로 다른 방식으로 응답할 수 있는 능력을 **다형성**(polymorphism)이라고 한다.

- **한 사람이 동시에 여러 역할을 수행할 수 있다:** 캐시어와 바리스타라는 개별적인 역할을 이용해 협력 관계를 묘사했지만 한 사람이 캐시어와 바리스타의 역할을 동시에 수행하는 것도 가능하다. 따라서 한 사람이 동시에 둘 이상의 역할을 수행하는 것도 가능하다.

  현실 속에 살아가는 우리는 모두 둘 이상의 역할을 수행한다. 회사에 출근하면 사원이라는 역할을 수행하며, 집에 돌아와서는 아이의 부모로서의 역할과 누군가의 남편과 아내라는 역할을 수행한다.

역할, 책임, 협력

기능을 구현하기 위해 협력하는 객체들

지금까지 설명한 실세계의 커피를 주문하는 과정은 객체지향의 핵심적이고 중요한 개념을 거의 대부분 포함하고 있다. 앞에서 사람이라는 단어를 **객체**로, 에이전트의 요청을 메시지로, 에이전트가 요청을 처리하는 방법을 **메서드**로 바꾸면 마법처럼 대부분의 설명을 객체지향이라는 문맥으로 옮겨올 수 있다. 이것이 바로 많은 사람들이 객체지향을 설명하기 위해 실세계의 모방이라는 은유를 차용하는 이유다.

이제 커피 주문이라는 협력 관계를 통해 알아본 역할, 책임, 협력의 개념을 객체지향이라는 문맥으로 옮겨 보자. 이번 장을 모두 읽은 후에는 객체지향의 근본 개념이 실세계에서 사람들이 타인과 관계를 맺으며 협력하는 과정과 유사하다는 사실에 공감하게 될 것이다.

역할과 책임을 수행하며 협력하는 객체들

아리스토텔레스의 말처럼 "인간은 사회적 동물이다". 인간은 공동체라는 울타리 안에서 아늑함을 느끼고 타인과 관계를 맺으며 성장하고 발전한다. 로빈슨 크루소의 삶을 특별하게 보는 이유는 그 안에 타인과의 유대와 협력이 결여돼 있기 때문이다. 인간적인 삶이란 때로는 협력하고 때로는 반목하면서 타인과 부대끼며 살아가는 삶이다.

사람들은 커피 주문과 같은 특정한 목표를 이루기 위해 서로 협력한다. 협력의 핵심은 특정한 책임을 수행하는 역할들 간의 연쇄적인 요청과 응답을 통해 목표를 달성한다는 것이다. 일상생활에서 목표는 사람들의 협력을 통해 달성되며, 목표는 더 작은 책임으로 분할되고 책임을 수행할 수 있는 적절한 역할을 가진 사람에 의해 수행된다. 협력에 참여하는 각 개인은 책임을 수행하기 위해 다른 사람에게 도움을 요청하기도 하며, 이를 통해 연쇄적인 요청과 응답으로 구성되는 협력 관계가 완성된다.

객체의 세계는 인간의 세계와 유사하다. 워드 커닝험(Ward Cunningham)과 켄트 벡(Kent Beck)의 말을 인용하면 "어떤 객체도 섬이 아니다[Beck 1989]". 객체 공동체 안에 살고 있는 성실한 객체 시민은 자신에게 주어진 역할과 책임을 다하는 동시에 시스템의 더 큰 목적을 이루기 위해 다른 객체와도 적극적으로 협력한다.

사용자가 최종적으로 인식하게 되는 시스템의 기능은 객체들이 성실히 협력해서 일궈낸 결실이다. 사람들의 협력이 객체들의 협력과 다른 점이라면 사람들의 경우 공통의 목표를 달성하기 위해 협력하는 데 비해 객체들의 경우에는 애플리케이션의 기능을 구현하기 위해 협력한다는 점이다.

애플리케이션의 기능은 더 작은 책임으로 분할되고 책임은 적절한 역할을 수행할 수 있는 객체에 의해 수행된다. 객체는 자신의 책임을 수행하는 도중에 다른 객체에게 도움을 요청하기도 한다. 결론적으로 시스템은 역할과 책임을 수행하는 객체로 분할되고 시스템의 기능은 객체 간의 연쇄적인 요청과 응답의 흐름으로 구성된 협력으로 구현된다.

객체지향 설계라는 예술은 적절한 객체에게 적절한 책임을 할당하는 것에서 시작된다. 책임은 객체지향 설계의 품질을 결정하는 가장 중요한 요소다. 책임이 불분명한 객체는 애플리케이션의 미래 역시 불분명하게 만든다. 얼마나 적절한 책임을 선택하느냐가 애플리케이션의 아름다움을 결정한다.

역할은 커피 주문에 참여하는 캐시어나 바리스타와 같이 협력에 참여하는 객체에 대한 일종의 페르소나다. 역할은 관련성 높은 책임의 집합이다. 객체의 역할은 사람의 역할과 유사하게 다음과 같은 특징을 지닌다.

- 여러 객체가 동일한 역할을 수행할 수 있다.
- 역할은 대체 가능성을 의미한다.
- 각 객체는 책임을 수행하는 방법을 자율적으로 선택할 수 있다.
- 하나의 객체가 동시에 여러 역할을 수행할 수 있다.

객체지향 프로그래밍에 경험이 많은 사람들조차 역할의 중요성을 간과하곤 한다. 역할은 유연하고 재사용 가능한 협력 관계를 구축하는 데 중요한 설계 요소다. 대체 가능한 역할과 책임은 객체지향 패러다임의 중요한 기반을 제공하는 다형성과도 깊이 연관돼 있다.

협력 속에 사는 객체

객체지향 애플리케이션의 윤곽을 결정하는 것은 역할, 책임, 협력이지만 실제로 협력에 참여하는 주체는 객체다. 만약 실행 중인 애플리케이션의 내부를 눈으로 직접 볼 수 있다면 그 안에는 쉴 새 없이 메시지를 주고받으며 협력하는 객체가 존재한다는 것을 확인할 수 있을 것이다. 인간의 세계에서 사람이 없으면 역할, 책임, 협력이 아무런 의미가 없는 것처럼 객체가 존재하지 않는 객체지향 세계 역시 아무런 의미가 없다. 어쨌든 객체지향을 객체지향이라고 부르는 이유는 패러다임의 중심에 객체가 있기 때문이다.

객체는 애플리케이션의 기능을 구현하기 위해 존재한다. 아주 작은 기능조차 객체 혼자 감당하기에는 버거울 정도로 복잡하고 거대하기 때문에 일반적으로 객체는 다른 객체와의 협력을 통해 기능을 구현하게 된다. 객체지향 애플리케이션의 아름다움을 결정하는 것이 협력이라면 협력이 얼마나 조화를 이루는지를 결정하는 것은 객체다. 결국 협력의 품질을 결정하는 것은 객체의 품질이다.

협력 공동체의 일원으로서 객체는 다음과 같은 두 가지 덕목을 갖춰야 하며, 두 덕목 사이에서 균형을 유지해야 한다.

첫째, 객체는 충분히 '협력적'이어야 한다. 객체는 다른 객체의 요청에 충실히 귀 기울이고 다른 객체에게 적극적으로 도움을 요청할 정도로 열린 마음을 지녀야 한다. 외부의 도움을 무시한 채 모든 것을 스스로 처리하려고 하는 전지전능한 객체(god object)

는 내부적인 복잡도에 의해 자멸하고 만다. 여기서 충분히 협력적이라는 말이 다른 객체의 명령에 따라 행동하는 수동적인 존재를 의미하는 것은 아니라는 사실에 주의하라. 객체는 다른 객체의 명령에 복종하는 것이 아니라 요청에 응답할 뿐이다. 어떤 방식으로 응답할지는 객체 스스로 판단하고 결정한다. 심지어 요청에 응할지 여부도 객체 스스로 결정할 수 있다.

위 사실로부터 객체가 갖춰야 하는 두 번째 덕목을 알 수 있다. 그것은 객체가 충분히 '자율적'이어야 한다는 것이다. '자율적'이라는 단어의 뜻은 '자기 스스로의 원칙에 따라 어떤 일을 하거나 자기 스스로를 통제하여 절제하는 것'을 의미한다. 어떤 사물이 자신의 행동을 스스로 결정하고 책임진다면 우리는 그 사물을 자율적인 존재라고 말한다.

인간 사회는 자율적인 존재로 구성된 협력 공동체다. 사람들은 다른 사람의 요청에 따라 행동하지만 최대한 스스로의 판단에 따라 결정하고 행동한다. 캐시어는 손님이 주문하면 행동을 시작하지만 손님에게 음료를 주문하는 절차나 바리스타에게 접수 내역을 전달하는 방법은 스스로 결정한다. 손님이 캐시어에게 어떤 질문을 해야 하고 어떤 방식으로 바리스타에게 주문 내역을 전달하라고 지시하지 않는다. 캐시어는 요청에 대해 스스로 판단하고 행동하는 자율적인 존재다.

객체의 사회도 인간의 사회와 유사하다. 객체 공동체에 속한 객체들은 공동의 목표를 달성하기 위해 협력에 참여하지만 스스로의 결정과 판단에 따라 행동하는 자율적인 존재다. 객체지향 설계의 묘미는 다른 객체와 조화롭게 협력할 수 있을 만큼 충분히 개방적인 동시에 협력에 참여하는 방법을 스스로 결정할 수 있을 만큼 충분히 자율적인 객체들의 공동체를 설계하는 데 있다.

상태와 행동을 함께 지닌 자율적인 객체

흔히 객체를 상태(state)와 행동(behavior)을 함께 지닌 실체라고 정의한다. 이 말은 객체가 협력에 참여하기 위해 어떤 행동을 해야 한다면 그 행동을 하는 데 필요한 상태도 함께 지니고 있어야 한다는 것을 의미한다. 커피를 제조하는 바리스타가 제조 방법을 모른다는 것이 말이 되지 않는 것처럼 객체가 어떤 행동을 하기 위해 필요한 상태를 알지 못한다는 것 역시 말이 되지 않는다. 객체가 협력에 참여하는 과정 속에서 스스로 판단하고 스스로 결정하는 자율적인 존재로 남기 위해서는 필요한 행동과 상태를 함께 지니고 있어야 한다.

객체의 자율성은 객체의 내부와 외부를 명확하게 구분하는 것으로부터 나온다. 객체의 사적인 부분은 객체 스스로 관리하고 외부에서 일체 간섭할 수 없도록 차단해야 하며, 객체의 외부에서는 접근이 허락된 수단을 통해서만 객체와 의사소통해야 한다. 객체는 다른 객체가 '무엇(what)'을 수행하는지는 알 수 있지만 '어떻게(how)' 수행하는지에 대해서는 알 수 없다.

커피를 주문하는 협력 과정에 참여한 손님과 캐시어, 바리스타는 외부의 간섭을 받지 않고 스스로 생각하고 스스로 판단하는 자율적인 존재였다. 객체의 관점에서 자율성이란 자신의 상태를 직접 관리하고 상태를 기반으로 스스로 판단하고 행동할 수 있음을 의미한다. 객체는 행동을 위해 필요한 상태를 포함하는 동시에(바리스타는 커피 제조 방법을 기억하고 있다) 특정한 행동을 수행하는 방법을 스스로 결정할 수 있어야 한다(바리스타는 자신이 알고 있는 방법에 따라 커피를 제조한다). 따라서 객체는 상태와 행위를 하나의 단위로 묶는 자율적인 존재다.

과거의 전통적인 개발 방법은 데이터와 프로세스를 엄격하게 구분한다. 이에 반해 객체지향에서는 데이터와 프로세스를 객체라는 하나의 틀 안에 함께 묶어 놓음으로써 객체의 자율성을 보장한다. 이것이 전통적인 개발 방법과 객체지향을 구분 짓는 가장 핵심적인 차이다. 자율적인 객체로 구성된 공동체는 유지보수가 쉽고 재사용이 용이한 시스템을 구축할 수 있는 가능성을 제시한다.

협력과 메시지

커피를 주문하기 위해 협력하는 사람들은 자신의 책임을 다하기 위해 다른 사람들에게 도움을 요청한다. 손님은 캐시어에게 주문된 커피를 요청하고, 캐시어는 바리스타에게 커피를 제조해줄 것을 요청한다. 인간들은 타인에게 도움을 요청하기 위해 다양한 방법을 활용한다. 가장 원초적인 의사소통 수단인 말부터 캐시어가 바리스타에게 도움을 요청하기 위해 컵 옆면에 적어 놓은 글자까지, 인간들은 원활한 협력을 가능케 하는 다양한 메커니즘을 통해 의사소통할 수 있다.

풍부한 메커니즘을 이용해 요청하고 응답할 수 있는 인간들의 세계와 달리 객체지향의 세계에서는 오직 한 가지 의사소통 수단만이 존재한다. 이를 메시지라고 한다. 한 객체가 다른 객체에게 요청하는 것을 메시지를 전송한다고 말하고 다른 객체로부터 요청을 받는 것을 메시지를 수신한다고 말한다.

결과적으로 객체는 협력을 위해 다른 객체에게 메시지를 전송하고 다른 객체로부터 메시지를 수신한다. 따라서 객체지향의 세계에서 협력은 메시지를 전송하는 객체와 메시지를 수신하는 객체 사이의 관계로 구성된다. 이때 메시지를 전송하는 객체를 송신자(sender)라고 부르고 메시지를 수신하는 객체를 수신자(receiver)라고 부른다.

메서드와 자율성

객체는 다른 객체와 협력하기 위해 메시지를 전송한다. 수신자는 먼저 수신된 메시지를 이해할 수 있는지 여부를 판단한 후 미리 정해진 자신만의 방법에 따라 메시지를 처리한다. 이처럼 객체가 수신된 메시지를 처리하는 방법을 메서드(method)라고 부른다.

객체지향 프로그래밍 언어에서 메서드는 클래스 안에 포함된 함수 또는 프로시저를 통해 구현된다. 따라서 어떤 객체에게 메시지를 전송하면 결과적으로 메시지에 대응되는 특정 메서드가 실행된다. 메시지를 수신한 객체가 실행 시간에 메서드를 선택할 수 있다는 점은 다른 프로그래밍 언어와 객체지향 프로그래밍 언어를 구분 짓는 핵심적인 특징 중 하나다. 이것은 프로시저 호출에 대한 실행 코드를 컴파일 시간에 결정하는 절차적인 언어와 확연히 구분되는 특징이다.

메시지와 메서드의 분리는 객체의 협력에 참여하는 객체들 간의 자율성을 증진시킨다. 커피를 주문하는 협력 과정에서 커피 제조를 요청받은 바리스타는 커피 머신을 이용해 커피를 제조할 수도 있지만 커피머신을 사용하지 않고 수작업만으로 커피를 제조할 수도 있다. 객체지향의 개념에 비유하면 바리스타로 전달된 커피 제조 요청이 메시지이고 커피를 제조하는 구체적인 방법이 메서드다. 커피 제조를 요청한 캐시어는 커피가 제조될 것이라고 기대하지만 커피를 제조하는 구체적인 방법에 관해서는 관여하지 않는다. 따라서 바리스타는 커피 제조라는 메시지에 응답하기 위해 자신만의 자율적인 방법에 따라 커피를 제조할 수 있다.

외부의 요청이 무엇인지를 표현하는 메시지와 요청을 처리하기 위한 구체적인 방법인 메서드를 분리하는 것은 객체의 자율성을 높이는 핵심 메커니즘이다. 이것은 **캡슐화**(encapsulation)라는 개념과도 깊이 관련돼 있다.

객체지향의 본질

그래서 객체지향이란 무엇인가? 다음은 지금까지 설명한 내용을 모두 종합해서 객체지향의 개념을 간략하게 정리한 것이다. 비록 아래의 정리가 불완전하고 부정확하기는 하지만 대부분의 사람들이 중요하다고 생각하는 객체지향의 개념을 포괄하고 있다. 중요한 단어는 굵게 표기했다.

- 객체지향이란 시스템을 상호작용하는 **자율적인 객체들의 공동체**로 바라보고 객체를 이용해 시스템을 분할하는 방법이다.

- 자율적인 객체란 **상태**와 **행위**를 함께 지니며 스스로 자기 자신을 책임지는 객체를 의미한다.

- 객체는 시스템의 행위를 구현하기 위해 다른 객체와 **협력**한다. 각 객체는 협력 내에서 정해진 **역할**을 수행하며 역할은 관련된 **책임**의 집합이다.

- 객체는 다른 객체와 협력하기 위해 메시지를 전송하고, **메시지**를 수신한 객체는 메시지를 처리하는 데 적합한 **메서드**를 자율적으로 선택한다.

객체를 지향하라

에스키모인들의 언어에는 하늘에서 내리는 눈을 의미하는 어휘의 수가 무려 400여 개에 이른다는 이야기가 있다. 눈을 의미하는 어휘의 수가 적은 한국어와 달리 눈에 대한 풍부한 어휘를 보유하고 있는 에스키모인들은 눈의 다양한 상태와 미세한 차이를 잘 구분할 수 있다고 한다. 결과적으로 에스키모인들이 크레바스(빙하 표면에 생긴 균열)에 빠질 가능성은 한국인들이 크레바스에 빠질 가능성보다 훨씬 적을 것이다. 한국인에게는 거의 유사해 보이는 눈이라도 에스키모인들은 쉽게 구분할 수 있기 때문이다. 쌓인 눈의 미세한 차이를 담아낼 수 있는 언어 체계 덕분에 에스키모인들은 미세한 눈의 차이를 지각할 수 있는 것이다.

에스키모인들의 눈에 대한 이야기는 에드워드 사피어(Edward Sapir)와 벤자민 리 워프(Benjamin Lee Whorf)가 주장한 사피어–워프 가설의 중요한 증거로 제시돼 왔다. 사피어–워프 가설의 핵심은 "언어가 인간의 사고를 지배한다"는 언어결정론으로, 에스키모인들에게는 눈을 지칭하는 많은 어휘가 존재하기 때문에 한국인에 비해 눈에 관해 좀 더 상세하고 정확하게 생각할 수 있다는 것이다.

유감스럽게도 에스키모인들의 눈에 관한 이 흥미로운 이야기는 사실이 아니다. 에스키모인들의 언어에서 눈을 가리키는 어휘는 2개에 불과하며, 후하게 쳐도 4개에 불과하다는 것이 정설이다. 그렇다면 왜 이런 미신이 사실인 것처럼 널리 퍼지게 된 것일까?[1] 스티븐 핑커(Steven Pinker)는 『언어 본능(Language Instinct)』[Pinker 1994]에서 에스키모인들의 미신에 대한 자신의 견해를 다음과 같이 적고 있다.

"인류학자 로라 마틴은 한 다리 건널 때마다 부풀려지는 도시의 전설처럼 어떻게 이 이야기가 부풀려졌는지 기록하고 있다. 1911년 보아스는 별 생각 없이 에스키모인들은

1 　불행하게도 사피어–워프 가설은 프로그래밍 언어의 영역에도 그 그림자를 짙게 드리우고 있다. "언어가 사고를 지배한다"는 주장은 프로그래밍 언어 전쟁에서 특정 프로그래밍 언어의 우수성을 강조하기 위해 오용되는 경향이 있다. 이들의 주장에 따르면 클로저(closure)를 제공하지 않는 프로그래밍 언어를 사용하는 사람은 클로저를 제공하는 언어를 이용해서 수행할 수 있는 작업을 '상상'조차 할 수 없다. 그러나 이것은 사실이 아니다. 클로저가 없는 자바나 과거의 C++에서도 사람들은 클로저로 할 수 있는 모든 것들을 '상상'했으며 자신의 상상을 성공적으로 코드에 담아냈다. 프로그래밍 언어는 프로그래머의 사고를 지배하지 않는다. 다만 어떤 언어가 다른 언어에 비해 특정한 사고를 좀 더 수월하게 표현할 뿐이다.

눈에 대해 서로 무관한 네 가지 어근을 사용한다고 말했다. 워프는 그 수를 7개로 불렀고, 더 많을 수도 있다고 암시했다. 그의 글은 여러 곳에 실렸고, 마침내 언어학 관련 교과서와 대중서적에까지 인용되었다. 이를 계기로 다른 교과서, 글, '깜짝 지식' 유의 신문칼럼 등을 거치며 이 수치는 계속 부풀려졌다."

객체지향의 세계에서 **클래스(class)**는 에스키모인들의 눈과 유사하다. 객체지향의 개념은 1960년대에 발표된 프로그래밍 언어인 시뮬라67(Simula67)에서 출발했으며, 객체지향의 인기를 주도한 것 역시 스몰토크(Smalltalk)와 C++, 자바로 대표되는 클래스 기반 프로그래밍 언어의 유행이었다. 초기 객체지향 프로그래밍 언어의 초점은 새로운 개념의 데이터 추상화를 제공하는 클래스라는 빌딩 블록에 맞춰져 있었다. 앨런 케이(Alan Kay)와 같은 객체지향 선구자들의 초기 의도와 달리 대부분의 사람들은 객체지향을 클래스를 지향하는 것으로 생각했다. 다양한 프로그래밍 언어가 출현하고 수많은 프로그래밍 서적이 출간되는 과정 속에서 클래스에 대한 중요성이 과하다 싶을 정도로 강조됐다. 한 다리를 건너면서 조금씩 부풀려지는 에스키모인들의 일화처럼 클래스의 중요성은 프로그래밍 언어라는 다리를 건너면서 조금씩 부풀려졌다. 그 결과 사람들은 객체지향의 중심에 있어야 할 객체로부터 조금씩 멀어져 갔다.

이제 많은 사람들은 객체지향이라는 말을 들으면 조건반사적으로 클래스라는 단어를 떠올린다. 어떤 객체지향 프로그래밍 언어를 이야기할 때 대부분의 사람들은 클래스를 정의하는 방법과 클래스 사이의 상속에 초점을 맞춘다. 많은 사람들은 UML(Unified Modeling Language)의 가장 대표적인 다이어그램으로 클래스 다이어그램을 꼽는다. 객체지향 분석/설계의 목적은 훌륭한 클래스를 식별하는 것이라고 배우지 않았던가?

클래스가 객체지향 프로그래밍 언어의 관점에서 매우 중요한 구성요소(construct)인 것은 분명하지만 객체지향의 핵심을 이루는 중심 개념이라고 말하기에는 무리가 있다. 자바스크립트 같은 프로토타입(prototype) 기반의 객체지향 언어에서는 클래스가 존재하지 않으며 오직 객체만이 존재한다. 프로토타입 기반의 객체지향 언어에서는 상속 역시 클래스가 아닌 객체 간의 위임(delegation) 메커니즘을 기반으로 한다. 지나치게 클래스를 강조하는 프로그래밍 언어적인 관점은 객체의 캡슐화를 저해하고 클래스를 서로 강하게 결합시킨다. 애플리케이션을 협력하는 객체들의 공동체가 아닌 클래스로 구성된 설계도로 보는 관점은 유연하고 확장 가능한 애플리케이션의 구축을 방해한다.

훌륭한 객체지향 설계자가 되기 위해 거쳐야 할 첫 번째 도전은 코드를 담는 클래스의 관점에서 메시지를 주고받는 객체의 관점으로 사고의 중심을 전환하는 것이다. 중요한 것은 어떤 클래스가 필요한가가 아니라 어떤 객체들이 어떤 메시지를 주고받으며 협력하는가다. 클래스는 객체들의 협력 관계를 코드로 옮기는 도구에 불과하다. 클래스는 객체지향 세계의 도시전설이다.

널리 알려진 미신과 달리 객체지향의 핵심은 클래스가 아니다. 핵심은 적절한 책임을 수행하는 역할 간의 유연하고 견고한 협력 관계를 구축하는 것이다. 클래스는 협력에 참여하는 객체를 만드는 데 필요한 구현 메커니즘일 뿐이다. 클래스가 중요하지 않다는 것이 아니라 단지 협력 구조와 책임을 식별하는 것에 비해 상대적으로 덜 중요하다는 것을 말하고 싶은 것이다. 객체지향의 중심에는 클래스가 아니라 객체가 위치하며, 중요한 것은 클래스들의 정적인 관계가 아니라 메시지를 주고받는 객체들의 동적인 관계다.

클래스의 구조와 메서드가 아니라 객체의 역할, 책임, 협력에 집중하라. 객체지향은 객체를 지향하는 것이지 클래스를 지향하는 것이 아니다.

이상한 나라의 객체

객체지향 패러다임은 지식을 추상화하고 추상화한 지식을 객체 안에 캡슐화함으로써 실세계 문제에 내재된 복잡성을 관리하려고 한다. 객체를 발견하고 창조하는 것은 지식과 행동을 구조화하는 문제다.

– 레베카 워프스브록(Rebecca Wirls-Brock)[Wirls-Brock 1990]

심리학자인 엘리자베스 스펠크와 필립 켈만은 어린 아기들이 물체를 인지하는 방법을 연구하기 위해 한 가지 실험을 수행했다[Pinker 1997]. 두 심리학자의 실험이 특히 세간의 주목을 끈 이유는 인간이 태어나면서부터 가지고 있는 어떤 행동 방식에 기반을 두고 있었기 때문이다. 그것은 바로 '지루함'이다.

실험에서 심리학자들이 지루함의 기준으로 삼은 것은 아기의 시선이 머무는 시간이다. 아기가 한 곳을 바라보다 시선을 다른 곳으로 돌린다면 아기가 지루함을 느낀다는 것을 의미한다. 반면 한 곳을 오랫동안 계속 쳐다보고 있다면 시선이 머무는 그곳에 무언가 놀라운 것이 존재하고 있다는 것을 의미한다.

두 심리학자는 아기의 시선이 머무는 상대적인 시간을 기준으로 지루함과 놀라움을 구분할 수 있다는 가정하에 아기의 인지능력을 판단할 수 있는 실험 한 가지를 고안했다.

필요한 재료는 아기의 주의를 끌기 위한 두 개의 막대와 막대를 가리기 위한 가림막이 전부다.

우선 폭이 넓은 가림막을 3개월 정도 된 아기 눈앞에 펼쳐 놓는다. 가림막 뒤편으로 한 막대 끝은 위로, 다른 막대 끝은 아래로 튀어나와 보이도록 위치시킨 후 아기가 지루해 할 때까지 두 막대를 동일한 방향으로 함께 이동시킨다. 가림막 앞에서 동시에 움직이는 막대를 바라보는 어른들은 당연히 가림막 뒤로 하나의 막대가 움직이고 있다고 생각할 것이다. 그렇다면 아기도 똑같이 생각할까?

아기가 막대를 어떻게 인지하는지를 확인할 수 있는 방법은 가림막 뒤에서 하나의 막대를 움직이거나 두 개의 막대를 하나인 것처럼 보이도록 동시에 움직인 후 가림막을 치워 아기의 반응을 살펴보는 것이다. 두 심리학자는 하나의 막대나 두 개의 막대나 가림막 앞쪽에서는 모두 하나의 막대처럼 보이기 때문에 아기 역시 성인과 마찬가지로 하나의 막대가 움직이고 있다고 생각할 것이라고 가정했다. 이 경우 가림막을 치웠을 때 한 개의 막대가 존재한다면 아기는 지루한 나머지 시선을 다른 곳으로 돌릴 것이다. 반면 가림막 뒤편에 하나가 아닌 두 개의 짧은 막대가 나타난다면 아기는 놀란 나머지 오랜 시간 동안 막대를 쳐다볼 것이다.

실험 결과는 어땠을까? 예상대로 아기들은 가림막 뒤에서 두 개의 막대가 나타났을 때 좀 더 오랫동안 쳐다본다는 것을 관찰할 수 있었다. 반면 하나의 막대만 나타날 경우에는 다른 곳으로 시선을 돌려 지루함을 표현했다. 두 심리학자는 3개월 정도밖에 안 된 아기들도 성인과 마찬가지로 두 개의 막대가 함께 움직일 경우 마음 속으로 두 물체를 하나의 물체로 결합할 수 있다고 결론 내렸다.

이 실험으로부터 사람은 태어난 지 얼마 안 된 시기부터 뚜렷한 경계를 가지고 함께 행동하는 물체를 하나의 개념으로 인지한다는 사실을 알 수 있다. 아기들은 물체가 여러 부분으로 구성돼 있더라도 함께 움직일 경우 그 물체를 하나의 유기적인 단위로 인식한다. 아기들 역시 뚜렷한 경계를 가진 객체들의 집합으로 세상을 바라보는 것이다.

객체지향과 인지 능력

엘리자베스 스펠크와 필립 켈만의 실험은 인간이 선천적으로 타고난 인지 능력을 이용해 세상에 존재하는 다양한 객체를 식별하고 분류함으로써 세상을 이해한다는 사실을 보여준다. 인간은 본능적으로 세상을 독립적이고 식별 가능한 객체의 집합으로 바라본다. 많은 사람들이 객체지향을 직관적이고 이해하기 쉬운 패러다임이라고 말하는 이유는 객체지향이 세상을 자율적이고 독립적인 객체들로 분해할 수 있는 인간의 기본적인 인지 능력에 기반을 두고 있기 때문이다.

고개를 들어 주위를 둘러보면 객체라고 부를 수 있는 다양한 존재를 볼 수 있다. 길을 걷는 사람들, 도로 위를 미끄러지듯 지나가는 자동차, 도시의 적막함을 감싸주는 푸른 가로수, 책상 위에 놓여진 컴퓨터와 모니터까지, 하나의 단위로 인식할 수 있고 다른 사물과 구분할 수 있는 모든 것들이 모여 객체의 스펙트럼을 형성한다.

인간이 직접적으로 지각할 수 있는 대부분의 객체는 물리적인 경계를 지닌 구체적인 사물이다. 그러나 인간의 인지 능력은 물리적인 한계를 넘어 개념적으로 경계 지을 수 있는 추상적인 사물까지도 객체로 인식할 수 있게 한다. 오늘의 주문 내역과 어제의 주문 내역을 구분하는 일은 어렵지 않다. 출금 계좌에서 동일한 입금 계좌로 동일한 금액을 두 번 이체하더라도 각 계좌 이체는 명확하게 구분 가능하다. 주문과 계좌 이체는 비록 물리적인 실체는 존재하지 않더라도 인간이 쉽게 구분하고 하나의 단위로 인지할 수 있는 개념적인 객체의 일종이다.

세상을 더 작은 객체로 분해하는 것은 본질적으로 세상이 포함하고 있는 복잡성을 극복하기 위한 인간의 작은 몸부림이다. 인간은 좀 더 단순한 객체들로 주변을 분해함으로써 자신이 몸담고 있는 세상을 이해하려고 노력한다. 즉, 객체란 인간이 분명하게 인지하고 구별할 수 있는 물리적인 또는 개념적인 경계를 지닌 어떤 것이다.

객체지향 패러다임은 인간이 인지할 수 있는 다양한 객체들이 모여 현실 세계를 이루는 것처럼 소프트웨어의 세계 역시 인간이 인지할 수 있는 다양한 소프트웨어 객체들이 모여 이뤄져 있다는 믿음에서 출발한다. 그러나 현실 세계와 소프트웨어 세계 사이의 유사성은 여기까지일 뿐이다. 객체지향 패러다임의 목적은 현실 세계를 모방하는 것이 아니라 현실 세계를 기반으로 새로운 세계를 창조하는 것이다. 따라서 소프트웨어 세계에서 살아가는 객체는 현실 세계에 존재하는 객체와는 전혀 다른 모습을 보이는 것이 일반적이다.

현실 세계의 전등은 사람의 손길 없이는 스스로 불을 밝힐 수 없지만 소프트웨어 세계의 전등은 외부의 도움 없이도 스스로 전원을 켜거나 끌 수 있다. 현실 세계에서는 사람이 직접 주문 금액을 계산하지만 소프트웨어 세계에서는 주문 객체가 자신의 금액을 계산한다. 자동차가 스스로 시동을 걸고 통장이 스스로 금액을 인출하는 세상을 상상해 보라.

실행 중인 객체지향 애플리케이션의 내부를 들여다볼 수 있다면 겉으로는 우리가 알고 있는 세계와 유사해 보이지만 본질적으로는 매우 이질적인 모습을 지닌 세계와 마주치게 될 것이다. 아마 그 세계는 마치 토끼를 뒤쫓던 한 소녀가 경험한 이상한 나라만큼이나 낯설고 기묘할 것이다.

객체, 그리고 이상한 나라

이상한 나라의 앨리스

1862년 따스한 햇살이 대지를 황금색으로 물들이던 어느 날 영국의 수학자였던 찰스 루트위지 도지슨(Charles Lutwidge Dodgson)과 그의 친구인 로빈슨 덕워스 목사는 매력적인 리델 가의 세 자매를 데리고 템스 강으로 소풍을 떠났다. 잔잔한 강물 위에 조용한 파문을 일으키며 노를 저어 가던 도중, 갑자기 자매 중 한 소녀가 도지슨에게 자신을 위해 이야기를 써 달라고 간청했다. 도지슨은 앨리스 리델이라는 이름을 가진 이 소녀를 기쁘게 해주기 위해 주인공이 토끼를 따라 굴 속으로 내려가면서 겪게 되는 환상적인 이야기 한 편을 짓게 된다.

몇 년이 지난 후 도지슨은 루이스 캐럴(Lewis Carroll)이라는 필명으로 소녀에게 해주었던 이야기를 책으로 출간했다. 이 책이 바로 전 세계 어린이들에게 꾸준한 사랑을 받아온 『이상한 나라의 앨리스(Alice's Adventures in Wonderland)』다. 루이스 캐럴이 창조한 이상한 나라의 앨리스에는 어린이들뿐만 아니라 어른들의 마음도 사로잡을 만큼 환상적인 캐릭터와 기묘한 사건으로 가득하다.

이 책에서 가장 인상 깊은 장면은 이야기 전반부에 앨리스가 아름다운 정원에 들어가기 위해 몸의 크기를 작게 줄이는 부분이다. 앨리스의 모험담은 모르는 사람이 없을 정도로 유명하지만 이해를 돕기 위해 줄거리를 간략하게나마 살펴보자.

언니와 함께 시냇가에 앉아 무료함을 달래던 앨리스는 조끼를 입고 회중시계를 든 채 시간에 쫓겨 허겁지겁 뛰어가는 토끼를 발견하고는 깜짝 놀란다. 호기심을 누를 수 없었던 앨리스는 토끼의 뒤를 쫓아 굴 속으로 들어가지만 갑자기 땅이 꺼지면서 컴컴한 굴 밑으로 떨어지게 된다. 오랜 시간이 흐른 뒤에 마침내 앨리스의 몸은 천장이 낮은 긴 통로 위로 떨어지게 된다.

앨리스는 복도 주변을 둘러보다 커튼 뒤에 숨겨져 있던 작은 문을 발견했는데, 그 문 뒤에는 아름다운 정원이 펼쳐져 있었다. 하지만 문의 높이가 40센티미터가 채 되지 않기 때문에 앨리스는 문을 지나 아름다운 정원에 들어갈 수 없었다.

정원의 아름다움에 매료된 앨리스는 자신의 몸을 작게 만들 방법을 고민하기 시작했다. 방법을 찾기 위해 주위를 둘러보던 중에 탁자 위에 '마셔라'라는 커다란 글자가 인쇄된 병이 놓여 있는 것을 발견한다. 병 속의 액체를 들이키자 앨리스의 키가 24센티미터 정도로 작아졌다. 여유롭게 문을 통과할 수 있을 정도로 키가 줄었지만 이번에는 너무 작아져서 탁자 위의 열쇠를 이용할 수 없게 되었다.

그때 앨리스의 눈에 탁자 아래에 놓여 있는 케이크가 들어왔다. 앨리스가 케이크를 조금 베어 물자 이번에는 머리가 천장에 닿을 만큼 앨리스의 몸이 커졌다.

이때 곁을 지나가던 토끼가 앨리스를 보고 놀라 들고 있던 부채를 떨어뜨리고는 달아나 버렸다. 앨리스는 더위를 식힐 요량으로 토끼가 떨어뜨린 부채를 이용해 부채질을 하기 시작했다. 그러자 앨리스의 몸이 서서히 작아지더니 60센티미터 정도의 크기로 줄어들고 말았다.

우여곡절 끝에 담뱃대를 뻐끔거리고 있는 쐐기벌레를 만난 앨리스는 쐐기벌레로부터 버섯 하나를 얻게 된다. 쐐기벌레는 버섯의 한쪽을 먹으면 몸이 커지고 다른 한쪽을 먹으면 몸이 작아진다는 말을 남기고는 풀밭 속으로 사라져 버렸다.

앨리스는 버섯의 한쪽을 먹어 몸을 키우다가 몸이 너무 커지면 반대 쪽을 먹어 몸을 작게 줄였다. 반대로 몸이 너무 작아지면 다른 쪽을 먹어 몸의 크기를 조금씩 늘려 나갔다. 앨리스는 매우 신중하게 버섯의 양쪽을 번갈아 먹으며 몸의 크기를 조절했다.

커졌다 작아지고, 작아졌다 커지기를 반복하던 앨리스는 마침내 몸의 크기를 원래 상태로 돌릴 수 있었다. 탁자 위에 놓여 있는 열쇠를 이용해 문을 여는 데 성공한 앨리스는 버섯의 다른 쪽을 베어 물어 다시 몸의 크기를 작게 만든 후 문을 통과해 그렇게 고대하던 아름다운 정원으로 발길을 들여 놓을 수 있었다.

이야기의 많은 부분이 생략됐지만 작은 문을 통과하기 위해 온갖 고초를 겪었던 앨리스의 애처로운 모습을 떠올리는 데는 무리가 없을 것이다.

앨리스 객체

앞의 이야기는 앨리스가 겪고 있는 키의 변화에 초점을 맞추고 있다. 앨리스는 정원으로 가는 길을 가로막고 있는 작은 문을 통과하기 위해 자신의 키를 줄이거나 늘렸다. 앨리스는 정원으로 통하는 문을 통과하기에 적당한 **상태**로 자신의 키를 계속해서 변화시킨 것이다. 문을 통과하기에 적당한 상태란 바로 문을 통과하기에 적절한 키를 의미한다. 따라서 특정 시점의 앨리스의 상태란 특정 시점에서의 앨리스의 키를 의미한다.

앨리스의 키는 시간의 흐름에 따라 계속 변한다. 그렇다고 해서 앨리스의 키가 아무런 이유 없이 변하는 것은 아니다. 앨리스의 키는 앨리스가 '마셔라'라는 커다란 글자가 인쇄된 병 속의 음료를 마시거나 토끼가 떨어뜨린 부채로 부채질을 하거나 쐐기벌레가 알려준 버섯의 한쪽 부분을 먹으면 작아지고, 상자 속의 케이크를 먹거나 버섯의 반대쪽 부분을 먹으면 커진다. 결국 앨리스의 키를 변화시키는 것은 앨리스의 **행동**이다. 앨리스가 하는 행동에 따라 앨리스의 상태가 변하게 된다.

앨리스의 상태를 결정하는 것은 행동이지만 행동의 결과를 결정하는 것은 상태다. 앨리스의 키가 130센티미터라고 가정하자. 테이블 아래의 케이크를 먹을 경우 현재의 키보다 150센티미터 더 커진다면 케이크를 먹은 후의 앨리스의 키는 원래 키인 130센티미터에 150센티미터를 더한 280센티미터가 될 것이다.

이번에는 부채질을 하면 앨리스의 키가 20센티미터 줄어든다고 가정해보자. 케이크를 먹은 후에 부채질을 한다면 앨리스의 키는 어떻게 될까? 부채질을 하기 전의 키인 280센티미터보다 20센티미터 줄어든 260센티미터가 될 것이다. 결국 케이크를 먹거나 부채질을 하기 전에 앨리스의 키가 얼마였느냐가 케이크를 먹거나 부채질을 한 후의 앨리스의 키를 결정한다. 따라서 앨리스가 한 행동의 결과는 앨리스의 상태에 의존적이다.

상태에 따라 행동의 결과가 달라지는 또 다른 예로 앨리스가 정원에 도달하기 위해 문을 통과하는 장면을 들 수 있다. 앨리스가 성공적으로 문을 통과할 수 있는지 여부는 전적으로 앨리스의 키가 얼마인가에 달렸다. 문을 통과할 정도로 앨리스의 키가 충분히 작다면 정원에 발을 들여 놓을 수 있겠지만 키가 너무 크다면 정원을 하염없이 쳐다보며 눈물만 짓고 말 것이다.

문을 통과한다는 행동의 결과는 앨리스의 위치라는 상태를 이용해 쉽게 설명할 수 있다. 앨리스가 문을 통과하는 데 성공했다면 앨리스의 위치는 아름다운 정원으로 바뀌어 있을 것이다. 그러나 앨리스가 문을 통과하지 못했다면 여전히 천장이 낮은 긴 통로 안에 있을 것이다.

어떤 행동의 성공 여부는 이전에 어떤 행동들이 발생했는지에 영향을 받는다는 사실도 눈여겨보기 바란다. 앨리스가 문을 성공적으로 통과하기 위해서는 문을 통과할 수 있을 정도로 충분히 몸을 작게 줄여야 한다. 따라서 앨리스는 문을 통과하기 전에 먼저 키를 작게 줄이기 위해 병 안의 음료나 케이크를 먹어야 한다.

이것은 행동 간의 순서가 중요하다는 것을 의미한다. 문을 통과하는 행동이 성공하려면 음료나 케이크를 먹는 행동이 선행돼야만 한다.

행동에 의해 앨리스의 상태가 변경되더라도 앨리스가 앨리스라는 사실은 변하지 않는다. 앨리스의 키가 집을 부숴버릴 정도로 커지거나 쐐기벌레를 올려다 봐야 할 정도로 작아지더라도 앨리스는 그 누구도 아닌 앨리스 자신이다. 앨리스의 키가 작아지더라도 주변 사람들은 앨리스를 앨리스라고 부른다. 따라서 앨리스는 상태 변경과 무관하게 유일한 존재로 식별 가능하다.

지금까지 설명한 내용을 바탕으로 앨리스의 특징을 요약해 보자.

- ▪ 앨리스는 상태를 가지며 상태는 변경 가능하다.
- ▪ 앨리스의 상태를 변경시키는 것은 앨리스의 행동이다.
  - · 행동의 결과는 상태에 의존적이며 상태를 이용해 서술할 수 있다.
  - · 행동의 순서가 결과에 영향을 미친다.
- ▪ 앨리스는 어떤 상태에 있더라도 유일하게 식별 가능하다.

무슨 상관이 있길래 객체지향을 설명하는 책에서 앨리스의 길고 지루한 모험담을 늘어놓는 것일까? 그것은 이상한 나라에 떨어진 앨리스가 객체지향 세계에 떨어진 객체들과 중요한 공통점 몇 가지를 공유하기 때문이다.

객체, 그리고 소프트웨어 나라

하나의 개별적인 실체로 식별 가능한 물리적인 또는 개념적인 사물은 어떤 것이라도 객체가 될 수 있다. 인간의 인지 능력 안에서 개수를 셀 수 있고, 다른 사물과 구분할 수 있으며, 생성 시점을 알 수 있고, 독립적인 하나의 단위로 인식할 수 있는 모든 사물은 객체다. 객체의 다양한 특성을 효과적으로 설명하기 위해서는 객체를 상태(state), 행동(behavior), 식별자(identity)를 지닌 실체로 보는 것이 가장 효과적이다[Booch 2007]. 이상한 나라의 앨리스는 상태, 행동, 식별자를 지닌 실체다. 그리고 소프트웨어 안에 창조되는 객체 역시 상태, 행동, 식별자를 지닌다.

이 책에서는 객체를 다음과 같이 정의하기로 한다.

> 객체란 식별 가능한 개체 또는 사물이다. 객체는 자동차처럼 만질 수 있는 구체적인 사물일 수도 있고, 시간처럼 추상적인 개념일 수도 있다. 객체는 구별 가능한 식별자, 특징적인 행동, 변경 가능한 상태를 가진다. 소프트웨어 안에서 객체는 저장된 상태와 실행 가능한 코드를 통해 구현된다.

이제 앨리스가 헤매던 이상한 나라를 벗어나 객체지향이라는 나라에 살고 있는 객체의 관점에서 상태, 행동, 식별자의 개념을 정리해 보자.

상태

왜 상태가 필요한가

객체가 주변 환경과의 상호작용에 어떻게 반응하는가는 그 시점까지 객체에 어떤 일이 발생했느냐에 좌우된다. 여행을 위해 비행기를 이용하려면 탑승 전에 항공권을 발권해야 한다. 항공권을 발권해 놓았다면 아늑한 비행기 좌석에 앉을 수 있겠지만 발권하지 않았다면 떠나는 비행기의 모습을 하릴없이 쳐다볼 수밖에 없을 것이다. 비행기 탑승 여부는 과거에 항공권을 발권하는 행동이 발생했는지 여부에 따라 달라지는 것이다.

일상생활 속에서 좀 더 다양한 예를 찾아볼 수 있다. 자판기에 충분한 금액을 투입하기 전에는 원하는 음료를 선택할 수 없다. 엘리베이터가 움직이기 위해서는 먼저 원하는 층의 버튼을 눌러야 한다. 텔레비전 전원을 켜지 않는 한 채널을 변경할 수 없다. 여자 친구와 드라이브를 하려면 먼저 자동차의 시동을 걸어야 한다. 예로 든 모든 일들의 공통점은 어떤 행동의 결과는 과거에 어떤 행동들이 일어났었느냐에 의존한다는 것이다.

이상한 나라의 앨리스가 문을 통과하기 위해서는 부채질을 하거나 버섯의 한쪽을 먹어 문을 통과하기에 충분할 정도로 자신의 키를 작게 줄여야만 한다. 따라서 문을 통과한 다는 행동의 결과를 예상할 수 있는 한 가지 방법은 앨리스가 과거에 케이크나 버섯을 먹었던 적이 있는지 살펴보는 것이다. 그러나 이 방법은 앨리스가 과거에 했던 모든 행동을 기억해야만 가능하기 때문에 행동의 결과를 설명하는 것을 매우 어렵게 만든다.

일반적으로 과거에 발생한 행동의 이력을 통해 현재 발생한 행동의 결과를 판단하는 방식은 복잡하고 번거로우며 이해하기 어렵다. 따라서 인간은 행동의 과정과 결과를 단순하게 기술하기 위해 상태라는 개념을 고안했다. 비행기 탑승 가능 여부는 항공권의 발권 상태를 보고 예측할 수 있다. 자판기는 현재까지 투입된 금액의 상태를 기억한다. 텔레비전 전원이 들어온 상태여야만 채널을 변경할 수 있다. 여자 친구와 함께 즐거운 데이트를 즐기려면 자동차의 시동이 걸려 있는 상태여야만 한다.

상태를 이용하면 과거의 모든 행동 이력을 설명하지 않고도 행동의 결과를 쉽게 예측하고 설명할 수 있다. 앨리스가 과거에 어떤 행동을 했었는지 모르더라도 앨리스의 키만 알면 문을 통과할 수 있는지 여부를 쉽게 판단할 수 있다. 즉, 앨리스의 키와 문의 높이라는 두 가지 상태만 알면 문을 통과하는 행동의 결과를 쉽게 예측할 수 있는 것이다.

상태를 이용하면 과거에 얽매이지 않고 현재를 기반으로 객체의 행동 방식을 이해할 수 있다. 상태는 근본적으로 세상의 복잡성을 완화하고 인지 과부하를 줄일 수 있는 중요한 개념이다.

상태와 프로퍼티

앨리스가 문을 통과하면서 겪게 되는 소동 속에는 객체라고 부를 수 있는 다양한 사물들이 출현한다. 앨리스는 객체다. 앨리스의 키를 줄이거나 늘리기 위해 사용하는 음료, 케이크, 부채, 버섯 모두 객체다. 토끼는 객체이며 문 역시 객체다. 이들은 뚜렷한 경계를 가지며 식별 가능하고 상태와 행동을 지니고 있다.

그러나 세상에 존재하는 모든 것들이 객체인 것은 아니다. 분명하게 인식할 수 있음에도 객체의 영역에 포함시킬 수 없는 것들도 존재한다. 앨리스의 '키'와 '위치'는 객체가 아니다. 음료와 케이크의 '양'은 객체가 아니다. 문이 열려있는지 '여부'는 객체가 아니다. 토끼가 달려가는 '속도' 역시 객체가 아니다.

숫자, 문자열, 양, 속도, 시간, 날짜, 참/거짓과 같은 단순한 값들은 객체가 아니다. 단순한 값들은 그 자체로 독립적인 의미를 가지기보다는 다른 객체의 특성을 표현하는 데 사용된다. 다시 말해 다른 객체의 상태를 표현하기 위해 사용된다. 앨리스의 상태를 구성하는 키는 단순한 숫자 값으로 표현할 수 있다. 앨리스의 위치는 문자열로 표현할 수 있다. 음료와 케이크의 양은 숫자로, 문이 열려있는지 여부는 참/거짓으로 표현할 수 있을 것이다. 비록 단순한 값은 객체가 아니지만 객체의 상태를 표현하기 위한 중요한 수단이다.

때로는 단순한 값이 아니라 객체를 사용해 다른 객체의 상태를 표현해야 할 때가 있다. 앨리스가 현재 음료를 들고 있는 상태인지를 표현하고 싶다면 어떻게 할 것인가? 가장 간단하고 직관적인 방법은 앨리스의 상태 일부를 음료라는 객체를 이용해 표현하는 것이다. 앨리스가 음료를 들고 있는지 여부는 앨리스라는 객체가 음료라는 객체와 연결돼 있는지 여부로 표현할 수 있다.

그림 2.1은 앨리스가 음료를 마시기 위해 병을 들고 있는 장면이다. 객체지향 관점에서 앨리스는 음료에 관해 알고 있는 상태이며, 앨리스 객체와 음료 객체는 서로 연결돼 있다.

그림 2.1 앨리스가 음료를 마시기 위해 병을 들고 있다.

그림 2.2는 이때의 앨리스의 상태를 그림으로 표현한 것이다. 이 그림에서 앨리스와 음료는 객체다. 그러나 앨리스의 키와 위치, 음료의 양은 객체가 아닌 단순한 값이다. 따라서 앨리스의 상태는 키와 위치라는 단순한 값과 음료라는 객체의 조합으로 표현할 수 있다. 그림에서 앨리스는 키가 130센티미터이고 통로에 위치하고 있으며 0.5리터 크기의 음료를 가지고 있다.

그림 2.2 앨리스의 상태

결론적으로 모든 객체의 상태는 단순한 값과 객체의 조합으로 표현할 수 있다. 이때 객체의 상태를 구성하는 모든 특징을 통틀어 객체의 **프로퍼티(property)**라고 한다. 앨리스의 경우 키, 위치, 음료가 앨리스의 프로퍼티가 된다. 일반적으로 프로퍼티는 변경되지 않고 고정되기 때문에 '정적'이다. 반면 **프로퍼티 값(property value)**은 시간이 흐름에 따라 변경되기 때문에 '동적'이다. 앨리스의 키는 음료를 마시면 작아질 것이고, 문을 통과하면 위치가 정원으로 바뀔 것이며, 음료를 다 마신 후에는 현재 가지고 있는 음료를 버리게 될 것이다.

그림 2.3은 다른 시점에 앨리스의 상태를 표현한 것이다. 이 시점에 앨리스의 키는 40센티미터로 줄어있으며 위치는 정원으로 바뀌어 있다. 또한 더는 음료를 가지고 있지 않은 것으로 보아 음료를 마시고 난 후 어딘가에 음료를 버린 것으로 보인다.

그림 2.3 변경된 앨리스의 상태

그림 2.2에서는 앨리스와 음료 사이에 선이 존재했지만 그림 2.3에서는 선이 사라졌다는 것에 주목하라. 이것은 그림 2.2의 시점에서는 앨리스가 음료에 관해 알고 있었지만 그림 2.3의 시점이 되면 음료에 관해 알지 못하는 상태로 변경됐음을 의미한다.

이처럼 객체와 객체 사이의 의미 있는 연결을 링크(link)라고 한다. 객체와 객체 사이에는 링크가 존재해야만 요청을 보내고 받을 수 있다. 즉, 객체의 링크를 통해서만 메시지를 주고받을 수 있다.

따라서 그림 2.2의 경우 앨리스와 음료 간의 협력이 가능하지만 그림 2.3의 경우에는 링크가 존재하지 않기 때문에 협력이 불가능하다. 링크는 객체가 다른 객체를 참조할 수 있다는 것을 의미하며, 이것은 일반적으로 한 객체가 다른 객체의 식별자를 알고 있는 것으로 표현된다.

객체 간의 선으로 표현되는 링크와 달리 객체를 구성하는 단순한 값은 속성(attribute)이라고 한다. 앨리스의 키와 위치는 단순한 값으로 표현되기 때문에 속성이다. 객체의 프로퍼티는 단순한 값인 속성과 다른 객체를 가리키는 링크라는 두 가지 종류의 조합으로 표현할 수 있다[2].

이 책에서는 객체의 상태를 다음과 같이 정의하기로 한다.

> 상태는 특정 시점에 객체가 가지고 있는 정보의 집합으로 객체의 구조적 특징을 표현한다. 객체의 상태는 객체에 존재하는 정적인 프로퍼티와 동적인 프로퍼티 값으로 구성된다. 객체의 프로퍼티는 단순한 값과 다른 객체를 참조하는 링크로 구분할 수 있다.

객체는 자율적인 존재라는 점을 명심하라. 객체지향의 세계에서 객체는 다른 객체의 상태에 직접적으로 접근할 수도, 상태를 변경할 수도 없다. 자율적인 객체는 스스로 자

---

[2] 정확하게 말하면 프로퍼티는 속성과 연관관계의 두 가지 종류로 구분된다. 연관관계는 정적인 관계를 의미하며 링크는 연관관계의 인스턴스다.

신의 상태를 책임져야 한다. 외부의 객체가 직접적으로 객체의 상태를 주무를 수 없다면 간접적으로 객체의 상태를 변경하거나 조회할 수 있는 방법이 필요하다.

이 시점에 행동이 무대 위로 등장한다. 행동은 다른 객체로 하여금 간접적으로 객체의 상태를 변경하는 것을 가능하게 한다. 객체지향의 기본 사상은 상태와 상태를 조작하기 위한 행동을 하나의 단위로 묶는 것이라는 점을 기억하라. 객체는 스스로의 행동에 의해서만 상태가 변경되는 것을 보장함으로써 객체의 자율성을 유지한다.

행동

상태와 행동

객체의 상태는 저절로 변경되지 않는다. 객체의 상태를 변경하는 것은 객체의 자발적인 행동뿐이다. 앨리스의 키가 작아진 이유는 앨리스가 음료를 마셨기 때문이다. 앨리스의 위치가 통로에서 정원으로 바뀐 이유는 앨리스가 문을 통과했기 때문이다. 앨리스가 특정한 행동을 취할 때마다 앨리스의 키와 위치는 변경된다.

객체가 취하는 행동은 객체 자신의 상태를 변경시킨다. 객체의 행동에 의해 객체의 상태가 변경된다는 것은 행동이 **부수 효과(side effect)**를 초래한다는 것을 의미한다. 부수 효과의 개념을 이용하면 객체의 행동을 상태 변경의 관점에서 쉽게 기술할 수 있다. 앨리스가 케이크를 먹는 행위는 앨리스의 키를 작게 변화시키고 케이크의 양을 줄이는 부수 효과를 야기한다. 앨리스가 문을 통과하는 행동은 앨리스의 위치를 변화시키는 부수 효과를 초래한다.

앞에서 설명한 것처럼 객체의 행동은 객체의 상태를 변경시키지만 행동의 결과는 객체의 상태에 의존적이다. 음료를 마신 후의 앨리스의 키는 음료를 마시기 전의 앨리스의 키보다 작아져야 한다. 이것은 음료를 마시는 행동의 결과가 앨리스의 키에 의존한다는 것을 의미한다. 앨리스가 문을 통과할 수 있는지는 앨리스의 키가 현재 몇 센티미터인지에 달려 있다. 앨리스의 키가 문보다 크다면 문을 통과할 수 없을 것이다.

그림 2.4 앨리스의 키와 문의 크기를 통해 문을 통과할 수 있는지를 쉽게 판단할 수 있다.

따라서 상태와 행동 사이에는 다음과 같은 관계가 있음을 알 수 있다.

- 객체의 행동은 상태에 영향을 받는다

- 객체의 행동은 상태를 변경시킨다

이것은 상태라는 개념을 이용해 행동을 다음의 두 가지 관점에서 서술할 수 있음을 의미한다.

- 상호작용이 현재의 상태에 어떤 방식으로 의존하는가

- 상호작용이 어떻게 현재의 상태를 변경시키는가

가여운 앨리스의 이야기로 돌아가 앨리스가 문을 통과하는 행동을 상태 관점에서 설명해 보자. 앨리스가 통과해야 하는 문의 크기가 40센티미터라고 가정하면 문을 통과하는 행동은 과거의 행동을 돌아볼 필요 없이 앨리스의 '키'와 '위치'라는 두 가지 상태를 이용해 간단하게 서술할 수 있다.

- 앨리스의 키가 40센티미터 이하라면 문을 통과할 수 있다.

- 문을 통과한 후에 앨리스의 위치는 아름다운 정원으로 바뀌어야 한다.

상태를 이용해 객체의 행동을 얼마나 쉽고 우아하게 표현했는지 잘 살펴보기 바란다. 상태를 이용하면 복잡한 객체의 행동을 쉽게 이해할 수 있다.

협력과 행동

어떤 객체도 섬이 아니다. 객체는 자신에게 주어진 책임을 완수하기 위해 다른 객체를 이용하고 다른 객체에게 서비스를 제공한다. 객체는 다른 객체와 적극적으로 상호작용하며 '협력하는 객체들의 공동체'에 참여하기 위해 노력한다.

객체가 다른 객체와 협력하는 유일한 방법은 다른 객체에게 요청을 보내는 것이다. 요청을 수신한 객체는 요청을 처리하기 위해 적절한 방법에 따라 행동한다. 따라서 객체의 행동은 객체가 협력에 참여할 수 있는 유일한 방법이다.

객체가 다른 객체와 메시지를 통해서만 의사소통할 수 있다는 것을 기억하라. 객체가 어떤 행동을 하도록 만드는 것은 객체가 외부로부터 수신한 메시지다. 객체는 수신된 메시지에 따라 적절히 행동하면서 협력에 참여하고 그 결과로 자신의 상태를 변경한다.

객체는 협력에 참여하는 과정에서 자기 자신의 상태뿐만 아니라 다른 객체의 상태 변경을 유발할 수도 있다. 앨리스가 음료를 마시면 앨리스 자신의 키가 작아지는 동시에 앨리스가 먹은 양만큼 음료의 양이 줄어야 한다. 따라서 음료를 마시는 앨리스의 행동은 자기 자신뿐만 아니라 음료의 상태 변경도 유발한다.

정리하면 객체의 행동으로 인해 발생하는 결과는 두 가지 관점에서 설명할 수 있다. 객체의 행동은 이 두 가지 관점의 부수효과를 명확하게 서술해야 한다.

- 객체 자신의 상태 변경

- 행동 내에서 협력하는 다른 객체에 대한 메시지 전송

이 책에서는 행동을 다음과 같이 정의한다.

> 행동이란 외부의 요청 또는 수신된 메시지에 응답하기 위해 동작하고 반응하는 활동이다. 행동의 결과로 객체는 자신의 상태를 변경하거나 다른 객체에게 메시지를 전달할 수 있다. 객체는 행동을 통해 다른 객체와의 협력에 참여하므로 행동은 외부에 가시적이어야 한다.

상태 캡슐화

현실 세계의 객체와 객체지향 세계의 객체 사이에는 중요한 차이점이 있다. 현실 속에서 앨리스는 스스로 음료를 마시는 능동적인 존재지만 음료는 스스로는 아무것도 할 수 없는 수동적인 존재다. 현실 세계라면 음료의 양을 줄여 상태를 변경시키는 주체는 음료를 목 안으로 밀어 넣은 앨리스가 될 것이다.

그러나 객체지향의 세계에서 모든 객체는 자신의 상태를 스스로 관리하는 자율적인 존재다. 앨리스 객체의 키를 작게 만드는 것이 앨리스 자신인 것처럼 음료 객체의 양을 줄이는 것은 음료 자신이어야 한다. 따라서 앨리스는 직접적으로 음료의 상태를 변경할 수 없다. 단지 음료에게 자신이 음료를 마셨다는 메시지를 전달할 수 있을 뿐이다. 적절한 정도로 음료의 양을 줄이는 것은 메시지를 전달받은 음료 스스로의 몫이다.

앨리스가 음료를 마시는 행동은 앨리스 자신의 키를 작게 만든다. 따라서 앨리스 자신의 상태를 변경한다. 이 과정에서 앨리스는 자신이 먹은 양만큼 음료의 양을 줄여달라고 메시지를 전송한다. 이것이 앨리스가 음료를 마신다는 행동에 대한 모든 것이다. 음료의 양이 줄어들 것인지는 메시지를 수신한 음료가 결정할 사항이며, 앨리스와는 무관하다. 단지 앨리스는 음료의 양이 줄어들 것이라는 것을 믿고 요청을 전달할 뿐이다.

그림 2.5는 앨리스가 음료를 마시는 과정에서 이뤄지는 앨리스와 음료 사이의 협력 관계를 그림으로 표현한 것이다.

그림 2.5 메시지를 통한 앨리스와 음료 사이의 협력 관계

이 그림에서 앨리스와 음료에게 전송되는 메시지 이름에 주목하라. 앨리스에게 전달되는 메시지는 drinkBeverage()이고 음료에게 전달되는 메시지는 drunken(quantity)다. 두 메시지를 보고 앨리스의 키가 줄어든다거나 음료의 양이 줄어든다는 상태 변경을 예상할 수 있겠는가? 메시지를 앨리스에게 전송하는 객체이건 음료에게 메시지를 전송하는 앨리스 객체이건 메시지 송신자는 메시지 수신자의 상태 변경에 대해서는 전혀 알지 못한다.

이것이 캡슐화가 의미하는 것이다. 객체는 상태를 캡슐 안에 감춰둔 채 외부로 노출하지 않는다. 객체가 외부에 노출하는 것은 행동뿐이며, 외부에서 객체에 접근할 수 있는 유일한 방법 역시 행동뿐이다.

객체의 행동을 유발하는 것은 외부로부터 전달된 메시지지만 객체의 상태를 변경할지 여부는 객체 스스로 결정한다. 사실 객체에게 메시지를 전달하는 외부의 객체는 메시지를 수신하는 객체의 상태가 변경된다는 사실조차 알지 못한다. 메시지 송신자는 단지 자신의 요구를 메시지로 포장해서 전달할 뿐이다. 메시지를 해석하고 그에 반응해서 상태를 변경할지 여부는 전적으로 메시지 수신자의 자율적인 판단에 따른다. 송신자가 상태 변경을 기대하더라도 수신자가 자신의 상태를 변경하지 않는다면 송신자가 간섭할 수 있는 어떤 여지도 없다.

상태를 외부에 노출시키지 않고 행동을 경계로 캡슐화하는 것은 결과적으로 객체의 자율성을 높인다. 자율적인 객체는 스스로 판단하고 스스로 결정하기 때문에 객체의 자율성이 높아질수록 객체의 지능도 높아진다. 협력에 참여하는 객체들의 지능이 높아질수록 협력은 유연하고 간결해진다.

결론적으로 상태를 잘 정의된 행동 집합 뒤로 캡슐화하는 것은 객체의 자율성을 높이고 협력을 단순하고 유연하게 만든다. 이것이 상태를 캡슐화해야 하는 이유다.

식별자

객체란 인간의 인지 능력을 이용해 식별 가능한 경계를 가진 모든 사물을 의미한다. 객체가 식별 가능하다는 것은 객체를 서로 구별할 수 있는 특정한 프로퍼티가 객체 안에 존재한다는 것을 의미한다. 이 프로퍼티를 식별자라고 한다. 모든 객체는 식별자를 가지며 식별자를 이용해 객체를 구별할 수 있다.

모든 객체가 식별자를 가진다는 것은 반대로 객체가 아닌 단순한 값은 식별자를 가지지 않는다는 것을 의미한다. 상태에 관해 살펴보면서 객체가 가지는 프로퍼티의 타입은 객체나 단순한 값 중 하나가 될 수 있다고 설명했다. 값과 객체의 가장 큰 차이점은 값은 식별자를 가지지 않지만 객체는 식별자를 가진다는 점이다. 그리고 시스템을 설계할 때는 이런 단순한 값과 객체의 차이점을 명확하게 구분하고 명시적으로 표현하는 것이 매우 중요하다.

값(value)은 숫자, 문자열, 날짜, 시간, 금액 등과 같이 변하지 않는 양을 모델링한다. 흔히 값의 상태는 변하지 않기 때문에 불변 상태(immutable state)를 가진다고 말한다. 값의 경우 두 인스턴스의 상태가 같다면 두 인스턴스를 같은 것으로 판단한다. 두 개의 1이라는 숫자가 종이 위에 적혀 있을 때 모든 사람들은 두 숫자가 같은 것으로 간주한다. 두 숫자는 값이 같기 때문에 동일하다고 판단하며 굳이 두 개의 숫자를 구별하려고 하지 않는다.

값이 같은지 여부는 상태가 같은지를 이용해 판단한다. 값의 상태가 같으면 두 인스턴스는 동일한 것으로 판단하고 상태가 다르면 두 인스턴스는 다른 것으로 판단한다. 이처럼 상태를 이용해 두 값이 같은지 판단할 수 있는 성질을 동등성(equality)이라고 한다. 상태를 이용해 동등성을 판단할 수 있는 이유는 값의 상태가 변하지 않기 때문이다. 값의 상태는 결코 변하지 않기 때문에 어떤 시점에 동일한 타입의 두 값이 같다면 언제까지라도 두 값은 동등한 상태를 유지할 것이다. 값은 오직 상태만을 이용해 동등성을 판단하기 때문에 인스턴스를 구별하기 위한 별도의 식별자를 필요로 하지 않는다.

객체는 시간에 따라 변경되는 상태를 포함하며, 행동을 통해 상태를 변경한다. 따라서 객체는 가변 상태(mutable state)를 가진다고 말한다. 타입이 같은 두 객체의 상태가 완전히 똑같더라도 두 객체는 독립적인 별개의 객체로 다뤄야 한다. 이름이 앨리스이고 키가 동일한 두 사람이 함께 있다고 하더라도 어떤 누구도 두 사람을 같은 사람이라고 생각하지 않는다. 비록 이름과 키 등의 상태는 완전히 동일하지만 두 사람은 완전히 별개의 인격체다.

어린 시절의 여러분을 떠올려보자. 어린 여러분은 현재의 여러분보다 키도 작고 나이도 적지만 두 사람은 동일한 인물이다. 따라서 여러분은 상태와 무관하게 동일한 사람으로 판단될 수 있는 일종의 식별자를 가지고 있는 객체라고 할 수 있다.

객체 역시 사람과 유사하게 상태와 무관하게 두 객체를 동일하거나 다르다고 판단할 수 있는 프로퍼티를 가진다. 두 객체의 상태가 다르더라도 식별자가 같다면 두 객체를 같은 객체로 판단할 수 있다. 이처럼 식별자를 기반으로 객체가 같은지를 판단할 수 있는 성질을 동일성(identical)이라고 한다.

상태를 기반으로 객체의 동일성을 판단할 수 없는 이유는 시간이 흐름에 따라 객체의 상태가 변하기 때문이다. 어느 한 시점에 두 객체의 상태가 동일하더라도 한 객체의 상태가 변하는 순간 두 객체는 서로 다른 상태가 되어 버린다. 따라서 상태가 가변적인 두 객체의 동일성을 판단하기 위해서는 상태 변경에 독립적인 별도의 식별자를 이용할 수밖에 없다.

식별자란 어떤 객체를 다른 객체와 구분하는 데 사용하는 객체의 프로퍼티다. 값은 식별자를 가지지 않기 때문에 상태를 이용한 동등성 검사를 통해 두 인스턴스를 비교해야 한다. 객체는 상태가 변경될 수 있기 때문에 식별자를 이용한 동일성 검사를 통해 두 인스턴스를 비교할 수 있다.

대부분의 사람들은 값과 객체의 차이점을 혼란스러워하는데, 대부분의 객체지향 프로그래밍 언어에서 두 개념 모두 클래스를 이용해 구현되기 때문이다. 객체지향 프로그래밍 언어를 이용하면 숫자는 Integer라는 클래스로, 사람은 Person이라는 클래스로 정의할 수밖에 없다. 따라서 프로그래밍 언어의 관점에서 숫자는 Integer 클래스로부터 생성된 객체이며 사람은 Person 클래스로부터 생성된 객체다. 객체지향 언어의 관점에서 값과 객체 모두 클래스로부터 생성된 객체이기 때문에 문맥에 따라 그 의미가 혼란스러워질 수 있다.

이런 오해의 소지를 줄이기 위해 객체와 값을 지칭하는 별도의 용어를 사용하기도 한다. **참조 객체(reference object)**, 또는 **엔티티(entity)**는 식별자를 지닌 전통적인 의미의 객체를 가리키는 용어다. **값 객체(value object)**는 식별자를 가지지 않는 값을 가리키는 용어다. 이 책에서 특별한 언급이 없는 한 객체라는 용어는 식별자를 가지는 참조 객체나 엔티티를 가리킨다.

객체 식별자의 개념은 상속, 캡슐화, 다형성과 같은 좀 더 두드러진 개념에 비해 간과하기 쉽다. 그러나 식별자는 객체지향 패러다임의 표현력을 높이는 데 중요한 역할을 한다. 객체지향의 세계는 상태가 변하지 않는 값과 상태가 변하는 객체들이 서로 균형을 맞추며 조화를 이루는 사회여야 한다.

지금까지 객체의 중요한 특성인 상태, 행동, 식별자에 관해 살펴봤다. 다음은 지금까지 살펴본 객체의 특성을 간략하게 요약한 것이다. 눈썰미가 좋은 독자라면 아래 목록이 앞에서 앨리스의 특성을 요약한 목록에서 '앨리스'라는 단어를 '객체'라는 단어로 살짝 바꿔 놓았을 뿐이라는 것을 눈치챘을 것이다.

- 객체는 상태를 가지며 상태는 변경 가능하다.
- 객체의 상태를 변경시키는 것은 객체의 행동이다.
  - 행동의 결과는 상태에 의존적이며 상태를 이용해 서술할 수 있다.
  - 행동의 순서가 실행 결과에 영향을 미친다.
- 객체는 어떤 상태에 있더라도 유일하게 식별 가능하다.

이제 앞에서 나열한 객체의 모든 특성을 좀 더 쉽게 이해할 수 있는 한 가지 은유를 살펴보자. 이 은유는 버트란드 마이어가 제시한 것으로서, 객체를 통합적인 시각에서 바라볼 수 있게 도와줄 것이다.

기계로서의 객체

객체지향의 세계를 창조하는 개발자들의 주된 업무는 객체의 상태를 조회하고 객체의 상태를 변경하는 것이다. 일반적으로 객체의 상태를 조회하는 작업을 쿼리(query)라고 하고 객체의 상태를 변경하는 작업을 명령(command)이라고 한다[Meyer 2000]. 객체가 외부에 제공하는 행동의 대부분은 쿼리와 명령으로 구성된다.

버트란드 마이어는 『Object-Oriented Software Construction』[Meyer 2000]에서 객체를 우리가 친숙하게 알고 있는 한 가지 사물에 비유해서 설명하고 있다. 바로 기계다.

마이어가 제시한 기계로서의 객체라는 이미지는 차가운 금속 외피로 둘러싸인 블랙박스다. 기계의 부품은 단단한 금속 외피 안에 감춰져 있기 때문에 기계를 분해하지 않는 한 기계의 내부를 직접 볼 수는 없다. 대신 사람은 기계의 외부에 부착된 사각형과 원 모양의 버튼을 이용해서만 기계와 상호작용할 수 있다.

사각형 모양의 버튼을 누르면 객체의 상태를 변경할 수 있다. 사각형 버튼을 누른 시점에는 변경된 상태를 직접 눈으로 볼 수는 없다. 대신 원하는 시점에 원 모양의 버튼을 눌러 객체의 상태를 조회할 수 있다. 객체의 상태는 우측 상단의 디스플레이 창에 출력된다. 좌측 상단의 슬롯은 버튼을 눌러 기계의 상태를 변경하거나 조회할 때 기계가 필요로 하는 추가 정보를 위치시키는 곳이다.

그림 2.6 기계로서의 앨리스 객체

그림 2.6은 마이어가 제시한 기계 은유를 이용해 앨리스 객체를 표현한 것이다. 앨리스 기계의 하단부에는 '음료를 마시다', '케이크를 먹다', '부채질하다', '버섯을 먹다', '문을 통과하다'라고 적힌 네 개의 사각형 버튼이 있다. 이 버튼들은 모두 기계의 상태를 변경하는 것으로, 앞의 버튼 4개는 앨리스 기계의 키를, 마지막 버튼은 앨리스의 위치를 변경시킨다.

사각형 버튼 바로 위에는 '키', '위치'라는 라벨이 적힌 둥근 모양의 버튼이 있다. 이 버튼들은 기계의 상태를 우측 상단의 디스플레이 창에 출력한다. 사각형 버튼을 누른 후 기계의 상태를 확인하고 싶다면 이 버튼을 누르면 된다. '키' 버튼을 눌러 현재의 키를 확인한 후 앨리스의 키를 작게 줄이기 위해 '음료를 마시다' 버튼을 눌러 상태를 변경시켜 보자. 이제 '키' 버튼을 누르면 디스플레이 창에는 '음료를 마시다' 버튼을 누르기 전보다 더 작은 숫자가 표시될 것이다.

사용자가 객체 기계의 버튼을 눌러 상태를 변경하거나 상태 조회를 요청하는 것은 객체의 행동을 유발하기 위해 메시지를 전송하는 것과 유사하다. 버튼을 누르는 것은 기계의 사용자지만 눌린 버튼에 따라 어떤 방식으로 동작할지는 기계 스스로 결정한다. 이것은 전달된 메시지에 따라 스스로 판단하고 결정하는 자율적인 객체의 특성을 정확하게 묘사한다.

객체 기계에서 사각형 버튼은 상태를 변경하는 명령을, 둥근 버튼은 상태를 조회하는 쿼리를 의미한다는 것을 쉽게 알 수 있다. 명령과 쿼리는 객체가 외부에 제공하는 행동이라는 점에 주목하라. 여기서 중요한 것은 명령 버튼과 쿼리 버튼 이외의 다른 방법을 통해서는 앨리스 기계를 사용할 수 없다는 것이다. 사용자는 명령 버튼을 눌러야만 상태를 변경할 수 있고 조회 버튼을 눌러야만 상태를 조회할 수 있다. 어떤 사용자도 직접 기계를 열어 기계 내부의 상태에 직접 접근하려고 하지 않는다.

이것은 객체에 접근할 수 있는 유일한 방법은 객체가 제공하는 행동뿐이라는 점을 강조한다. 즉, 사용자는 객체가 제공하는 명령 버튼과 쿼리 버튼으로 구성된 인터페이스를 통해서만 객체에 접근할 수 있다.

객체 기계가 제공하는 버튼을 통해서만 상태에 접근할 수 있다는 점은 객체의 캡슐화를 강조한다. 개인적으로 생각하는 기계 은유의 가장 큰 장점은 객체 캡슐화를 직관적이고 시각적으로 묘사한다는 점이다. 그림 2.6을 다시 한번 살펴보자. 객체는 버튼으로 제공되는 행동과 디스플레이에 출력되는 상태를 함께 가지고 있으며, 상태는 버튼에 의해 유발되는 행동에 의해서만 접근 가능하다. 이것은 상태와 행동이 하나의 단위로 캡슐화된다는 객체의 정의를 매우 효과적으로 표현한다.

기계 은유를 이용하면 객체의 식별자 역시 효과적으로 설명할 수 있다. 그림 2.7은 동일한 명령 버튼과 조회 버튼을 제공하는 두 개의 객체 기계를 함께 표현한 것이다. 두 기계 모두 디스플레이 창에 동일한 숫자인 130을 표시하고 있다. 두 기계는 외부에 동일한 행동을 제공하고 현재의 시점에서 상태 역시 동일하다. 하지만 두 기계를 보는 모든 사람들은 상태가 동일하더라도 두 기계를 구분된 별개의 객체로 인식한다. 이것은 객체가 상태와 무관하게 구분 가능한 식별자를 가진다는 것을 의미한다.

그림 2.7 상태는 동일하지만 서로 구분 가능한 두 개의 객체

객체 간의 메시지를 통한 협력 역시 기계 은유를 사용하면 직관적으로 이해할 수 있다. 그림 2.8은 링크를 통해 연결된 앨리스 객체와 음료 객체를 기계 은유의 관점에서 표현한 것이다. 그림에서 앞에 위치한 기계가 앨리스 객체를 표현한 것이고 뒤에 위치한 기계가 음료 객체를 표현한 것이다. 기계 음료의 양을 변경하는 '마셔지다'라는 명령 버튼과 변경된 양을 조회하는 '양'이라는 라벨의 조회 버튼으로 구성돼 있다.

그림에서 사용자가 앞쪽에 있는 앨리스 기계의 '음료를 마시다' 버튼을 눌렀다고 가정하자. 앨리스 기계는 내부적으로 키를 작게 변경한 후 링크를 통해 연결된 음료 기계에게 '마셔지다'라는 버튼이 눌려지도록 요청을 전송한다. 객체지향 패러다임 관점에서 이것은 '음료를 마시다'라는 메시지를 수신한 앨리스 객체가 메시지를 처리하던 도중 음료 객체에게 '마셔지다'라는 메시지를 전송한 것과 동일하다. 즉, 링크를 통해 연결된 두 객체가 메시지 전송을 통해 협력하고 있는 것이다.

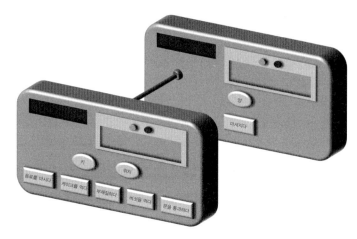

그림 2.8 협력하는 앨리스 기계와 음료 기계

객체를 기계로서 바라보는 관점은 상태, 행동, 식별자에 대한 시각적인 이미지를 제공하고 캡슐화와 메시지를 통한 협력 관계를 매우 효과적으로 설명한다.

행동이 상태를 결정한다

객체지향에 갓 입문한 사람들이 가장 쉽게 빠지는 함정은 상태를 중심으로 객체를 바라보는 것이다. 초보자들은 먼저 객체에 필요한 상태가 무엇인지를 결정하고 그 상태에 필요한 행동을 결정한다. 애플리케이션 안에 살아갈 앨리스 객체를 설계할 때 초보자들은 앨리스 객체에게 필요한 상태가 무엇인지를 찾고 키와 위치를 앨리스에 추가한다. 그러고 나서야 키와 위치를 변경하거나 조회할 수 있는 행동이 무엇인지를 고민한다.

안타깝게도 상태를 먼저 결정하고 행동을 나중에 결정하는 방법은 설계에 나쁜 영향을 끼친다.

첫째, 상태를 먼저 결정할 경우 캡슐화가 저해된다. 상태에 초점을 맞출 경우 상태가 객체 내부로 깔끔하게 캡슐화되지 못하고 공용 인터페이스에 그대로 노출되버릴 확률이 높아진다.

둘째, 객체를 협력자가 아닌 고립된 섬으로 만든다. 객체가 필요한 이유는 애플리케이션의 문맥 내에서 다른 객체와 협력하기 위해서다. 불행하게도 상태를 먼저 고려하는 방식은 협력이라는 문맥에서 멀리 벗어난 채 객체를 설계하게 함으로써 자연스럽게 협력에 적합하지 못한 객체를 창조하게 된다.

셋째, 객체의 재사용성이 저하된다. 객체의 재사용성은 다양한 협력에 참여할 수 있는 능력에서 나온다. 상태에 초점을 맞춘 객체는 다양한 협력에 참여하기 어렵기 때문에 재사용성이 저하될 수밖에 없다.

협력에 참여하는 훌륭한 객체 시민을 양성하기 위한 가장 중요한 덕목은 상태가 아니라 행동에 초점을 맞추는 것이다. 객체는 다른 객체와 협력하기 위해 존재한다. 객체의 행동은 객체가 협력에 참여하는 유일한 방법이다. 따라서 객체가 적합한지를 결정하는 것은 그 객체의 상태가 아니라 행동이다. 설계자로서 우리는 협력의 문맥에 맞는 적절한 행동을 수행하는 객체를 발견하거나 창조해야 한다. 결과적으로 우리가 애플리케이션 안에서 어떤 행동을 원하느냐가 어떤 객체가 적합한지를 결정한다. 객체의 적합성을 결정하는 것은 상태가 아니라 객체의 행동이다.

객체지향 설계는 애플리케이션에 필요한 협력을 생각하고 협력에 참여하는 데 필요한 행동을 생각한 후 행동을 수행할 객체를 선택하는 방식으로 수행된다. 행동을 결정한 후에야 행동에 필요한 정보가 무엇인지를 고려하게 되며 이 과정에서 필요한 상태가 결정된다. 따라서 먼저 객체의 행동을 결정하고 그 후에 행동에 적절한 상태를 선택하게 된다.

협력 안에서 객체의 행동은 결국 객체가 협력에 참여하면서 완수해야 하는 책임을 의미한다. 따라서 어떤 책임이 필요한가를 결정하는 과정이 전체 설계를 주도해야 한다. 이 책에서 살펴볼 **책임-주도 설계(Responsibility-Driven Design, RDD)**[Wirfs-Brock 2003]는 협력이라는 문맥 안에서 객체의 행동을 생각하도록 도움으로써 응집도 높고 재사용 가능한 객체를 만들 수 있게 한다.

이 장을 통틀어 가장 중요하고 반드시 기억해야 하는 진실은 바로 이것이다. "행동이 상태를 결정한다". 이 책을 읽다 보면 이 짧은 문장에 담긴 깊은 의미를 조금씩 이해하게 될 것이다.

은유와 객체

두 번째 도시전설

1장에서는 클래스가 객체지향의 핵심이라는 객체지향의 오래된 도시전설 한 가지를 살펴봤다. 이번 장 역시 객체지향과 관련된 또 다른 해묵은 도시전설 한 가지를 설명하면서 마치고자 한다. 이 도시전설은 너무 오랫동안 사람들의 뇌리에 뿌리 깊게 박혀 있었던 탓에 아무도 문제라고 제기하지 않았던 것이다. 그것은 바로 '객체지향이란 현실 세계의 모방'이라는 것이다.

객체지향을 현실 세계의 모방이라고 보는 관점은 객체지향 분석/설계란 현실 세계에 존재하는 다양한 객체를 모방한 후 필요한 부분만 취해 소프트웨어 객체로 구현하는 과정이라고 설명한다. 흔히 객체지향을 현실 세계의 추상화라고도 하는데, 그 안에는 현실 세계를 모방해서 단순화한다는 의미가 숨어 있다. 여기서 추상화(abstraction)란 실제의 사물에서 자신이 원하는 특성만 취하고 필요 없는 부분을 추려 핵심만 표현하는 행위를 말한다. 이런 관점의 중심에는 객체지향 애플리케이션을 분석하고 설계하고 구현하기 위해서는 현실 세계를 면밀히 관찰하고 그 안에 존재하는 실제 객체들의 특징을 간추리고 요약해서 소프트웨어 객체로 추상화할 수 있는 능력이 중요하다는 생각이 자리 잡고 있다.

그러나 안타깝게도 객체지향 세계는 현실 세계의 단순한 모방이 아니다. 소프트웨어 안에 구현된 상품 객체는 실제 세계의 상품과는 전혀 다른 양상을 띤다. 소프트웨어 상품은 실제 세계의 상품이 하지 못하는 가격 계산과 같은 행동을 스스로 수행할 수 있다. 이것은 소프트웨어 상품이 실제 세계의 상품을 단순화하거나 추상화한 것이 아니라 특성이 전혀 다른 어떤 것임을 의미한다.

모방과 추상화라는 개념만으로는 현실 객체와 소프트웨어 객체 사이의 관계를 깔끔하게 설명하지 못한다. 최초의 객체지향 언어인 시뮬라가 그 이름에서부터 객체지향이 현실 세계를 시뮬레이션한다는 의미를 강하게 표출하고 있다고 하더라도 객체지향이 현실을 오롯이 모방하기만 한다는 것은 오해일 뿐이다.

의인화

그렇다면 현실 속의 객체와 소프트웨어 객체 사이의 가장 큰 차이점은 무엇일까? 그것은 현실 속에서는 수동적인 존재가 소프트웨어 객체로 구현될 때는 능동적으로 변한다는 것이다.

소프트웨어 객체를 창조할 때 우리는 결코 현실 세계의 객체를 모방하지 않는다. 오히려 소프트웨어 안에 창조하는 객체에게 현실 세계의 객체와는 전혀 다른 특징을 부여하는 것이 일반적이다. 소프트웨어 객체가 현실 객체의 부분적인 특징을 모방하는 것이 아니라 현실 객체가 가지지 못한 추가적인 능력을 보유하게 된다.

현실 속의 트럼프 카드는 스스로 뒤집을 수도, 말을 할 수도, 걸을 수도 없다. 현실 세계의 채셔 고양이는 웃을 수 없다. 현실 속의 토끼는 두 발로 서서 시계를 보며 허둥지둥 뛰어다니지 않는다. 전화기는 스스로 통화 버튼을 누를 수 없으며 계좌는 스스로 금액을 이체할 수 없다. 스스로 판매 금액을 계산해서 종이에 기입하는 현실 속의 상품을 상상해 보라. 여러분이 객체지향 세계를 구축할 때 현실에서 가져온 객체들은 현실 속에서는 할 수 없는 어떤 일이라도 할 수 있는 전지전능한 존재가 된다.

레베카 워프스브룩은 현실의 객체보다 더 많은 일을 할 수 있는 소프트웨어 객체의 특징을 의인화(anthropomorphism)라고 부른다.

> 객체는 무생물이거나 심지어는 실세계의 개념적인 개체로 모델링될 수도 있지만, 그것들은 마치 우리가 현실 세계에서 에이전트로 행동하는 것처럼 시스템 안에서 에이전트처럼 행동한다. 객체가 현실 세계의 대상보다 더 많이 안다는 것이 모순처럼 보일 수도 있다. 결국, 인간이라는 에이전트 없이 현실의 전화는 서로에게 전화를 걸지 않으며 색은 스스로 칠하지 않는다. 일상적인 체계에서는 어떤 사건이 일어나기 위해 반드시 인간 에이전트가 필요한 반면 객체들은 그들 자신의 체계 안에서 [능동적이고 자율적인] 에이전트다.
>
> 의인화의 관점에서 소프트웨어를 생물로 생각하자. 모든 생물처럼 소프트웨어는 태어나고, 삶을 영위하고, 그리고 죽는다[Wirfs-Brock 1990].

심지어 현실 세계에는 존재조차 하지 않는 것들도 소프트웨어 안에서는 생생한 생명을 가진 존재로 재탄생한다. 신화 속의 인물이나 상상 속의 동물들도 필요하다면 소프트웨어 안에 살아가도록 만들 수 있다. 눈에 보이지 않는 공기나 바람도 소프트웨어 안에서는 시각적인 형태를 가지도록 만들 수 있다.

소프트웨어 안에 구축되는 객체지향 세계는 현실을 모방한 것이 아니다. 현실의 모습을 조금 참조할 뿐 궁극적인 목적은 현실과 전혀 다른 새로운 세계를 창조하는 것이다. 또한 객체지향의 세계는 현실의 추상화가 아니다. 오히려 객체지향 세계의 거리는 현실 속의 객체보다 더 많은 특징과 능력을 보유한 객체들로 넘쳐난다.

은유

소프트웨어 객체가 현실 세계의 객체와는 전혀 다르다는 사실은 객체지향 분석/설계에 관한 전통적인 관점을 송두리째 흔들기에 충분하다. 객체지향 분석/설계에 대한 전통적인 조언은 현실 세계의 객체를 자세히 관찰하고 그중에서 소프트웨어 객체에 적합한 속성만 추려내라는 것이다. 안타깝게도 이 조언은 소프트웨어를 개발하는 데 실제적인 도움을 주지 못한다. 오히려 객체지향 애플리케이션이 현실의 구조를 정확하게 반영해야 한다는 오해만 심어줄 뿐이다.

그렇다면 객체지향의 세계와 현실 세계 사이에는 전혀 상관이 없는 것인가? 그렇지는 않다. 다만 모방이나 추상화의 수준이 아닌 다른 관점에서 유사성을 가지고 있을 뿐이다. 현실 세계와 객체지향 세계 사이의 관계를 좀 더 정확하게 설명할 수 있는 단어는 은유(metaphor)다[Noble 2002].

은유란 실제로는 적용되지 않는 한 가지 개념을 이용해 다른 개념을 서술하는 대화의 한 형태다. 은유의 본질은 한 종류의 사물을 다른 종류의 사물 관점에서 이해하고 경험하는 데 있다[Lakoff 2003]. 은유라는 말은 그리스어인 'transfer(옮기다)'에서 유래됐는데, 은유가 하나의 의미를 다른 것을 이용해 전달한다는 의미를 가지고 있기 때문이다.

우리는 우리가 모르는 사이에 일상 생활에서 은유를 빈번하게 사용하고 있다. "그 여자 양 같아요"라는 말은 순한 양을 이용해 여자의 성격을 묘사하고 있다. "그 남자는 사자 같아요"라는 말은 사나운 사자의 특성을 이용해 남자의 포악한 성격을 묘사하고 있다.

이 같은 관계는 객체지향 모델링에서 발견되는 현실 객체와 소프트웨어 객체의 관계와 일치한다. 현실 속의 객체의 의미 일부가 소프트웨어 객체로 전달되기 때문에 프로그램 내의 객체는 현실 속의 객체에 대한 은유다. 비록 현실 속의 전화기는 스스로 전화를 걸 수 없다고 하더라도 우리가 익히 알고 있는 현실의 전화기라는 개념을 이용해 소프트웨어 객체를 묘사하면 그 객체가 전화를 걸 수 있다는 사실을 쉽게 이해하고 기억할 수 있게 된다.

은유는 표현적 차이(representational gap) 또는 의미적 차이(semantic gap)라는 논점과 관련성이 깊다[Larman 2001]. 여기서 차이란 소프트웨어에 대해 사람들이 생각하는 모습과 실제 소프트웨어의 표현 사이의 차이를 의미한다. 은유 관계에 있는 실제 객체의 이름을 소프트웨어 객체의 이름으로 사용하면 표현적 차이를 줄여 소프트웨어의 구조를 쉽게 예측할 수 있다. 따라서 소프트웨어 객체에 대한 현실 객체의 은유를 효과적으로 사용할 경우 표현적 차이를 줄일 수 있으며, 이해하기 쉽고 유지보수가 용이한 소프트웨어를 만들 수 있다. 바로 이러한 이유로 모든 객체지향 지침서에서는 현실 세계인 도메인에서 사용되는 이름을 객체에게 부여하라고 가이드하는 것이다.

이상한 나라를 창조하라

이상한 나라의 앨리스에 수록된 삽화 하나를 감상하면서 이번 장을 마무리하겠다. 그림 2.9는 앨리스의 모험담 뒷부분에 실린 삽화로, 하트 여왕과 하트 왕, 그 밖의 신하들이 모여 채셔 고양이 처형 문제를 논의하는 장면이다.

그림 2.9 이상한 나라의 객체는 현실의 객체에 대한 은유를 기반으로 한다.

이 삽화 속에는 우리에게 친숙한 다양한 트럼프 카드와 채셔 고양이, 토끼가 나온다. 그러나 실제 모습은 우리가 알고 있는 현실 속의 모습과는 거리가 멀다. 트럼프들은 얼굴뿐만 아니라 손발이 달려 있으며 채셔 고양이는 웃고 있고 토끼는 옷을 입은 채 두 발로 서 있다. 그럼에도 트럼프 카드가 쉽게 뒤집힐 것이고 채셔 고양이가 야옹 소리를 내며 울고 토끼가 빠르게 달릴 수 있으리라는 것을 쉽게 예상할 수 있다. 이것은 루이스 캐럴이 현실 속의 객체를 바탕으로 은유를 통해 이상한 나라의 객체를 묘사하고 있기 때문이다.

객체지향 설계자로서 우리의 목적은 현실을 모방하는 것이 아니다. 단지 이상한 나라를 창조하기만 하면 된다. 현실을 닮아야 한다는 어떤 제약이나 구속도 없다. 여러분이 창조한 객체의 특성을 상기시킬 수 있다면 현실 속의 객체의 이름을 이용해 객체를 묘사하라. 그렇지 않다면 깔끔하게 현실을 무시하고 자유롭게 여러분만의 새로운 세계를 창조하기 바란다. 앨리스를 매혹시킨 이상한 나라가 그런 것처럼 말이다.

03
타입과 추상화

일단 컴퓨터를 조작하는 것이 추상화를 구축하고, 조작하고, 추론하는 것에 관한
모든 것이라는 것을 깨닫고 나면 (훌륭한) 컴퓨터 프로그램을 작성하기 위한 중
요한 전제 조건은 추상화를 정확하게 다루는 능력이라는 것이 명확해진다.

– 키스 데블린(Keith Devlin)[Devlin 2003]

1863년 영국 런던에서 세계 최초의 지하철이 개통됐다. 이 시기에 런던 외곽의 기차역
에서 도로를 통해 시내 중심가로 이동하려는 승객들의 수요가 증가함에 따라 런던의 교
통 체증이 악화되고 있었다. 교통 문제를 해결하기 위한 한 가지 방법으로 런던 시와
간선 철도 종점 역을 연결하는 지하철도망에 대한 계획이 처음 논의된 것은 1830년이
었지만 실제로 실행에 옮겨진 것은 그 후로 30년이라는 긴 시간이 흐른 뒤였다.

그로부터 150여 년의 세월이 더 흐른 지금, 전 세계의 주요 대도시 지하에는 지하철이
거미줄처럼 도시 곳곳을 연결하고 있다. 지하철은 도시의 팽창과 산업화에 비례해 점
점 더 복잡한 미로로 변해가고 있다. 그럼에도 대부분의 승객들이 이동 수단으로써 지

하철을 큰 어려움 없이 이용할 수 있는 이유는 단순하고 직관적으로 역 간의 네트워크를 표현하는 지하철 노선도가 있기 때문이다. 전 세계 어디를 가더라도 지하철 노선도는 유사한 형태를 띠기 때문에 한 도시의 지하철 노선도를 이해하면 다른 도시의 지하철 노선도 역시 쉽게 이해할 수 있다.

현대적인 지하철 노선도의 원형을 디자인한 사람은 영국의 해리 벡(Harry Beck)이다. 런던 지하철에서 전기선 도안공으로 일하던 해리 벡은 전기회로 도면과 지도를 융합함으로써 기존의 지하철 노선도와는 차별화된 실용적이면서도 심미적인 지하철 노선도를 창조해 낼 수 있었다.

1930년대 5개의 지하철 회사를 통폐합하고 언더그라운드(Underground)라는 새로운 브랜드로 공동 운영하게 된 런던 지하철은 전 노선을 쉽게 알아볼 수 있는 지도를 만들기로 결정한다. 초기의 지하철 노선도는 실제와 유사한 물리적인 지형 위에 구불구불한 운행 노선과 불규칙적인 역 간의 거리를 사실적으로 묘사하고 있었다. 문제는 이렇게 사실적인 정보가 오히려 지하철을 이용하는 승객들로 하여금 노선도를 이해하기 어렵게 만들었다는 점이다.

지하철을 이용하는 승객의 목적은 하나의 역에서 다른 역으로 이동하는 것이다. 따라서 승객이 원하는 것은 어떤 역에서 출발해야 하는지와 어떤 역에서 환승해야 하는지, 그리고 어떤 역을 거쳐야만 가장 쉽고 빠르게 목적지에 도착할 수 있는지를 직관적이고 단순하게 보여주는 것이다. 지하철 노선도 디자인에서 가장 중요한 것은 얼마나 사실적으로 지형을 묘사했느냐가 아니라 역과 역 사이의 연결성을 얼마나 직관적으로 표현했느냐다. 그러나 초기의 지하철 노선도는 이동이라는 본래의 목적과는 무관한 사실적인 지형 정보를 혼합함으로써 역 사이의 연결성이라는 중요한 정보를 파악하기 힘들게 만드는 잘못을 범하고 말았다.

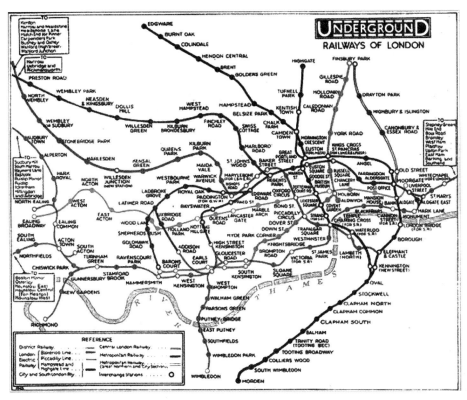

그림 3.1 스팅모어(Stingemore)가 디자인한 1927년 런던 지하철 지도

1933년에 해리 벡은 사실적인 지형과 축척은 무시하고 역 사이의 연결성에만 집중한 혁신적인 지하철 노선도를 창조했다. 사실 해리 벡이 고안한 지하철 노선도는 역의 순서와 갈아타는 역의 표시를 제외하면 어느 것 하나 정확한 것이 없었다. 모든 역의 위치와 거리도 부정확했으며 심지어 경로를 표시한 직선은 실제로 지하철이 이동하는 경로와는 상관이 없었다. 그럼에도 해리 벡이 제시한 기본적인 개념과 원형은 70여년이 지난 현재까지도 커다란 수정 없이 전 세계 지하철 노선도에 적용되고 있다.

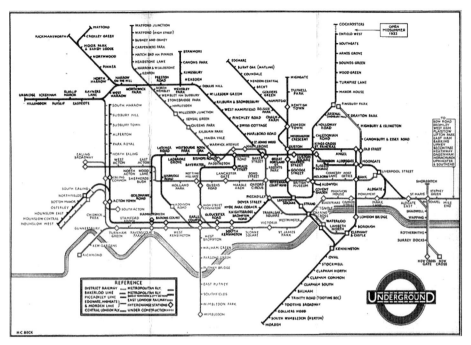

그림 3.2 정보 디자인의 아이콘이 된 해리 벡의 지하철 노선도

해리 벡이 창조한 지하철 노선도의 핵심은 지도가 당연히 가져야 한다고 생각되는 '정확성'을 버리고 그 '목적'에 집중한 결과다. 해리 벡은 런던 교통 박물관의 감독이었던 켄 갈란드와의 인터뷰에서 자신의 견해를 다음과 같이 설명했다. "이 지도는 상식에 근거한 것입니다. 지하철을 갈아탈 때 지형 때문에 골치 아플 필요가 있을까요? 지형은 중요한 것이 아닙니다. 중요한 것은 연결, 즉 열차를 갈아타는 것입니다."

해리 벡은 지하철을 이용하는 승객들을 면밀하게 관찰한 후 승객이 꼭 알아야 하는 사실만 정확하게 표현하고 몰라도 되는 정보는 무시함으로써 이해하기 쉽고 단순하며 목적에 부합하는 지하철 노선도를 창조해 낼 수 있었다. 해리 벡의 가장 위대한 업적은 지하철 노선을 추상화한 것이다.

추상화를 통한 복잡성 극복

현실은 복잡하며 예측 불가능한 혼돈의 덩어리다. 증시는 언제 곤두박질칠지 모르고 일주일 후의 날씨를 예측하는 것은 매우 어려우며, 여자 친구가 화난 이유를 이해하는 것은 거의 불가능에 가깝다. 초기조건에 대한 민감성으로 설명되는 나비효과는 현실의 복잡성을 이해하고 예측하는 것이 얼마나 어려운지를 잘 설명해 주는 적절한 메타포다.

현실에 존재하는 다양한 현상 및 사물과 상호작용하기 위해서는 우선 현실을 이해해야 한다. 문제는 복잡성의 총체인 현실이라는 괴물을 그대로 수용하기에는 인간이 지니고 있는 인지 능력과 저장 공간이 너무나도 보잘것없다는 점이다. 따라서 사람들은 본능적으로 이해하기 쉽고 예측 가능한 수준으로 현실을 분해하고 단순화하는 전략을 따른다.

해리 벡의 지하철 노선도는 불필요한 지형 정보를 제거함으로써 단순함을 달성한 추상화의 훌륭한 예다. 해리 벡이 고안한 추상화는 지형 정보를 제거하고 역 사이의 연결성을 강조함으로써 지하철 노선도를 이용하는 승객들의 목적에 맞게 현실을 단순화했다. 이 추상화가 유용했던 이유는 승객들이 지하철을 바라보는 모델과 일치했기 때문이다. 승객들이 지하철을 이용하는 이유와 해리 벡이 지형 정보를 제거한 이유는 동일하다. 역의 위치가 중요한 것이 아니라 역과 역 사이의 연결 관계가 중요했던 것이다.

따라서 진정한 의미에서 추상화란 현실에서 출발하되 불필요한 부분을 도려내가면서 사물의 놀라운 본질을 드러나게 하는 과정이라고 할 수 있다[Root-Bernstein 2001]. 추상화의 목적은 불필요한 부분을 무시함으로써 현실에 존재하는 복잡성을 극복하는 것이다. 추상화는 복잡한 현실을 단순화하기 위해 사용하는 인간의 가장 기본적인 인지 수단이라고 할 수 있다.

해리 벡의 지하철 노선도를 통해 알 수 있는 것처럼 훌륭한 추상화는 목적에 부합하는 것이어야 한다. 사실적인 지형 정보를 추가한 초기의 런던 지하철 노선도 역시 훌륭한 추상화라고 할 수 있지만 지하철을 이용하는 승객들의 목적에는 적합하지 않았기 때문에 사람들로부터 외면을 받고 말았다. 반대로 해리 벡의 지하철 노선도는 런던 곳곳의 정확한 위치와 실제 거리를 알고자 하는 경우에는 적절하지 않다. 지상의 도로를 이용해 지하철 노선도에 적힌 역을 찾으려고 하는 사람에게는 지하철 노선도 위의 왜곡된 위치와 거리는 큰 도움이 되지 않는다.

어떤 추상화도 의도된 목적이 아닌 다른 목적으로 사용된다면 오도될 수 있다. 추상화의 수준, 이익, 가치는 목적에 의존적이다. 리처드 파인만의 말처럼 "현상은 복잡하다. 법칙은 단순하다. 버릴 게 무엇인지 알아내라."

이 책에서는 추상화를 다음과 같이 정의한다.

추상화

어떤 양상, 세부 사항, 구조를 좀 더 명확하게 이해하기 위해 특정 절차나 물체를 의도적으로 생략하거나 감춤으로써 복잡도를 극복하는 방법이다.

복잡성을 다루기 위해 추상화는 두 차원에서 이뤄진다[Kramer 2007].

- 첫 번째 차원은 구체적인 사물들 간의 공통점은 취하고 차이점은 버리는 일반화를 통해 단순하게 만드는 것이다.
- 두 번째 차원은 중요한 부분을 강조하기 위해 불필요한 세부 사항을 제거함으로써 단순하게 만드는 것이다.

모든 경우에 추상화의 목적은 복잡성을 이해하기 쉬운 수준으로 단순화하는 것이라는 점을 기억하라.

객체지향 패러다임은 객체라는 추상화를 통해 현실의 복잡성을 극복한다. 그리고 객체지향 패러다임을 이용해 유용하고 아름다운 애플리케이션을 개발하기 위한 첫걸음은 추상화의 두 차원을 올바르게 이해하고 적용하는 것이다.

객체지향과 추상화

모두 트럼프일 뿐

객체지향 패러다임과 추상화의 관계를 설명하기 위해 이번 장에서도 이상한 나라의 앨리스에 나오는 흥미진진한 장면을 살펴보는 것으로 시작하자.

우여곡절 끝에 아름다운 정원에 들어선 앨리스는 정원 입구에서 커다란 장미 나무에 피어 있는 하얀 장미꽃을 붉게 칠하고 있는 세 명의 정원사들과 마주쳤다. 정원사들은 트럼프처럼 생겼고 몸에는 스페이드 무늬가 그려져 있었다. 앨리스는 정원사들에게 다가가 하얀 장미꽃을 붉게 칠하고 있는 이유를 물었다. 정원사들은 불안에 떨며 빨간색 장미 나무 대신 하얀색 장미 나무를 잘못 심었기 때문에 들킬 경우 여왕이 자신들의 목을 자를 게 뻔하기 때문이라고 대답했다.

그때 하트 여왕의 행렬이 정원에 들어섰다. 동시에 세 명의 정원사는 땅바닥에 얼굴이 닿을 정도로 납작 엎드렸다. 행렬의 맨 앞에서 클로버를 든 열 명의 병사들이 행진해 들어왔다. 그들은 정원사들처럼 몸이 납작했고 네모난 몸 모서리에 팔다리가 달려 있었다. 그 뒤로 온몸을 반짝거리는 다이아몬드로 치장한 신하들이 열을 지어 들어왔다. 열 명의 왕자와 공주들이 두 명씩 손을 잡고 깡총거리며 즐겁게 따라 들어온 후 그 뒤로 손님들이 열을 지어 걸어왔는데 대부분은 왕들과 왕비들이었지만 그 속에는 하얀 토끼도 섞여 있었다. 손님들 뒤로 왕관을 얹은 빨간 비단 방석을 든 하트 잭이 걸어 왔다. 그리고 행렬의 마지막에 이르러 마침내 하트 왕과 하트 여왕이 그 모습을 드러냈다.

앨리스는 여왕을 쳐다보며 마음속으로 이렇게 속삭였다.

'기껏해야 트럼프에 불과해. 무서워할 필요 없어.'

그림 3.3 트럼프 카드들과 앨리스. 재미 삼아 그림 안에 숨어 있는 토끼를 찾아 보자.

앨리스와 하트 여왕이 최초로 마주치는 이 장면에는 수많은 객체들이 등장한다. 이야기의 주인공인 앨리스는 분명한 경계를 가지는 식별 가능한 하나의 객체다. 목이 잘려 나갈까 두려워 바들바들 떨고 있는 3명의 정원사 역시 객체다. 행렬의 맨 앞에 선 클로버 병사들 역시 객체이며, 신하들, 공주와 왕자, 하객으로 등장하는 왕과 왕비들 모두 객체다. 물론 하얀 토끼도 객체다. 마지막으로 하트 왕과 하트 여왕 역시 객체다.

이 장면에 등장하는 객체는 제각기 독특한 모습을 하고 있으며, 독특한 행동 양식을 지니고 있다. 하지만 앨리스는 마지막 대사에서 알 수 있는 것처럼 이 객체들 대부분을 하나로 아울러 생각하고 있다. '기껏해야 트럼프에 불과해.' 그렇다. 앨리스는 객체들 중에서 하얀 토끼를 제외한 모든 객체를 '트럼프'라는 하나의 개념으로 단순화해서 바라보고 있는 것이다. 앨리스는 정원사들, 병사들, 왕자와 공주, 하객으로 참석한 왕과 왕비들, 하트 왕과 하트 여왕의 차이점은 과감하게 무시한 채 공통점만을 취해 단순화해 버렸다.

'기껏해야 트럼프에 불과해'라고 읊조리는 마지막 대사에서 앨리스는 정원에 서 있는 다양한 인물들을 계급, 나이, 성격 등의 차이점은 무시한 채 '트럼프'라는 유사성을 기반으로 추상화해서 바라보고 있는 것이다.

그룹으로 나누어 단순화하기

앨리스의 이야기에 등장하는 정원사, 병사, 신하, 왕자와 공주, 하객으로 참석한 왕과 왕비들, 하트 잭, 하트 왕과 하트 여왕의 모습을 다시 한 번 살펴보자. 정원사는 손에 페인트 통과 붓을 들고 있고 몸에는 스페이드 무늬가 그려져 있다. 병사들은 클로버를 들고 있으며 아마 창이나 칼과 같은 무기를 소지하고 있을 것이다. 신하들은 휘황찬란한 보석들로 아름답게 치장하고 있으며, 공주와 왕자들은 작고 앙증맞은 모습을 하며 쉴 틈 없이 정원을 깡충깡충 뛰어다니고 있을 것이다. 하객으로 초대받은 왕과 왕비들은 머리에 왕관을 얹은 채 근엄한 표정으로 신하들의 부축을 받고 있을 것이다. 하트 잭은 만면에 웃음을 띤 채 왕관을 얹은 빨간 비단 방석을 들고 서 있을 것이며 하트 왕과 하트 여왕은 하트 모양의 아름다운 지팡이를 들고 파티의 주최자 역할에 심취해 있을 것이다.

그림 3.4 정원사들은 왕과 왕비와 비슷하지만 그들만의 독특한 특징을 지닌다.

정원 위에 발을 들여 놓고 있는 정원사, 병사, 신하, 왕자와 공주, 하객으로 참석한 왕과 왕비들, 하트 잭, 하트 왕과 하트 여왕은 얼핏 보면 비슷해 보이지만 각 인물들에게는 다양한 측면에서 서로를 구별할 수 있는 독특한 특징이 있다. 이 글을 읽고 있는 여러분 역시 정원사, 병사, 신하, 왕자와 공주, 하객으로 참석한 왕과 왕비들, 하트 잭, 하트 왕과 하트 여왕의 특징을 이해하고 서로를 쉽게 구분할 수 있을 것이다. 이처럼 명확한 경계를 가지고 서로 구별할 수 있는 구체적인 사람이나 사물을 객체지향 패러다임에서는 객체라고 한다.

이쯤 되면 정원사, 병사, 신하, 왕자와 공주, 하객으로 참석한 왕과 왕비들, 하트 잭, 하트 왕과 하트 여왕이라는 긴 단어를 반복해서 읽느라 슬슬 짜증이 밀려올 것이다. 글을 쓰는 필자 역시 정원사, 병사, 신하, 왕자와 공주, 하객으로 참석한 왕과 왕비들, 하트 잭, 하트 왕과 하트 여왕이라는 긴 단어를 반복적으로 타이핑하느라 손가락에 쥐가 나버릴 지경이다. 지루함이라는 병균이 두뇌를 잠재워 버리기 전에 앨리스가 했던 것처럼 우리도 정원사, 병사, 신하, 왕자와 공주, 하객으로 참석한 왕과 왕비들, 하트 잭, 하트 왕과 하트 여왕 모두를 간단히 '트럼프'라고 줄여 부르기로 하자.

앨리스의 이야기에서 재미있는 부분은 지금부터다. 왜 우리는 이 다양한 인물들을 '트럼프'라는 한 단어로 줄여 지칭할 수 있을까? 그 이유는 정원에 있는 인물들이 공통적으로 '트럼프'라고 했을 때 떠오르는 일반적인 외형과 행동 방식을 지니고 있기 때문이다. 즉, 그들의 차이점을 무시하면 결국 정원사, 병사, 신하, 왕자와 공주, 하객으로 참석한 왕과 왕비들, 하트 잭, 하트 왕과 하트 여왕을 '트럼프'라고 말할 수 있는 것이다.

앨리스는 인물들을 하나씩 살펴보면서 자신이 알고 있는 '트럼프'의 의미에 적합한 인물은 '트럼프' 그룹에 포함하고 '트럼프'라는 의미에 적합하지 않은 인물은 '트럼프' 그룹에서 제외했다. 이런 관점에서 하트 왕비는 '트럼프' 그룹에 속하지만 토끼는 그렇지 않다.

그림 3.5 앨리스가 추상화한 등장인물들

결과적으로 앨리스는 정원에 있는 인물들을 두 개의 그룹으로 나눴다. 하나는 트럼프의 그룹이고 또 다른 하나는 토끼의 그룹이다. 이야기 속에서 트럼프 그룹에 속하는 등장인물은 여러 명이지만 토끼 그룹에 속하는 등장인물은 회중시계를 가진 하얀 토끼단 하나뿐이다. 비록 토끼 그룹에 속하는 등장인물이 단 하나뿐이라고 해도 다수의 개별적인 인물이 아니라 '트럼프'와 '토끼'라는 두 개의 렌즈를 통해 정원을 바라보는 것은 정원에 내재된 복잡성을 효과적으로 감소시킨다.

개념

앨리스가 '기껏해야 트럼프에 불과해'라고 말했을 때 순간적으로 앨리스의 뇌리를 스치고 지나간 것은 정원에 있는 인물들을 '트럼프'와 '토끼'라는 두 개의 그룹으로 나눌 수 있다는 사실이다. 앨리스는 인물들의 차이점을 의도적으로 무시하고 공통점만을 강조함으로써 '트럼프'라는 그룹에 속할 수 있는 인물들을 취사선택한 것이다.

앨리스가 인물들의 차이점을 무시하고 공통점만을 취해 트럼프라는 개념으로 단순화한 것은 추상화의 일종이다. 정원사, 병사, 왕자와 공주, 하객으로 참석한 왕과 왕비들, 하트 잭, 하트 왕과 하트 여왕이라는 구체적인 인물들을 일일이 나열하는 대신 '기껏해야 트럼프에 불과해'라고 말함으로써 앨리스는 정원 안에 도열해 있던 인물들의 복잡다단한 면을 깔끔하게 추상화해 버린 것이다.

객체지향 패러다임의 중심에는 구체적이고 실제적인 객체가 존재하지만 수많은 객체들을 개별적인 단위로 취급하기에는 인간이 지닌 인지능력은 턱없이 부족하다. 따라서 사람들은 본능적으로 공통적인 특성을 기준으로 객체를 여러 그룹으로 묶어 동시에 다뤄야 하는 가짓수를 줄임으로써 상황을 단순화하려고 노력한다.

이처럼 공통점을 기반으로 객체들을 묶기 위한 그릇을 개념(concept)이라고 한다. 개념이란 일반적으로 우리가 인식하고 있는 다양한 사물이나 객체에 적용할 수 있는 아이디어나 관념을 뜻한다.

우리는 주변에 존재하는 다양한 사물들에게 특정한 개념을 적용하는 데 익숙하다. 길거리를 빠른 속도로 누비는 교통수단에 대해서는 '자동차'라는 개념을 적용한다. 하늘을 나는 교통수단을 지칭하는 개념은 '비행기'다. '글'을 쓰고 있는 필자는 '인간'이다. 필자는 지금 '책상' 위에 놓여 있는 '모니터'에 수놓아지는 다양한 '글자'들을 바라보며 '키보드'를 이용해 '책'을 써내려 가고 있다. 비록 서재 '책상' 위에 놓여있는 '모니터'는 회사 '책상' 위에 외로이 놓여 있는 '모니터'와는 전혀 다른 별개의 사물이지만 공통점을 기반으로 두 개의 사물을 '모니터'라는 개념으로 묶음으로써 여러 '모니터'를 개별적으로 다뤄야 하는 복잡한 상황을 피할 수 있다.

앨리스 이야기에서 토끼와 하트 여왕을 포함해 정원에 있는 모든 인물들은 전부 객체다. 그리고 앨리스는 이 객체들 중에서 몸이 납작하고 두 손과 두 발이 네모난 몸 모서리에 달려 있는 객체만을 트럼프라는 개념으로 추상화했다. 여기서 트럼프는 이 같은 공통점을 가진 객체들을 포괄할 수 있는 개념이다.

개념을 이용하면 객체를 여러 그룹으로 **분류(classification)**할 수 있다. 그림 3.5에서 앨리스가 정원에 존재하는 객체를 '트럼프'와 '토끼'라는 두 개의 개념으로 나누고는 두 개념에 적합한 객체가 각 그룹에 포함되도록 분류했다는 사실에 주목하라. 결과적으로 개념은 공통점을 기반으로 객체를 분류할 수 있는 일종의 체라고 할 수 있다.

결국 각 객체는 특정한 개념을 표현하는 그룹의 일원으로 포함된다. 하트 여왕은 '트럼프'라는 개념 그룹의 일원이고 하얀 토끼는 '토끼'라는 개념 그룹의 일원이다. 이처럼 객체에 어떤 개념을 적용하는 것이 가능해서 개념 그룹의 일원이 될 때 객체를 그 개념의 **인스턴스(instance)**라고 한다. 따라서 객체를 다음과 같이 정의할 수도 있다.

> 객체란 특정한 개념을 적용할 수 있는 구체적인 사물을 의미한다. 개념이 객체에 적용됐을 때 객체를 개념의 인스턴스라고 한다.

개념은 세상의 객체들을 거르는 데 사용하는 정신적인 렌즈를 제공한다. 이 렌즈를 통해 세상을 바라보면 수백 수천 개의 다양한 객체가 존재하는 복잡한 세상을 몇 개의 개념만으로 단순화할 수 있다. 개념은 객체를 분류할 수 있는 틀을 제공한다. 앨리스가 수많은 군상들을 단지 트럼프일 뿐이라고 일축했던 것처럼 주변의 복잡한 객체들은 단지 몇 가지 개념의 인스턴스일 뿐이다.

개념의 세 가지 관점

개념은 특정한 객체가 어떤 그룹에 속할 것인지를 결정한다. 하트 왕비가 '트럼프'라는 개념으로 불릴 수 있는 이유는 우리가 '트럼프'라고 부를 때 머릿속에서 떠오르는 일반적인 의미를 하트 여왕이 만족시켰기 때문이다. 즉, 어떤 객체에 어떤 개념이 적용됐다고 할 때는 그 개념이 부가하는 의미를 만족시킴으로써 다른 객체와 함께 해당 개념의 일원이 됐다는 것을 의미한다.

일반적으로 객체의 분류 장치로서 개념을 이야기할 때는 아래의 세 가지 관점을 함께 언급한다[Martin 1998, Larman 2004].

- **심볼(symbol)**: 개념을 가리키는 간략한 이름이나 명칭

- **내연(intension)**: 개념의 완전한 정의를 나타내며 내연의 의미를 이용해 객체가 개념에 속하는지 여부를 확인할 수 있다.

- **외연(extension)**: 개념에 속하는 모든 객체의 집합(set)

뭔가 어려워 보이지만 이미 여러분은 세 가지 관점을 모두 배웠다. 앨리스의 이야기로 돌아가 보자. 여러분은 앨리스가 정원사, 병사, 신하, 왕자와 공주, 하객으로 참석한 왕과 왕비들, 하트 잭, 하트 왕과 왕비의 몸이 납작하고 두 손과 두 발이 네모 귀퉁이에 달려 있기 때문에 트럼프라는 개념으로 묶었다는 사실을 잘 알고 있다. 그리고 방금 전에 여러분이 읽은 문장 속에는 개념을 구성하는 심볼, 내연, 외연이 모두 포함돼 있다.

먼저 '심볼'이란 개념을 가리키는 이름이다. 앨리스 이야기에서 개념을 지칭하는 데 사용하는 '트럼프'라는 이름은 개념의 심볼이 된다.

'내연'이란 개념의 의미를 나타낸다. 앨리스의 이야기에서 몸이 납작하고 두 손과 두 발이 네모난 몸 모서리에 달려 있다는 트럼프에 대한 설명이 바로 내연이다. 내연은 개념을 객체에게 적용할 수 있는지 여부를 판단하기 위한 조건이라는 점에 주목하라. 하얀 토끼는 트럼프의 내연을 만족시키지 못하기 때문에 트럼프가 될 수 없다.

마지막으로 '외연'은 개념에 속하는 객체들, 즉 개념의 인스턴스들이 모여 이뤄진 집합을 가리킨다. 앨리스의 이야기에서 정원사, 병사, 신하, 왕자와 공주, 하객으로 참석한 왕과 왕비들, 하트 잭, 하트 왕과 하트 여왕은 모두 트럼프의 외연을 구성하는 객체 집합에 속한다.

트럼프라는 개념의 심볼, 내연, 외연은 다음과 같이 표현할 수 있다.

- **심볼**: 트럼프

- **내연**: 몸이 납작하고 두 손과 두 발은 네모 귀퉁이에 달려 있는 등장인물

- **외연**: 정원사, 병사, 신하, 왕자와 공주, 하객으로 참석한 왕과 왕비들, 하트 잭, 하트 왕과 하트 여왕

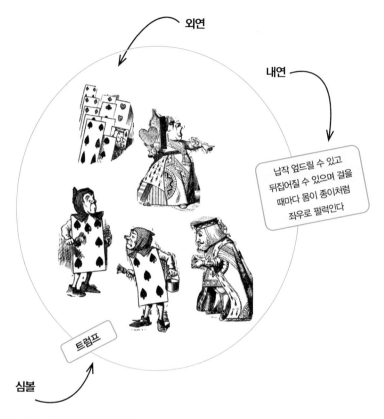

그림 3.6 트럼프 개념의 심볼, 내연, 외연

개념을 구성하는 심볼, 내연, 외연은 객체의 분류 방식에 대한 지침을 제공한다. 그러나 개념이 심볼, 내연, 외연으로 구성돼 있다는 사실보다는 개념을 이용해 객체를 분류할 수 있다는 사실이 더 중요하다. 개념을 이용해 공통점을 가진 객체들을 분류할 수 있다는 아이디어는 객체지향 패러다임이 복잡성을 극복하는 데 사용하는 가장 기본적인 인지 수단이기 때문이다.

객체지향의 세계에서 가장 널리 알려진 유명인사가 클래스(class)라는 사실을 감안한다면 분류(classification)라는 개념이 얼마나 중요한지 실감할 수 있을 것이다.

객체를 분류하기 위한 틀

외연의 관점에서 어떤 객체에 어떤 개념을 적용할 수 있다는 것은 동일한 개념으로 구성된 객체 집합에 해당 객체를 포함시킨다는 것을 의미한다. 앨리스의 이야기에서 정원사, 병사, 신하, 왕자와 공주, 하객으로 참석한 왕과 왕비들, 하트 왕과 하트 여왕을 '트럼프'라고 지칭하는 순간 이들 모두는 트럼프라는 개념을 적용할 수 있는 객체의 집합에 속하게 된다.

어떤 객체와 마주했을 때 객체에게 적용할 개념을 결정하는 것은 결국 해당 객체를 개념이 적용된 객체 집합의 일원으로 맞아들인다는 것을 의미한다. 어떤 객체가 개념에 적합하지 않을 경우 해당 객체는 해당 개념의 객체 집합에 포함되지 않을 것이다. 객체에 어떤 개념을 적용할 것인지를 결정하는 것은 결국 객체들을 개념에 따라 분류하는 것과 동일하다. 따라서 분류란 특정한 객체를 특정한 개념의 객체 집합에 포함시키거나 포함시키지 않는 작업을 의미한다.

> 분류란 객체에 특정한 개념을 적용하는 작업이다. 객체에 특정한 개념을 적용하기로 결심했을 때 우리는 그 객체를 특정한 집합의 멤버로 분류하고 있는 것이다.

분류는 객체지향의 가장 중요한 개념 중 하나다. 어떤 객체를 어떤 개념으로 분류할지가 객체지향의 품질을 결정한다. 객체를 적절한 개념에 따라 분류하지 못한 애플리케이션은 유지보수가 어렵고 변화에 쉽게 대처하지 못한다. 반면에 객체를 적절한 개념에 따라 분류한 애플리케이션은 유지보수가 용이하고 변경에 유연하게 대처할 수 있다. 더 중요한 것은 적절한 분류 체계는 애플리케이션을 다루는 개발자의 머릿속에 객체를 쉽게 찾고 조작할 수 있는 정신적인 지도를 제공한다는 것이다.

객체는 소중하다. 따라서 소중한 객체를 안전하고 적절한 장소에 보관할 수 있도록 여러분의 인지능력을 발휘해 최대한 직관적으로 분류하라.

분류는 추상화를 위한 도구다

앞에서 추상화가 두 가지 차원에서 이뤄진다고 했던 것을 머릿속에 떠올려 보라. 추상화의 첫 번째 차원은 구체적인 사물 간의 공통점은 취하고 차이점은 버리는 일반화를 통해 단순화하는 것이다. 추상화의 두 번째 차원은 중요한 부분을 강조하기 위해 불필요한 세부 사항을 제거해 단순화하는 것이다. 개념을 통해 객체를 분류하는 과정은 추상화의 두 가지 차원을 모두 사용한다.

앞에서 설명한 것처럼 정원사, 병사, 신하, 왕자와 공주, 하객으로 참석한 왕과 왕비들, 하트 잭, 하트 왕과 하트 여왕을 트럼프라는 개념으로 묶은 것은 개별 객체 간의 차이점은 무시하고 공통점을 취한 결과다. 따라서 개념은 추상화의 첫 번째 차원인 일반화를 적용한 결과다.

트럼프에 속하는 객체들의 공통점 중에서도 우리가 중요하다고 생각하는 특징은 몸이 납작하고 두 손과 두 발이 네모난 몸 모서리에 달려 있다는 것뿐이다. 그 외의 사항들은 앨리스의 이야기를 풀어나가는 데 어떤 도움도 되지 않기 때문에 전적으로 무시하고 있다. 따라서 추상화의 두 번째 차원에 따라 불필요한 세부 사항을 제거했다고 볼 수 있다.

개념은 객체들의 복잡성을 극복하기 위한 추상화 도구다. 그리고 오늘을 살아가는 우리는 매 순간 세상에 존재하는 무수한 사물들을 개념의 틀로 걸러가며 세상을 추상화한다. 추상화를 사용함으로써 우리는 극도로 복잡한 이 세상을 그나마 제어 가능한 수준으로 단순화할 수 있는 것이다.

타입

타입은 개념이다

개념이라는 단어 자체는 이미 우리의 일상생활에서 폭넓게 사용되는 일상적인 용어지만 컴퓨터 공학자들은 개념을 좀 더 멋지게 표현할 수 있는 자신들만의 용어를 가지고 싶었던 것 같다. 따라서 공학자들은 개념을 대체할 수 있는 좀 더 세련돼 보이는 용어를 수학으로부터 차용해 왔다. 그것은 바로 타입(type)이다.

타입의 정의는 개념의 정의와 완전히 동일하다. 타입은 공통점을 기반으로 객체들을 묶기 위한 틀이다. 타입은 개념과 마찬가지로 심볼, 내연, 외연을 이용해 서술할 수 있으며 타입에 속하는 객체 역시 타입의 인스턴스라고 한다.

> 타입은 개념과 동일하다. 따라서 타입이란 우리가 인식하고 있는 다양한 사물이나 객체에 적용할 수 있는 아이디어나 관념을 의미한다. 어떤 객체에 타입을 적용할 수 있을 때 그 객체를 타입의 인스턴스라고 한다. 타입의 인스턴스는 타입을 구성하는 외연인 객체 집합의 일원이 된다.

물론 타입에 관한 이야기가 이렇게 쉽다면 개발자들의 삶은 좀 더 편하고 윤택했을 것이다. 안타깝게도 타입이 근본적으로 개념과 동일하다고 하더라도 일단 컴퓨터 내부로 들어오는 순간 좀 더 기계적인 의미로 윤색될 수밖에 없다. 그리고 기계적인 의미는 종종 개발자들의 머리를 혼란스럽게 만든다.

데이터 타입

사람이 어떤 일을 수행하기 위해서는 장기 기억 속에 묻혀진 기억의 편린들을 단기 기억 속으로 불러들여야만 하는 것처럼 컴퓨터가 어떤 작업을 수행하기 위해서는 작업에 필요한 데이터를 메모리 안으로 불러들여야 한다. 메모리에 불러들여진 데이터들은 무수히 많은 0과 1로 치장되어 메모리에 저장된다.

실제로 메모리를 들여다 보면 그 안에는 끝없이 펼쳐진 0과 1의 행렬만이 존재한다. 메모리의 세상에는 타입이라는 질서가 존재하지 않는다. 실제로 '타입이 없다(Untyped)'는 말은 메모리 안의 데이터를 다룰 수 있는 단 하나의 타입만이 존재한다는 것을 의미한다. 타입이 없는 체계 안에서 모든 데이터는 일련의 비트열(bit string)로 구성된다. 메모리 내부의 비트열을 직접 들여다 보면서 메모리 안에 들어 있는 값이 어떤 의미인지 말할 수 있는 사람은 아무도 없다. 어떤 메모리 조각에 들어 있는 값의 의미는 그 값을 가져다 자신의 용도에 맞게 사용하는 외부의 해석가에 의해 결정된다. 흔히 우리가 애플리케이션이라고 부르는 프로그램이 바로 그런 해석가의 일종이다.

애플리케이션 안에서 타입이 없는 메모리 내부의 값을 다루다 보면 수많은 오해와 시행착오에 부딪히게 된다. 메모리 안에 저장된 '10010001'이라는 값은 숫자인가, 문자인가, 아니면 특정한 메모리 상의 주소인가? 혼란은 혼란을 낳고 프로그래머를 정신 착란으로 몰고 가다가 급기야는 데이터를 잘못 사용해서 애플리케이션을 죽음의 길로 몰고 가기도 한다.

타입 없는 무질서가 초래한 혼돈의 세상에 질려버린 사람들은 급기야 메모리 안의 데이터에 특정한 의미를 부여하기 시작했다. 사람들은 자신이 다뤄야 하는 데이터의 용도와 행동에 따라 그것들을 분류했다. 어떤 데이터에 다른 데이터를 더하거나 빼거나 나누거나 곱할 수 있다면 그 데이터를 숫자형으로 분류했다. 데이터가 여러 문자로 구성돼 있고 다른 문자와 연결될 수 있다면 그 데이터를 문자열형으로 분류했다. 데이터를 이용해 어떤 사실에 대한 참/거짓을 이야기할 수 있다면 그 데이터는 논리형으로 분류했다.

컴퓨터 안에 살아가는 데이터를 목적에 따라 분류하기 시작하면서 프로그래밍 언어 안에는 서서히 타입 시스템(type system)이 자라나기 시작했다. 타입 시스템의 목적은 메모리 안의 모든 데이터가 비트열로 보임으로써 야기되는 혼란을 방지하는 것이다. 타입 시스템은 메모리 안에 저장된 0과 1에 대해 수행 가능한 작업과 불가능한 작업을 구분함으로써 데이터가 잘못 사용되는 것을 방지한다. 결과적으로 타입 시스템의 목적은 데이터가 잘못 사용되지 않도록 제약사항을 부과하는 것이다.

지금까지 이야기한 내용을 통해 타입에 관련된 두 가지 중요한 사실을 알 수 있다 [Cardelli 1985].

첫째, 타입은 데이터가 어떻게 사용되느냐에 관한 것이다. 숫자형 데이터가 숫자형인 이유는 데이터를 더하거나 빼거나 곱하거나 나눌 수 있기 때문이다. 어떤 데이터가 문자열형인 이유는 두 데이터를 연결해 새로운 문자열을 만들 수 있고 데이터에 포함된 문자의 길이를 알 수 있기 때문이다. 따라서 데이터가 어떤 타입에 속하는지를 결정하는 것은 데이터에 적용할 수 있는 작업이다. 일반적으로 데이터를 이용해 수행할 수 있는 작업을 연산자(operator)라고 한다. 예를 들어 숫자형 데이터에 적용할 수 있는 +, −, *, / 등의 기호는 산술 연산자의 일종이다. 여기서 중요한 것은 연산자의 종류가 아니라 어떤 데이터에 어떤 연산자를 적용할 수 있느냐가 그 데이터의 타입을 결정한다는 점이다.

둘째, 타입에 속한 데이터를 메모리에 어떻게 표현하는지는 외부로부터 철저하게 감춰진다. 데이터 타입의 표현은 연산 작업을 수행하기에 가장 효과적인 형태가 선택되며, 개발자는 해당 데이터 타입의 표현 방식을 몰라도 데이터를 사용하는 데 지장이 없다. 개발자는 해당 데이터 타입을 사용하기 위해 단지 데이터 타입에 적용할 수 있는 연산자만 알고 있으면 된다. 따라서 숫자형 데이터에 적용할 수 있는 산술 연산자를 알고 있다면 메모리 내부에 숫자가 어떤 방식으로 저장되는지를 모르더라도 숫자형 데이터를 사용할 수 있다.

이 책에서는 프로그래밍 언어 관점에서 데이터 타입을 다음과 같이 정의한다.

> 데이터 타입은 메모리 안에 저장된 데이터의 종류를 분류하는 데 사용하는 메모리 집합에 관한 메타데이터다. 데이터에 대한 분류는 암시적으로 어떤 종류의 연산이 해당 데이터에 대해 수행될 수 있는지를 결정한다.

객체와 타입

데이터 타입에 대해 이렇게 장황하게 설명한 이유는 전통적인 데이터 타입에서 이야기하는 타입과 객체지향의 타입 사이에 깊은 연관성이 있기 때문이다. 실제로 객체지향 프로그램을 작성할 때 우리는 객체를 일종의 데이터처럼 사용한다. 따라서 객체를 타입에 따라 분류하고 그 타입에 이름을 붙이는 것은 결국 프로그램에서 사용할 새로운 데이터 타입을 선언하는 것과 같다.

객체는 행위에 따라 변할 수 있는 상태를 가지고 있다는 사실을 기억하라. 애플리케이션 내부에 살고 있는 모든 객체의 상태를 모으면 결국 애플리케이션에서 관리해야 하는 전체 데이터를 표현할 수 있게 된다.

그렇다면 객체는 데이터인가? 그렇지 않다. 다시 한번 강조하지만 객체에서 중요한 것은 객체의 행동이다. 상태는 행동의 결과로 초래된 부수효과를 쉽게 표현하기 위해 도입한 추상적인 개념일 뿐이다. 객체를 창조할 때 가장 중요하게 고려해야 하는 것은 객체가 이웃하는 객체와 협력하기 위해 어떤 행동을 해야 할지를 결정하는 것이다. 즉, 객체가 협력을 위해 어떤 책임을 지녀야 하는지를 결정하는 것이 객체지향 설계의 핵심이다.

따라서 앞에서 데이터 타입에 관해 언급했던 두 가지 조언은 객체의 타입을 이야기할 때도 동일하게 적용된다.

첫째, 어떤 객체가 어떤 타입에 속하는지를 결정하는 것은 객체가 수행하는 행동이다. 어떤 객체들이 동일한 행동을 수행할 수 있다면 그 객체들은 동일한 타입으로 분류될 수 있다.

둘째, 객체의 내부적인 표현은 외부로부터 철저하게 감춰진다. 객체의 행동을 가장 효과적으로 수행할 수만 있다면 객체 내부의 상태를 어떤 방식으로 표현하더라도 무방하다.

두 가지 조언으로부터 객체지향 설계에 대한 중요한 원칙을 이끌어낼 수 있다.

행동이 우선이다

첫 번째 조언에 따르면 객체가 어떤 행동을 하느냐에 따라 객체의 타입이 결정된다. 두 번째 조언에 따르면 객체의 타입은 객체의 내부 표현과는 아무런 상관이 없다. 따라서 객체의 내부 표현 방식이 다르더라도 어떤 객체들이 동일하게 행동한다면 그 객체들은 동일한 타입에 속한다. 결과적으로 동일한 책임을 수행하는 일련의 객체는 동일한 타입에 속한다고 말할 수 있다.

이것은 객체를 타입으로 분류할 때 사용해야 하는 기준을 명확하게 제시한다. 어떤 객체를 다른 객체와 동일한 타입으로 분류하는 기준은 무엇인가? 그 객체가 타입에 속한 다른 객체와 동일한 행동을 하기만 하면 된다. 그 객체가 어떤 데이터를 가지고 있는지는 우리의 관심사가 아니다. 그 객체가 다른 객체와 동일한 데이터를 가지고 있더라도 다른 행동을 한다면 그 객체들은 서로 다른 타입으로 분류돼야 한다.

결론적으로 객체의 타입을 결정하는 것은 객체의 행동뿐이다. 객체가 어떤 데이터를 보유하고 있는지는 타입을 결정하는 데 아무런 영향도 미치지 않는다.

흥미로운 부분은 지금부터다. 타입이 데이터가 아니라 행동에 의해 결정된다는 사실은 객체지향 패러다임을 특징 짓는 중요한 몇 가지 원리와 원칙에 의미를 부여한다.

같은 타입에 속한 객체는 행동만 동일하다면 서로 다른 데이터를 가질 수 있다. 여기서 동일한 행동이란 동일한 책임을 의미하며, 동일한 책임이란 동일한 메시지 수신을 의미한다. 따라서 동일한 타입에 속한 객체는 내부의 데이터 표현 방식이 다르더라도 동일한 메시지를 수신하고 이를 처리할 수 있다. 다만 내부의 표현 방식이 다르기 때문에 동일한 메시지를 처리하는 방식은 서로 다를 수밖에 없다. 이것은 다형성에 의미를 부여한다. 다형성이란 동일한 요청에 대해 서로 다른 방식으로 응답할 수 있는 능력을 뜻한다. 동일한 메시지를 서로 다른 방식으로 처리하기 위해서는 객체들은 동일한 메시지를 수신할 수 있어야 하기 때문에 결과적으로 다형적인 객체들은 동일한 타입(또는 타입 계층)에 속하게 된다.

데이터의 내부 표현 방식과 무관하게 행동만이 고려 대상이라는 사실은 외부에 데이터를 감춰야 한다는 것을 의미한다. 따라서 훌륭한 객체지향 설계는 외부에 행동만을 제공하고 데이터는 행동 뒤로 감춰야 한다. 이 원칙을 흔히 **캡슐화**라고 한다. 공용 인터페이스 뒤로 데이터를 캡슐화하라는 오래된 격언은 객체를 행동에 따라 분류하기 위해 지켜야 하는 기본적인 원칙이다. 데이터가 캡슐의 벽을 뚫고 객체의 인터페이스를 오염시키는 순간 객체의 분류 체계는 급격히 위험에 노출되고 결과적으로 유연하지 못한 설계를 낳는다.

행동에 따라 객체를 분류하기 위해서는 객체가 내부적으로 관리해야 하는 데이터가 아니라 객체가 외부에 제공해야 하는 행동을 먼저 생각해야 한다. 이를 위해서는 객체가 외부에 제공해야 하는 책임을 먼저 결정하고 그 책임을 수행하는 데 적합한 데이터를 나중에 결정한 후, 데이터를 책임을 수행하는 데 필요한 외부 인터페이스 뒤로 캡슐화해야 한다. 데이터를 먼저 결정하고 객체의 책임을 결정하는 방법은 유연하지 못한 설계라는 악몽을 초래한다. 흔히 **책임-주도 설계(Responsibility-Driven Design)**라고 부르는 객체지향 설계 방법은 데이터를 먼저 생각하는 데이터-주도 설계(Data-**Driven Design)** 방법의 단점을 개선하기 위해 고안됐다[Wirfs-Brock 1989].

그림 3.7 타입을 결정하는 것은 공통적인 행동이다.

앨리스의 이야기로 돌아가 보자. 앨리스는 정원에 들어선 사람들의 대부분을 트럼프라는 타입으로 분류했다. 앨리스가 그들을 동일한 타입으로 분류한 이유는 그들이 동일한 방식에 따라 행동했기 때문이다. 그들은 몸이 납작하기 때문에 종이처럼 납작 엎드릴 수 있고, 강한 바람에 뒤집어질 수 있으며, 네모 귀퉁이에 손과 발이 달렸기 때문에 걸을 때마다 종이 같은 몸이 좌우로 펄럭거린다. 인물들의 동일한 행동 방식은 앨리스로 하여금 이들이 트럼프와 유사하다는 생각을 갖게 만들었고 결국 앨리스는 아주 찰나의 순간에 그들을 '트럼프'라는 타입으로 분류한 것이다.

객체를 결정하는 것은 행동이다. 데이터는 단지 행동을 따를 뿐이다. 이것이 객체를 객체답게 만드는 가장 핵심적인 원칙이다.

타입의 계층

트럼프 계층

이제 흥미로운 질문 하나를 던져 보자. 정원사, 병사, 신하, 왕자와 공주, 하객으로 참석한 왕과 왕비들, 하트 잭, 하트 왕과 하트 여왕은 정말로 트럼프인가? 앨리스는 정말 그들을 우리가 카드 게임을 할 때 사용하는 트럼프와 같다고 생각한 것일까? 물론 그렇지 않다. 앨리스가 그들을 정말 트럼프 카드라고 생각한 적은 단 한 번도 없다. 단지 트럼프와 몇 가지 특징을 공유하기 때문에 트럼프라고 불렀을 뿐이다. 더 정확하게 말하면 앨리스는 등장인물들을 트럼프가 아니라 '트럼프 인간'으로 봤던 것이다.

왜 정원사, 병사, 신하, 왕자와 공주, 하객으로 참석한 왕과 왕비들, 하트 잭, 하트 왕과 하트 여왕이 트럼프가 아닌가? 어쨌든 그들의 외양은 트럼프와 비슷하지 않은가? 잠시 흥분을 가라앉히고 타입의 정의를 다시 한번 떠올려 보자. 객체가 동일한 타입으로 분류되기 위해서는 공통의 행동을 가져야만 한다. 안타깝게도 등장인물들의 외양은 트럼프와 유사하지만 행동 자체는 트럼프와 완벽하게 동일하지 않다.

앞에서 우리는 트럼프 타입의 정의, 즉 내연을 납작 엎드릴 수 있고 뒤집어질 수 있으며 걸을 때마다 몸이 종이처럼 좌우로 펄럭이는 존재로 정의했다. 일반적으로 트럼프 카드는 납작 엎드릴 수 있고 뒤집어질 수는 있지만 걸어다닐 수는 없다. 따라서 우리는 트럼프 타입으로 불렸던 객체들을 좀 더 정확하게 트럼프 인간이라는 타입으로 분류하는 것이 옳다.

자, 정리해 보자. 트럼프 타입의 객체는 '납작 엎드릴 수 있고 뒤집어질 수 있다'. 트럼프 인간 타입의 객체는 '납작 엎드릴 수 있고 뒤집어질 수 있으며 걸을 때마다 몸이 종이처럼 좌우로 펄럭일 수 있다'. 뭔가 실마리가 잡히는가? 트럼프 인간 타입의 객체는 트럼프 타입의 객체가 할 수 있는 모든 행동을 할 수 있을뿐만 아니라 추가적으로 걸어다니는 행동을 더 할 수 있다.

다시 말하면 트럼프 인간은 트럼프가 할 수 있는 모든 것을 할 수 있지만 트럼프보다 좀 더 특화된 행동을 할 수 있다. 따라서 트럼프 인간은 '납작 엎드릴 수 있고 뒤집어질 수 있기' 때문에 트럼프가 될 수 있지만 트럼프는 '걸을 때마다 몸이 종이처럼 좌우로 펄럭일 수는 없기' 때문에 트럼프 인간이 될 수는 없다. 다시 말해 트럼프 인간은 트럼프의 일종이지만 일반적인 트럼프 카드보다 좀 더 특화된 행동을 하는 트럼프인 것이다.

이제 외연이라는 객체 집합의 관점에서 트럼프와 트럼프 인간 타입을 살펴보자. 트럼프 인간은 트럼프다. 따라서 모든 트럼프 인간은 동시에 트럼프이기도 하다. 이것은 트럼프 인간 타입에 속한 객체는 트럼프 타입의 객체에도 함께 속해야 한다는 것을 의미한다. 따라서 그림 3.8처럼 트럼프 인간 타입의 외연은 트럼프 타입의 외연의 부분 집합으로 표현할 수 있다.

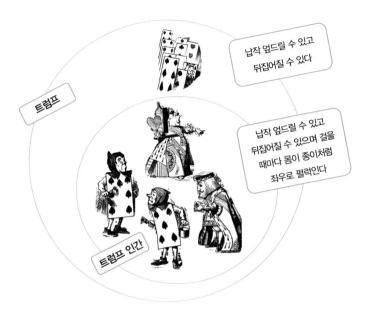

그림 3.8 트럼프 인간 타입에 속하는 객체는 동시에 트럼프 타입에도 속한다.

이 관점에서 트럼프는 트럼프 인간을 포괄하는 좀 더 일반적인 개념이다. 트럼프 인간 은 트럼프보다 좀 더 특화된 행동을 하는 특수한 개념이다. 이 두 개념 사이의 관계를 일반화/특수화(generalization/specialization) 관계라고 한다.

일반화/특수화 관계

트럼프와 트럼프 인간의 예에서 알 수 있는 것처럼 타입과 타입 사이에는 일반화/특수 화 관계가 존재할 수 있다. 트럼프는 트럼프 인간보다 더 일반적인 개념이다. 더 일반 적이라는 말은 더 포괄적이라는 의미를 내포하기 때문에 트럼프는 트럼프 인간에 속하 는 객체를 포함한다.

일반화와 특수화는 동시에 일어난다. 트럼프 인간은 트럼프를 좀 더 특수하게 표현한 것이다. 더 특수하다는 것은 일반적인 개념보다 범위가 더 좁다는 것을 의미하므로 트 럼프 인간에 속하는 객체는 트럼프에 속하는 객체보다 그 수가 적을 수밖에 없다. 집합의 관점에서 본다면 특수한 개념을 표현하는 트럼프 인간은 좀 더 일반적인 개념을 표현하는 트럼프의 부분 집합이 된다.

여기서 중요한 것은 객체지향에서 일반화/특수화 관계를 결정하는 것은 객체의 상태를 표현하는 데이터가 아니라 행동이라는 것이다. 어떤 객체가 다른 객체보다 더 일반적인 상태를 표현하거나 더 특수한 상태를 표현한다고 해서 두 객체가 속하는 타입 간에 일반화/특수화 관계가 성립하는 것은 아니다. 두 타입 간에 일반화/특수화 관계가 성립하려면 한 타입이 다른 타입보다 더 특수하게 행동해야 하고 반대로 한 타입은 다른 타입보다 더 일반적으로 행동해야 한다. 결국 객체의 일반화/특수화 관계에 있어서도 중요한 것은 객체가 내부에 보관한 데이터가 아니라 객체가 외부에 제공하는 행동이다.

행동의 관점에서 더 일반적인 타입이란 무엇이고 더 특수한 타입이란 무엇인가? 일반적인 타입이란 특수한 타입이 가진 모든 행동들 중에서 일부 행동만을 가지는 타입을 가리킨다. 특수한 타입이란 일반적인 타입이 가진 모든 행동을 포함하지만 거기에 더해 자신만의 행동을 추가하는 타입을 가리킨다. 따라서 일반적인 타입은 특수한 타입보다 더 적은 수의 행동을 가지고 특수한 타입은 일반적인 타입보다 더 많은 수의 행동을 가진다.

앨리스가 바라본 세상으로 다시 눈을 돌려보자. 트럼프와 트럼프 인간 모두 '납작 엎드릴 수 있고', '뒤집어질 수 있다'. 거기에 더해 트럼프 인간은 추가적인 행동을 더 할 수 있는데 바로 '걸을 때마다 몸이 종이처럼 좌우로 펄럭일 수 있다'는 것이다. 트럼프가 트럼프 인간의 일반화인 이유는 트럼프가 가진 모든 행동을 트럼프 인간이 공통적으로 수행할 수 있기 때문이다. 트럼프 인간이 트럼프의 특수화인 이유는 트럼프가 가진 모든 행동을 할 수 있을 뿐만 아니라 자신에게만 특수화된 행동을 추가적으로 할 수 있기 때문이다.

자, 정리해 보자. 일반화/특수화는 행동에 관한 것이다. 일반적인 타입은 특수한 타입에 비해 더 적은 수의 행동을 가지며 특수한 타입은 일반적인 타입에 비해 더 많은 행동을 가진다. 단, 특수한 타입은 일반적인 타입이 할 수 있는 모든 행동을 동일하게 수행할 수 있어야 한다.

여기서 주의해야 할 점은 타입의 내연을 의미하는 행동의 가짓수와 외연을 의미하는 집합의 크기는 서로 반대라는 사실이다. 일반화/특수화 관계에서 일반적인 타입은 특수한 타입보다 더 적은 수의 행동을 가지지만 더 큰 크기의 외연 집합을 가진다. 특수한 타입은 일반적인 타입보다 더 많은 수의 행동을 가지지만 더 적은 크기의 외연 집합을 가진다.

그림 3.9 일반적인 타입은 특수한 타입보다 외연의 크기는 더 크고 행동의 수는 더 적다.

슈퍼타입과 서브타입

일반화/특수화 관계는 좀 더 일반적인 한 타입과 좀 더 특수한 한 타입 간의 관계다. 이때 좀 더 일반적인 타입을 슈퍼타입(Supertype)이라고 하고 좀 더 특수한 타입을 서브타입(Subtype)이라고 한다.

다시 한 번 강조하지만 슈퍼타입과 서브타입에서 중요한 것은 두 타입 간의 관계가 행동에 의해 결정된다는 점이다. 즉, 어떤 타입이 다른 타입의 서브타입이 되기 위해서는 행위적 호환성을 만족시켜야 한다. 일반적으로 서브타입은 슈퍼타입의 행위와 호환되기 때문에 서브타입은 슈퍼타입을 대체할 수 있어야 한다. 결국 트럼프 인간은 트럼프이므로 납작 엎드리거나 뒤집어지기만 하는 경우에는 트럼프를 대체하더라도 무방할 것이다. 따라서 어떤 타입을 다른 타입의 서브타입이라고 말할 수 있으려면 다른 타입을 대체할 수 있어야 한다[Liskov 1988].

마지막으로 일반화/특수화 관계를 표기하는 방법을 소개하겠다. 일반화/특수화 관계는 그림 3.10과 같이 좀 더 일반적인 타입인 슈퍼타입을 상단에, 좀 더 특수한 타입인 서브타입을 하단에 위치시키고 속이 빈 삼각형으로 연결해서 표현한다. 이때 서브타입에서는 슈퍼타입과 중복된 행위를 생략할 수 있다. 서브타입은 슈퍼타입의 행위에 추가적으로 특수한 자신만의 행동을 추가하는 것이므로 슈퍼타입의 행동은 서브타입에게 자동으로 상속된다.

그림 3.10 일반화/특수화 관계 표기법

일반화는 추상화를 위한 도구다

추상화의 두 번째 차원은 중요한 부분을 강조하기 위해 불필요한 세부 사항을 제거시켜 단순하게 만드는 것이다. 일반화/특수화 계층은 객체지향 패러다임에서 추상화의 두 번째 차원을 적절하게 활용하는 대표적인 예다.

그림 3.10을 다시 한번 살펴보자. 우리는 정원에 있는 등장인물들을 트럼프 인간으로 추상화했다. 그러나 가끔씩은 트럼프 인간이 아니라 그들을 좀 더 단순화된 트럼프로 보는 것이 상황을 좀 더 단순하게 만드는 경우가 있다. 앨리스가 '기껏해야 트럼프에 불과해'라고 생각했을 때 앨리스는 머릿속에서 걸을 수 있는 트럼프 인간의 특수한 능력

은 제거하고 종이 조각처럼 쉽게 뒤집어지는 트럼프의 특성에 집중한 것이다. 앨리스에게는 트럼프 인간이 할 수 있는 특수한 행동은 불필요했다. 따라서 앨리스는 그 시점에 중요한 사항인 트럼프의 특성에만 집중하고 불필요한 트럼프 인간의 특성은 제거해서 상황을 단순하게 만들었다.

여기서 두 가지 추상화 기법이 함께 사용됐다는 점에 주목하라. 하나는 정원에 있던 등장인물들의 차이점은 배제하고 공통점만을 강조함으로써 이들을 공통의 타입인 트럼프 인간으로 분류했다는 것이다. 다른 하나는 트럼프 인간을 좀 더 단순한 관점에서 바라보기 위해 불필요한 특성을 배제하고 좀 더 포괄적인 의미를 지닌 트럼프로 일반화했다는 것이다.

이처럼 객체지향 패러다임을 통해 세상을 바라보는 거의 대부분의 경우에 분류와 일반화/특수화 기법을 동시에 적용하게 된다.

정적 모델

타입의 목적

왜 타입을 사용해야 하는가? 객체지향은 객체를 지향하는 것이므로 객체만 다루면 되지 않는가? 타입을 사용하는 이유는 인간의 인지 능력으로는 시간에 따라 동적으로 변하는 객체의 복잡성을 극복하기가 너무 어렵기 때문이다.

앨리스의 키는 앨리스가 어떤 음식을 먹을 때마다, 어떤 행동을 할 때마다 시시각각 변한다. 어떤 때는 앨리스의 몸이 집을 가득 채우고 남을 정도로 거대해지기도 했고, 또 어떤 때는 앨리스의 목이 높다란 천장에 다다를 정도로 커져버리기도 했다. 앨리스의 몸이 작은 강아지보다 더 작아져 버린 경우도 있었다. 앨리스의 키는 계속 변하고 있었지만 모든 경우에 앨리스는 단지 앨리스일 뿐이다.

그림 3.11 앨리스의 상태는 시간에 따라 계속 변한다.

앨리스라고 하는 객체의 상태는 변하지만 앨리스를 다른 객체와 구별할 수 있는 식별성은 동일하게 유지된다. 따라서 우리는 머릿속에 앨리스가 가질 수 있는 모든 경우의 키 값을 나열하는 대신 앨리스의 키가 임의의 값을 가질 수 있다는 사실만을 생각함으로써 상황을 단순하게 만들 수 있다. 다시 말해 앨리스에 대해 생각할 때 키가 100센티미터, 80센티미터, 3미터가 될 수 있다라는 사실은 뒤로 미루고, 단지 앨리스가 변경되는 키라는 상태를 가진다고 단순화하면 그만이라는 것이다. 결국 앨리스의 상태를 표현하는 키는 앨리스가 어떤 행동을 하느냐에 따라 100센티미터가 될 수도, 80센티미터가 될 수도, 3미터가 될 수도 있다.

타입은 시간에 따라 동적으로 변하는 앨리스의 상태를 시간과 무관한 정적인 모습으로 다룰 수 있게 해준다. 결국 타입은 그림 3.12와 같이 앨리스의 상태에 복잡성을 부과하는 시간이라는 요소를 제거함으로써 시간에 독립적인 정적인 모습으로 앨리스를 생각할 수 있게 해준다.

그림 3.12 타입을 사용하면 동적으로 변하는 객체의 상태를 정적인 관점에서 표현할 수 있다.

그래서 결국 타입은 추상화다

이런 관점에서 타입은 추상화다. 어떤 시점에 앨리스에 관해 생각할 때 불필요한 시간이라는 요소와 상태 변화라는 요소를 제거하고 철저하게 정적인 관점에서 앨리스의 모습을 묘사하는 것을 가능하게 해준다.

앨리스의 키가 100센티미터인 것이 중요한 때가 있을 것이다. 이 상태에서 앨리스가 음료를 마시면 현재의 키에서 상대적으로 키가 줄어들어야 하기 때문이다. 그러나 앨리스가 어떻게 변할 수 있는지 그 다양한 가능성을 고려할 때는 구체적으로 키가 얼마인가보다는 단순히 키가 변할 수 있다는 가능성에 집중하는 것이 더 간단하다. 결국 키는 앨리스가 버섯을 먹거나, 음료를 마시거나, 부채질을 할 때마다 변할 것이다. 실제로 그런 행동을 할 때 키가 어떤 값을 가지는지는 중요하지 않다.

타입은 추상화다. 타입을 이용하면 객체의 동적인 특성을 추상화할 수 있다. 결국 타입은 시간에 따른 객체의 상태 변경이라는 복잡성을 단순화할 수 있는 효과적인 방법인 것이다.

동적 모델과 정적 모델

지금까지의 논의를 통해 객체를 생각할 때 우리는 두 가지 모델을 동시에 고려한다는 사실을 알 수 있다.

하나는 객체가 특정 시점에 구체적으로 어떤 상태를 가지느냐다. 이를 객체의 스냅샷(snapshot)[D'Souza 1998]이라고 한다. 객체지향 모델링을 위한 표준 언어인 UML에서 스냅샷은 객체 다이어그램(object diagram)[Fowler 2003]이라고도 불린다. 스냅샷처럼 실제로 객체가 살아 움직이는 동안 상태가 어떻게 변하고 어떻게 행동하는지를 포착하는 것을 동적 모델(dynamic model)이라고 한다.

다른 하나는 객체가 가질 수 있는 모든 상태와 모든 행동을 시간에 독립적으로 표현하는 것이다. 일반적으로 이런 모델을 타입 모델(type diagram)[D'Souza 1998]이라고 한다. 이 모델은 동적으로 변하는 객체의 상태가 아니라 객체가 속한 타입의 정적인 모습을 표현하기 때문에 **정적 모델(static model)**이라고도 한다.

객체지향 애플리케이션을 설계하고 구현하기 위해서는 객체 관점의 동적 모델과 객체를 추상화한 타입 관점의 정적 모델을 적절히 혼용해야 한다. 동적 모델과 정적 모델의 구분은 실제로 프로그래밍이라는 행위와도 관련이 깊다. 여러분이 객체지향 프로그래밍 언어를 이용해 클래스를 작성하는 시점에는 시스템을 정적인 관점에서 접근하는 것이다. 그러나 실제로 애플리케이션을 실행해 객체의 상태 변경을 추적하고 디버깅하는 동안에는 객체의 동적인 모델을 탐험하고 있는 것이다. 여러분이 훌륭한 객체지향 프로그래머라면 애플리케이션의 동적인 관점과 정적인 관점을 모두 다뤄야 한다는 사실을 쉽게 이해할 수 있을 것이다.

클래스

객체지향 프로그래밍 언어에서 정적인 모델은 클래스를 이용해 구현된다. 따라서 타입을 구현하는 가장 보편적인 방법은 클래스를 이용하는 것이다. '타입을 구현한다'라고 표현했음에 주목하라. 클래스와 타입은 동일한 것이 아니다. 타입은 객체를 분류하기 위해 사용하는 개념이다. 반면 클래스는 단지 타입을 구현할 수 있는 여러 구현 메커니즘 중 하나일 뿐이다. 실제로 자바스크립트와 같은 프로토타입 기반의 언어에는 클래스가 존재하지 않는다.

그럼에도 객체지향 패러다임을 주도하는 대부분의 프로그래밍 언어는 클래스를 기반으로 하기 때문에 대부분의 사람들은 클래스와 타입을 동일한 개념이라고 생각한다. 클래스와 타입을 구분하는 것은 설계를 유연하게 유지하기 위한 바탕이 된다. 클래스는 타입의 구현 외에도 코드를 재사용하는 용도로도 사용되기 때문에 클래스와 타입을 동일시하는 것은 수많은 오해와 혼란을 불러일으키곤 한다.

지금은 객체를 분류하는 기준은 타입이며, 타입을 나누는 기준은 객체가 수행하는 행동이라는 사실만을 기억하기 바란다. 객체를 분류하기 위해 타입을 결정한 후 프로그래밍 언어를 이용해 타입을 구현할 수 있는 한 가지 방법이 클래스라는 사실을 아는 것만으로도 충분하다.

결국 객체지향에서 중요한 것은 동적으로 변하는 객체의 '상태'와 상태를 변경하는 '행위'다. 클래스는 타입을 구현하기 위해 프로그래밍 언어에서 제공하는 구현 메커니즘이라는 사실을 기억하라.

04

역할, 책임, 협력

우리 모두를 합친 것보다 더 현명한 사람은 없다.

– 켄 블랜차드(Ken Blanchard)

전통적인 경제학은 인간을 완벽하게 이기적인 동시에 합리적인 존재라고 가정한다. 이 관점에 따르면 인간은 항상 자신에게 최대의 이익이 돌아올 수 있도록 합리적으로 의사결정을 내리려고 노력한다. 과연 그럴까?

1982년 독일 훔볼트 대학의 베르너 귀스(Werner Guth) 교수는 흥미로운 경제학 게임 하나를 고안했다. 이 실험을 위해서는 두 명의 게임 참가자가 필요하다. 게임 참가자 중 한 명은 '제안자'라고 부르고 다른 한 명은 '응답자'라고 부른다.

게임 방법은 간단하다. 연구팀은 제안자에게 일정한 금액을 제공하고 제안자는 자신이 받은 금액 일부를 응답자와 나눠 가져야 한다. 제안자는 자신이 받은 금액을 공평하게 나누어 가지자고 제안할 수도 있고 6:4, 7:3, 8:2, 9:1과 같이 자신이나 응답자에게 좀 더 많은 금액이 돌아가도록 제안할 수도 있다. 이 게임에는 제안자와 응답자 둘 모두에게 오직 단 한 번의 선택 기회만 주어지기 때문에 "최후통첩 게임(Ultimatum Game)"이라는 무시무시한 이름이 붙여졌다.

응답자는 제안자의 제안을 수용하거나 거부할 수 있다. 만약 응답자가 제안을 승낙하면 제안자가 제시한 비율에 따라 금액을 나누어 가질 수 있지만 거부하면 제안자와 응답자 둘 다 한 푼도 손에 쥘 수 없게 된다. 이 게임은 협상의 여지가 없으며, 단 한 번의 선택으로 게임이 종료된다. 제안자는 자신이 제시한 금액을 수정할 수 없으며 응답자는 자신의 결정을 번복할 수 없다.

인간이 항상 이기적이고 합리적으로 의사를 결정한다고 가정하고 실험 결과를 예상해 보자. 인간이 이기적인 존재라면 제안자는 응답자에게 최소한의 금액을 제시함으로써 자신에게 돌아올 이익을 최대화하려고 노력할 것이다. 인간이 합리적인 존재라면 응답자는 제안자가 아무리 적은 금액을 제안하더라도 손에 아무것도 쥐지 못하는 것보다는 낫기 때문에 어떤 제안이라도 받아들일 것이다.

자, 흥미로운 부분은 여기부터다. 실제 실험 결과는 인간이 이기적이고 합리적인 존재라는 가정을 크게 벗어났기 때문이다. 인간이 이기적인 존재라고 가정한다면 제안자는 응답자에게 항상 최소한의 금액만을 제시할 것이다. 그러나 예상을 비웃기라도 하듯 금액의 40% 이상을 제안한 비율이 가장 높았다. 50%의 금액을 제안한 경우도 적지 않았으며 30% 이상을 제안한 사람들의 비율은 80%를 상회할 정도로 높았다.

응답자들의 반응 역시 흥미로웠다. 인간이 합리적인 존재라면 응답자는 제안자가 제시한 금액을 무조건 수용할 것이다. 그러나 실제 실험 결과는 예상을 보기 좋게 빗나갔다. 20% 이하의 금액을 제안받은 경우 대부분의 응답자들이 제안을 거부한 것이다.

왜 제안자들은 응답자에게 10%의 금액만을 제안해도 되는 상황에서 40% 이상의 관대한 제안을 했던 것일까? 왜 적은 비율의 금액을 제안받은 응답자들이 아무런 미련 없이 거부권을 행사했던 것일까? 인간을 이기적이고 합리적인 존재로 바라보는 전통적인 경제학 관점으로는 실험 결과를 설명하는 것이 불가능하다.

자신이 받을 수 있는 금액이 그렇게 크지 않았기 때문에 이런 현상이 발생한 것일까? 호주의 경제학자인 리사 카메론(Lisa Cameron)은 인도네시아인 지원자들을 대상으로 동일한 실험을 수행했다. 차이점라면 앞의 실험에 비해 제안자에게 주어진 금액이 훨씬 더 많았다는 것뿐이다. 이 실험에서 각 제안자에게는 대략 일반적인 인도네시아인의 3개월치 수입에 육박하는 20만 루피아가 주어졌다. 실험 결과 응답자들의 소수만이 20% 미만의 금액을 수락했고, 대부분의 사람들은 30% 미만의 금액을 제안받은 경우 이를 거절했다. 실험 결과는 액수와는 상관이 없었던 것이다.

결과적으로 "가지려면 받고 아니면 말라" 식의 인색한 최후 통첩에 대해 인간은 합리적인 선택을 하지 못하고 감정적으로 대응한다. 사람들은 눈이 휘둥그래질 정도로 많은 금액을 제안받은 경우에도 자신의 자존심을 지켜야 한다면 "당신이나 가지시오"라고 말한다. 대부분의 사람들은 한 푼도 받지 못한다는 것을 알고 있음에도 자존심을 지키기 위해 불공정한 제안을 단호히 거절한다. 제안자는 이러한 응답자의 성향을 예측하고 있기 때문에 이기적인 욕심을 누르고 40% 내지 50%에 달하는 큰 비율의 금액을 제안할 수밖에 없는 것이다.

최후통첩 게임은 인간을 바라보는 두 가지 관점의 충돌을 잘 설명해 준다. 인간이 가지고 있는 본연의 특성이라는 관점에서 인간은 이기적이고 합리적인 존재다. 그러나 타인과 관계를 맺는 과정 속에서 인간은 본연의 특성을 배제하고 자신의 이익을 최소화하는 불합리한 선택을 하게 된다.

결론적으로 인간이 어떤 본질적인 특성을 지니고 있느냐가 아니라 어떤 상황에 처해 있느냐가 인간의 행동을 결정한다. 즉, 각 개인이 처해 있는 정황 또는 문맥(context)이 인간의 행동 방식을 결정한다는 것이다.

여기서 인간의 행동을 결정하는 문맥은 타인과의 협력이다. 협력이라는 문맥을 무시한 채 각 개인의 반응을 독립적으로 예상하고 관찰하는 것은 무의미하다. 협력에 얼마나 적절한지에 따라 행동의 적합성이 결정되며 협력이라는 문맥이 인간의 행동 방식을 결정하는 것이다.

객체의 세계에서도 협력이라는 문맥이 객체의 행동 방식을 결정한다. 객체지향에 갓 입문한 사람들의 가장 흔한 실수는 협력이라는 문맥을 고려하지 않은 채 객체가 가져야 할 상태와 행동부터 고민하기 시작한다는 것이다.

중요한 것은 개별 객체가 아니라 객체들 사이에 이뤄지는 협력이다. 객체지향 설계의 전체적인 품질을 결정하는 것은 개별 객체의 품질이 아니라 여러 객체들이 모여 이뤄내는 협력의 품질이다. 훌륭한 객체지향 설계자는 객체들 간의 요청과 응답 속에서 창발하는 협력에 초점을 맞춰 애플리케이션을 설계한다. 협력이 자리를 잡으면 저절로 객체의 행동이 드러나고 뒤이어 적절한 객체의 상태가 결정된다.

훌륭한 객체지향 설계란 겉모습은 아름답지만 협력자들을 무시하는 오만한 객체를 창조하는 것이 아니라 조화를 이루며 적극적으로 상호작용하는 협력적인 객체를 창조하는 것이다. 비록 그 객체를 따로 떼어놓고 봤을 때는 겉모습이 다소 기묘하고 비합리적이더라도 말이다.

객체의 모양을 빚는 것은 객체가 참여하는 협력이다. 어떤 협력에 참여하는지가 객체에 필요한 행동을 결정하고, 필요한 행동이 객체의 상태를 결정한다. 개별적인 객체의 행동이나 상태가 아니라 객체들 간의 협력에 집중하라. 이것이 이번 장의 주제다.

이번 장에서는 먼저 객체지향 설계의 품질을 결정하는 역할, 책임, 협력의 개념에 관해 살펴볼 것이다. 그 후에 협력이 어떤 식으로 객체의 외양과 특성을 결정하는지 설명하겠다.

협력

요청하고 응답하며 협력하는 사람들

1장에서 설명했던 것처럼 일상생활 속에서 이뤄지는 협력의 본질은 요청과 응답으로 연결되는 사람들의 네트워크다. 일반적으로 우리가 직면하게 되는 문제는 혼자만의 힘으로는 해결하기 어렵기 때문에 해결 과정에 여러 사람이 참여하게 된다. 이 과정 속에서 요청과 응답의 연쇄적인 흐름이 발생한다.

협력은 한 사람이 다른 사람에게 도움을 **요청**할 때 시작된다. 자신에게 할당된 일이나 업무를 처리하던 중에 스스로 해결하기 어려운 문제에 부딪히게 되면 문제를 해결하는 데 필요한 지식을 알고 있거나 도움을 받을 수 있는 누군가에게 도움을 요청하게 된다. 요청을 받은 사람은 일을 처리한 후 요청한 사람에게 필요한 지식이나 서비스를 제공하는 것으로 요청에 **응답**한다.

다른 사람으로부터 요청을 받은 사람 역시 자신에게 주어진 일을 처리하던 중에 다른 사람의 도움이 필요한 경우가 있다. 결과적으로 협력은 다수의 요청과 응답으로 구성되며 전체적으로 협력은 다수의 연쇄적인 요청과 응답의 흐름으로 구성된다.

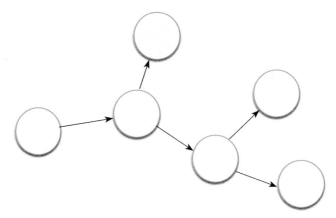

그림 4.1 연쇄적인 요청과 응답의 흐름으로 구성된 협력

누가 파이를 훔쳤지?

훌륭한 객체를 설계하기 위해서는 먼저 협력이라는 단어 속에 내포된 다양한 특성을 두루 살펴볼 필요가 있다. 언제나 그랬던 것처럼 이상한 나라에 홀로 남겨진 불쌍한 앨리스의 이야기를 살펴보는 것으로 시작하자. 우리가 살펴볼 이야기는 하트 여왕이 만든 파이를 훔쳐 달아나다 붙잡힌 하트 잭에 대한 공판이 열리는 법정에서 시작된다.

앨리스가 재판장에 도착했을 때 하트 왕과 하트 여왕은 옥좌에 앉아 있었다. 그리고 주위에는 온갖 종류의 새와 짐승과 한 벌의 카드가 모여 있었으며 그들 앞에 파이를 훔쳤다는 혐의를 받고 있는 하트 잭이 사슬에 묶인 채 병사들의 감시를 받으며 서 있었다. 하트 잭의 옆에는 하얀 토끼가 한 손에는 트럼펫을, 다른 한 손에는 양피지 두루마리를 들고 서 있었다. 법정의 한가운데에 위치한 탁자 위에는 파이가 수북이 쌓인 접시가 놓여 있었다.

재판 장면이 신기했던 앨리스는 법정 안에 있는 것들의 이름을 맞추면서 기뻐했다.

"저 분이 판사야. 저 커다란 가발을 보면 알 수 있어."

앨리스는 중얼거렸다. 자세히 살펴보니 그 판사는 다름 아닌 왕이었다.

"첫 번째 목격자를 불러라."

왕이 명령하자 하얀 토끼는 트럼펫을 세 번 불고 큰 소리로 목격자를 불렀다.

첫 번째 목격자는 모자 장수였다. 그는 한 손에는 찻잔을, 다른 손에는 버터 바른 빵 한 조각을 들고 입장했다.

"증언하라."

왕이 명령하자 모자 장수는 벌벌 떨며 자기 자신에 대해 설명하기 시작했다. 모자 장수는 재판과 상관이 없는 이야기만 중언부언 떠들었다. 불쌍한 모자 장수는 찻잔과 빵을 떨어뜨리고 한쪽 무릎을 꿇었다.

"저는 보잘것없는 사람입니다. 폐하."

"너는 정말 보잘것없는 증인이로구나."

왕이 말했다.

"네가 아는 게 그것뿐이라면 이제 증인석에서 내려와 가도 좋다."

왕이 허락하자 모자 장수는 신발을 신을 틈도 없이 서둘러 법정을 빠져나갔다.

이 이야기는 파이를 훔친 하트 잭에 대한 공판이 열리고 있는 법정의 모습을 묘사한 것이다. 법정 안에는 재판을 주관하고 있는 왕과 증언을 하는 모자 장수, 재판을 구경 하기 위해 법정을 찾은 앨리스를 비롯해 수많은 인물들이 등장한다. 이 많은 등장인물 들이 법정에 모여 있는 이유는 무엇일까? 바로 하트 잭에게 죄가 있는지 판단하고 만 약 죄가 있다면 어떤 형량을 부과할지 결정하기 위해서다. 즉, 하트 잭을 재판하기 위 해서다.

이번에는 객체지향 패러다임이라는 렌즈를 끼고 재판 장면을 바라보자. 객체지향의 세 계는 동일한 목적을 달성하기 위해 협력하는 객체들의 공동체라는 사실을 기억하라. 객체지향 관점에서 재판 장면에 등장하는 모든 등장인물들은 객체다. 왕과 하얀 토끼, 모자 장수라고 불리는 객체들은 하트 잭을 재판하기 위해 서로 협력하고 있다. 즉, 이 야기에 등장하는 객체들은 하트 잭의 재판이라는 동일한 목적을 달성하기 위해 협력하 고 있는 것이다.

재판 속의 협력

이제 하트 잭을 재판하기 위해 등장인물들이 어떤 방식으로 협력하고 있는지 살펴보 자. 모든 협력이 그런 것처럼 하트 잭의 재판 과정 역시 재판에 참여하는 많은 사람들 이 요청하고 응답하는 과정 속에서 이뤄진다.

앨리스의 이야기에서 왕이 모자 장수로부터 증언을 듣는 과정을 요청과 응답이라는 관 점에서 살펴보자.

- 누군가가 왕에게 재판을 **요청**함으로써 재판이 시작된다.
- 왕이 하얀 토끼에게 증인을 부를 것을 **요청**한다.

- 왕의 요청을 받은 토끼는 모자 장수에게 증인석으로 입장할 것을 **요청**한다.

- 모자 장수는 증인석에 입장함으로써 토끼의 요청에 **응답**한다.

- 모자 장수의 입장은 왕이 토끼에게 요청했던 증인 호출에 대한 **응답**이기도 하다.

- 이제 왕은 모자 장수에게 증언할 것을 **요청**한다.

- 모자 장수는 자신이 알고 있는 내용을 증언함으로써 왕의 요청에 **응답**한다.

그림 4.2는 재판에 참여하는 왕과 하얀 토끼, 모자 장수 사이의 협력 관계를 그림으로 표현한 것이다.

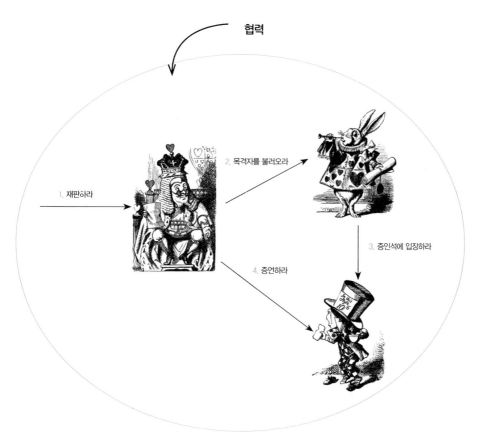

그림 4.2 왕과 하얀 토끼, 모자 장수 사이의 협력 관계

그림에서 화살표는 특정 인물에게 보내지는 요청을 의미한다. 요청의 내용은 화살표 위에 '재판하라'와 같은 문장으로 표현했다. 각 문장 앞의 번호는 요청이 발생하는 순서를 나타낸다. 이 협력 관계는 누군가가 왕에게 재판하라고 요청하는 것으로 시작된다. 요청을 받은 왕은 하얀 토끼에게 목격자를 불러오도록 요청하고, 하얀 토끼는 모자 장수에게 입장할 것을 요청하며, 왕이 다시 모자 장수에게 증언할 것을 요청하는 과정을 통해 협력이 이뤄진다.

이제 협력 안의 요청과 응답에 초점을 맞춰 보자. 누군가 왕에게 재판을 해달라는 요청을 보냈다는 말은 왕이 재판을 수행할 의무가 있으며, 재판에 필요한 지식을 가지고 있음을 의미한다. 왕이 하얀 토끼에게 목격자를 불러오라고 요청한 이유는 토끼가 목격자에 대해 알고 있으며 동시에 목격자를 부를 의무가 있기 때문이다. 왕이 모자 장수에게 증언하라고 요청한 이유는 모자 장수가 재판에 도움이 될 만한 사건의 내용에 대해 조금이라도 알고 있으며 증언할 의무가 있기 때문이다. 결국 어떤 등장인물들이 특정한 요청을 받아들일 수 있는 이유는 그 요청에 대해 적절한 방식으로 응답하는 데 필요한 지식과 행동 방식을 가지고 있기 때문이다. 그리고 요청과 응답은 협력에 참여하는 객체가 수행할 책임을 정의한다.

책임

객체지향의 세계에서는 어떤 객체가 어떤 요청에 대해 대답해 줄 수 있거나, 적절한 행동을 할 의무가 있는 경우 해당 객체가 **책임**을 가진다고 말한다. 앨리스의 이야기에서 왕은 '재판을 수행하라'는 요청에 응답해야 하므로 '재판을 수행할' 책임을 지게 된다. 하얀 토끼의 경우에는 '목격자를 불러오라'는 요청에 적절히 응답해야 하므로 '목격자를 불러올' 책임을 지고, 모자 장수는 '증인석에 입장'하고 '증언할' 책임을 지게 된다. 결국 어떤 대상에 대한 요청은 그 대상이 요청을 처리할 책임이 있음을 암시한다.

책임은 객체지향 설계의 가장 중요한 재료다. 크레이그 라만(Craig Larman)은 "객체지향 개발에서 가장 중요한 능력은 책임을 능숙하게 소프트웨어 객체에 할당하는 것"이라고 말한다[Larman 2004]. 책임을 어떻게 구현할 것인가 하는 문제는 객체와 책임이 제자리를 잡은 후에 고려해도 늦지 않다. 객체와 책임이 이리저리 부유하는 상황에서 성급하게 구현에 뛰어드는 것은 변경에 취약하고 다양한 협력에 참여할 수 없는 비자율적인 객체를 낳게 된다.

책임의 분류

협력에 참여하는 객체들은 목표를 달성하는 데 필요한 책임을 수행한다. 책임은 객체에 의해 정의되는 응집도 있는 행위의 집합으로, 객체가 알아야 하는 정보와 객체가 수행할 수 있는 행위에 대해 개략적으로 서술한 문장이다. 즉, 객체의 책임은 '객체가 무엇을 알고 있는가(knowing)'와 '무엇을 할 수 있는가(doing)'로 구성된다.

크레이그 라만은 이러한 분류 체계에 따라 객체의 책임을 크게 '하는 것'과 '아는 것'의 두 가지 범주로 자세히 분류하고 있다[Larman 2004].

- 하는 것(doing)
  - 객체를 생성하거나 계산을 하는 등의 스스로 하는 것
  - 다른 객체의 행동을 시작시키는 것
  - 다른 객체의 활동을 제어하고 조절하는 것
- 아는 것(knowing)
  - 개인적인 정보에 관해 아는 것
  - 관련된 객체에 관해 아는 것
  - 자신이 유도하거나 계산할 수 있는 것에 관해 아는 것

그림 4.2에 표현된 협력을 자세히 살펴보면 그 안에서 두 가지 범주의 책임을 모두 발견할 수 있을 것이다.

- 왕은 재판 집행이라는 책임을 수행하기 위해 먼저 하얀 토끼에게 목격자를 불러오도록 요청한 후 목격자인 모자 장수에게 증언을 하라고 요청한다. 이 경우 왕은 재판에 참여하는 "다른 객체들의 활동을 제어하고 조율"하고 있다. 따라서 왕은 하는 것과 관련된 책임을 수행한다.

- 하얀 토끼는 목격자가 모자 장수라는 사실을 알고 있으며, 동시에 모자 장수가 증인석에 입장하도록 요청한다. 첫 번째 책임은 "관련된 객체에 대해 아는 것"에 해당하고 두 번째 책임은 "다른 객체의 행동을 시작시키는 것"에 해당한다. 따라서 하얀 토끼는 아는 것과 하는 것의 두 가지 종류의 책임을 모두 수행하고 있다.

- 모자 장수의 경우 스스로 증인석에 입장해야 하는 책임과 자신이 알고 있는 사실을 증언해야 할 책임을 가지고 있다. 첫 번째 책임은 "객체를 생성하거나 계산을 하는 등의 스스로 하는 것"의 범주에 해당하고 두 번째 책임은 "자신이 유도하거나 계산할 수 있는 것에 관해 아는 것"에 해당한다는 것을 알 수 있다. 따라서 모자 장수 역시 재판이라는 협력 안에서 아는 것과 하는 것의 두 가지 종류의 책임을 모두 수행하고 있다.

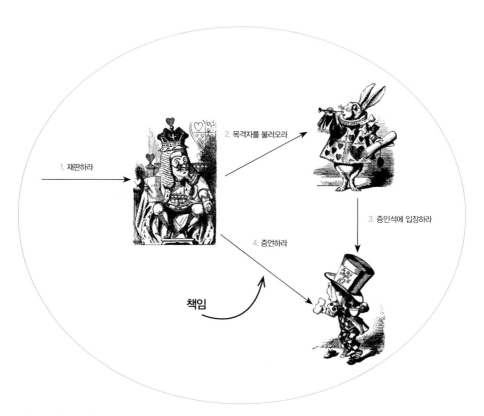

그림 4.3 왕과 하얀 토끼, 모자 장수 사이의 협력 관계

책임은 객체지향 설계의 품질을 결정하는 가장 중요한 요소다. 객체지향 설계의 예술은 적절한 객체에게 적절한 책임을 할당하는 데 있다. 책임이 불분명한 객체들은 애플리케이션의 미래 역시 불분명하게 만든다. 명확한 책임이 애플리케이션의 미래를 결정 짓는다는 것을 명심하라.

객체의 책임을 이야기할 때는 일반적으로 외부에서 접근 가능한 공용 서비스의 관점에서 이야기한다. 즉, 책임은 객체의 외부에 제공해 줄 수 있는 정보(아는 것의 측면)와 외부에 제공해 줄 수 있는 서비스(하는 것의 측면)의 목록이다. 따라서 책임은 객체의 **공용 인터페이스(public interface)**를 구성한다. 공용 인터페이스의 개념은 뒤에서 다룰 객체지향의 중요한 원리 중 하나인 캡슐화로 이어진다.

책임과 메시지

협력 안에서 객체는 다른 객체로부터 요청이 전송됐을 경우에만 자신에게 주어진 책임을 수행한다. 하얀 토끼가 모자 장수를 증인석으로 불러들이는 때는 왕으로부터 목격자를 부르라는 요청을 받았을 때뿐이다. 모자 장수가 자신의 책임을 완수하기 위해 증언을 하는 이유는 왕으로부터 요청이 수신됐기 때문이다.

결국 한 객체가 다른 객체에게 전송한 요청은 그 요청을 수신한 객체의 책임이 수행되게 한다. 이처럼 객체가 다른 객체에게 주어진 책임을 수행하도록 요청을 보내는 것을 **메시지 전송(message-send)**이라고 한다. 따라서 두 객체 간의 협력은 메시지를 통해 이뤄진다. 메시지를 전송함으로써 협력을 요청하는 객체를 송신자라고 하고 메시지를 받아 요청을 처리하는 객체를 수신자라고 한다. 메시지는 협력을 위해 한 객체가 다른 객체로 접근할 수 있는 유일한 방법이다.

책임이 협력이라는 문맥 속에서 요청을 수신하는 한 쪽의 객체 관점에서 무엇을 할 수 있는지를 나열하는 것이라면 메시지는 협력에 참여하는 두 객체 사이의 관계를 강조한 것이다. 책임의 관점에서 모자 장수는 증언을 해야 할 책임이 있다. 이것은 다른 객체의 존재 여부와 상관없이 모자 장수가 외부에 제공할 수 있는 행위의 일부다. 반면에 메시지라고 이야기할 때는 항상 메시지를 전송하는 객체와 메시지를 수신하는 객체가 상호 협력하는 문맥을 강조한다. 왕은 '증언하라'는 메시지를 전송할 수 있고 모자 장수 는 '증언하라'는 메시지를 수신할 수 있다. 왕과 모자 장수가 협력할 수 있는 이유는 왕 이 모자 장수가 이해할 수 있는 메시지를 전송할 수 있고 모자 장수는 왕이 전송하는 메 시지에 대해 적절한 책임을 수행할 수 있기 때문이다.

그림 4.4에서 모자 장수는 '증언하라'는 책임을 수행한다. 이것은 곧 모자 장수가 증 언하도록 유발하는 요청, 즉 '증언하라'는 메시지를 모자 장수가 수신할 수 있다는 사 실을 암시한다. 왕은 '증언하라'는 메시지를 전송할 수 있기 때문에 메시지를 기반으 로 왕과 모자 장수 사이의 상호 협력이 가능해진다.

1. 재판하라   4. 증언하라

그림 4.4 왕과 모자 장수 사이의 메시지 송수신

한 가지 주의할 점은 책임과 메시지의 수준이 같지는 않다는 점이다. 책임은 객체가 협 력에 참여하기 위해 수행해야 하는 행위를 상위 수준에서 개략적으로 서술한 것이다. 책임을 결정한 후 실제로 협력을 정제하면서 이를 메시지로 변환할 때는 하나의 책임이 여러 메시지로 분할되는 것이 일반적이다.

설계를 시작하는 초반에는 어떤 객체가 어떤 책임을 가지고 어떤 방식으로 서로 협력 해야 하는지에 대한 개요를 아는 것만으로도 충분하다. 책임과 협력의 구조가 자리를 잡기 전까지는 책임을 구현하는 방법에 대한 고민은 잠시 뒤로 미루는 것이 좋다. 물론 언젠가는 모자 장수가 어떻게 증언할 것인지를 고민해야 하겠지만 재판이라는 협력에 참여하기 위해 왕과 모자 장수가 상호 협력해야 하고, 이를 위해 '증언하라'라는 메시지를 송신하고 수신할 수 있다는 것을 결정하는 것이 더 중요하다.

객체지향 설계는 협력에 참여하기 위해 어떤 객체가 어떤 책임을 수행해야 하고 어떤 객체로부터 메시지를 수신할 것인지를 결정하는 것으로부터 시작된다. 어떤 클래스가 필요하고 어떤 메서드를 포함해야 하는지를 결정하는 것은 책임과 메시지에 대한 대략적인 윤곽을 잡은 후에 시작해도 늦지 않다.

역할

책임의 집합이 의미하는 것

잠시 마음의 여유를 가지고 협력의 관점에서 어떤 객체가 어떤 책임의 집합을 수행한다는 것이 무엇을 의미하는지 생각해 보자. 모자 장수가 재판이라는 협력 안에서 '증인석에 입장한다'와 '증언한다'라는 책임을 가진다는 것은 무엇을 의미하는가? 왕이 '재판한다'는 책임을 지고 하얀 토끼에게 목격자를 불러오도록 요청한 후 증언하도록 요구한다는 것은 무엇을 의미하는가? 그것은 재판이라는 협력에 참여하기 위해 모자 장수는 '증인'이라는 역할을 수행하고 있고 왕은 '판사'라는 역할을 수행하고 있음을 의미한다.

결론적으로 어떤 객체가 수행하는 책임의 집합은 객체가 협력 안에서 수행하는 역할을 암시한다. 이것이 중요한가? 왕은 왕일 뿐이고 모자 장수는 모자 장수일 뿐이지 않는가? 굳이 왕을 판사라고 부르고 모자 장수를 증인이라고 불러서 상황을 복잡하게 만드는 이유는 무엇인가?

그것은 역할이 재사용 가능하고 유연한 객체지향 설계를 낳는 매우 중요한 구성요소이기 때문이다. 먼저 앨리스의 두 번째 이야기를 살펴본 후 역할의 개념을 좀 더 자세히 살펴보기로 하자.

판사와 증인

이야기는 모자 장수가 증언을 끝내고 퇴장하는 장면에서부터 다시 시작된다.

모자 장수는 증언을 마치고 나서 쏜살같이 법정을 빠져나갔다.

"다음 증인을 불러라"

왕이 하얀 토끼에게 명령했다. 다음 증인은 공작 부인의 요리사였다.

"증언하라."

왕이 말했다.

"싫어요."

왕이 근심스러운 얼굴로 하얀 토끼를 쳐다보자 토끼가 나지막이 속삭였다.

"반드시 심문해야 할 목격자입니다."

"글쎄, 반드시 그래야만 한다면 해야겠지."

그때 뒤에서 산쥐가 요리사의 증언을 방해하자 얼마 동안 법정 안이 술렁거렸다. 결국 산쥐가 법정 밖으로 끌려나가고 법정이 다시 진정됐을 때는 요리사는 사라지고 없었다.

왕이 크게, 안심한 목소리로 하얀 토끼에게 다시 명령했다.

"신경 쓸 것 없다! 다음 증인을 불러라."

그리고 왕은 목소리를 낮춰서 여왕에게 말했다.

"그런데 여보, 다음 증인은 당신이 심문해야만 되겠소. 나는 머리가 너무 아파졌다오."

앨리스는 하얀 토끼가 두루마리를 만지작거리는 것을 지켜보면서, 다음 증인이 어떨지 매우 궁금해했다.

그런데 놀랍게도, 하얀 토끼가 작고 가느다란 목소리를 한껏 높여서 부른 이름은 '앨리스!'였다. 증인석에 입장한 앨리스의 귓가에 어김없이 커다란 목소리가 들려왔다.

"증언하라!"

모자 장수가 증언을 하는 과정을 묘사한 이전의 이야기와 연이어 요리사와 앨리스가 증언을 하는 과정을 묘사한 위 이야기를 비교해보면 차이점과 유사점을 발견할 수 있을 것이다. 가장 두드러진 차이점은 아마도 모자 장수 대신 요리사와 앨리스가 재판의 증인으로 출석했다는 것이다. 그리고 또 다른 차이점은 판사로서 재판을 주관하던 왕이 앨리스가 증인으로 채택된 시점에 여왕에게 자신의 일을 위임했다는 점이다.

모자 장수, 요리사, 앨리스가 증인으로 참석하는 재판 과정은 전체적으로 그 흐름이 매우 유사하다는 것을 알 수 있다. 모자 장수가 증인석에 입장해서 증언하기까지의 협력 과정을 다시 옮겨 적어 보자. 재판을 주관하는 판사는 왕이 맡고 있으며 증인은 모자 장수라는 점을 기억하라.

- 누군가가 **"왕"**에게 재판을 요청함으로써 재판이 시작된다.

- **"왕"**이 하얀 토끼에게 증인을 부를 것을 요청한다.

- **"왕"**의 요청을 받은 토끼는 **"모자 장수"**에게 증인석으로 입장할 것을 요청한다.

- **"모자 장수"**는 증인석에 입장함으로써 토끼의 요청에 응답한다.

- **"모자 장수"**의 입장은 연쇄적으로 토끼에 대한 **"왕"**의 요청에 대한 응답이기도 하다.

- 이제 **"왕"**은 **"모자 장수"**에게 증언할 것을 요청한다.

- **"모자 장수"**는 자신이 알고 있는 내용을 증언함으로써 **"왕"**의 요청에 응답한다.

요리사가 증언을 하는 경우에도 재판 과정은 위와 동일하다. 단지 모자 장수가 요리사로 바뀌었을 뿐이다.

- 누군가가 **"왕"**에게 재판을 요청함으로써 재판이 시작된다.

- **"왕"**이 하얀 토끼에게 증인을 부를 것을 요청한다.

- **"왕"**의 요청을 받은 토끼는 **"요리사"**에게 증인석으로 입장할 것을 요청한다.

- ■ "요리사"는 증인석에 입장함으로써 토끼의 요청에 응답한다.

- ■ "요리사"의 입장은 연쇄적으로 토끼에 대한 "왕"의 요청에 대한 응답이기도 하다.

- ■ 이제 "왕"은 "요리사"에게 증언할 것을 요청한다.

- ■ "요리사"는 자신이 알고 있는 내용을 증언함으로써 "왕"의 요청에 응답한다.

앨리스가 증언을 하는 장면에 이르면 왕은 여왕으로, 증인으로 출석한 모자 장수와 요리사의 자리는 앨리스로 바뀐다.

- ■ 누군가가 "여왕"에게 재판을 요청함으로써 재판이 시작된다.

- ■ "여왕"이 하얀 토끼에게 증인을 부를 것을 요청한다.

- ■ "여왕"의 요청을 받은 토끼는 "앨리스"에게 증인석으로 입장할 것을 요청한다.

- ■ "앨리스"는 증인석에 입장함으로써 토끼의 요청에 응답한다.

- ■ "앨리스"의 입장은 연쇄적으로 토끼에 대한 "여왕"의 요청에 대한 응답이기도 하다.

- ■ 이제 "여왕"은 "앨리스"에게 증언할 것을 요청한다.

- ■ "앨리스"는 자신이 알고 있는 내용을 증언함으로써 "여왕"의 요청에 응답한다.

재판이 이뤄지는 세 가지 과정 모두 완벽하게 동일하다는 것을 알 수 있다. 차이점이라고는 "왕" 대신 "여왕"이, "모자 장수" 대신 "요리사"나 "앨리스"가 협력에 참여한다는 것뿐이다. 이 세 개의 협력을 별도로 관리하고 유지해야 하는가? 만약 재판 과정이 바뀐다면 어떻게 해야 할까? 세 개의 협력 과정을 일일이 쫓아다니며 수정해야 할까?

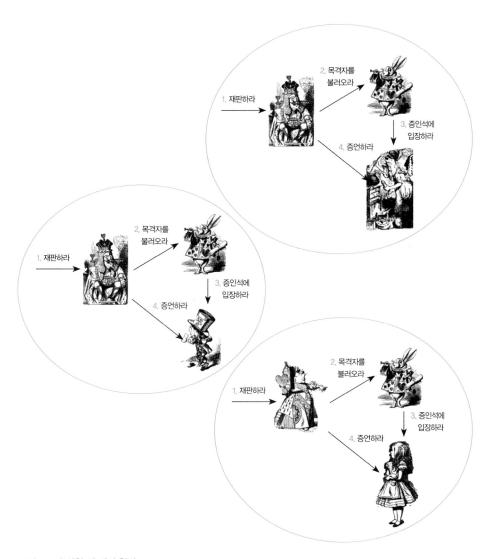

그림 4.5 유사한 세 개의 협력

역할이 답이다

이제 지루한 말장난은 그만하고 핵심으로 들어가 보자. 지금 우리의 손 안에는 서로 다른 세 개의 재판 과정, 즉 세 개의 협력이 주어져 있다. 문제는 협력에 참여하는 등장인물들을 제외한 나머지 과정이 너무나도 유사해서 하나의 협력으로 다루고 싶다는 것이다.

방법은 간단하다. 재판이라는 협력 과정 속에서 하트 왕과 하트 여왕은 '판사'의 역할을 수행한다. 모자 장수와 요리사, 그리고 앨리스는 '증인'의 역할을 수행한다. 따라서 '판사'와 '증인'이라는 **역할(role)**을 사용하면 세 가지 협력을 모두 포괄할 수 있는 하나의 협력으로 추상화할 수 있다.

- 누군가가 **"판사"**에게 재판을 요청함으로써 재판이 시작된다.

- **"판사"**는 하얀 토끼에게 증인을 부를 것을 요청한다.

- **"판사"**의 요청을 받은 토끼는 **"증인"**에게 증인석으로 입장할 것을 요청한다.

- **"증인"**은 증인석에 입장함으로써 토끼의 요청에 응답한다.

- **"증인"**의 입장은 연쇄적으로 토끼에 대한 **"판사"**의 요청에 대한 응답이기도 하다.

- 이제 **"판사"**는 **"증인"**에게 증언할 것을 요청한다.

- **"증인"**은 자신이 알고 있는 내용을 증언함으로써 **"판사"**의 요청에 응답한다.

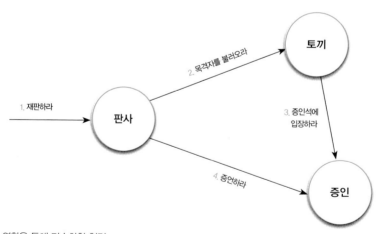

그림 4.6 역할을 통해 단순화한 협력

역할은 협력 내에서 다른 객체로 대체할 수 있음을 나타내는 일종의 표식이다. 협력 안에서 역할은 "이 자리는 해당 역할을 수행할 수 있는 어떤 객체라도 대신할 수 있습니다"라고 말하는 것과 같다.

앞의 협력에서 '판사'라고 적혀 있는 자리는 하트 왕과 하트 여왕이 대신할 수 있으며, '증인'이라고 적혀 있는 자리는 모자 장수, 요리사, 앨리스가 대신할 수 있다. 정확하게 말해서 이제 이 협력에 참여할 수 있는 객체를 굳이 하트 왕이나 하트 여왕, 모자 장수, 요리사, 앨리스로 제한할 필요가 없다. 역할을 이용해 협력을 추상화했기 때문에 '판사'나 '증인'의 역할을 수행할 수 있는 어떤 객체라도 협력에 참여할 수 있는 것이다.

그렇다면 어떤 객체라도 '판사'나 '증인'의 역할을 대체할 수 있을까? 물론 그렇지는 않다. 역할을 대체하기 위해서는 각 역할이 수신할 수 있는 메시지를 동일한 방식으로 이해해야 한다. 하트 왕이 '판사'의 역할을 수행할 수 있는 이유는 '판사'가 수신할 수 있는 '재판하라'라는 메시지를 동일하게 이해하고 처리할 수 있기 때문이다. 모자 장수를 '증인'이라고 부를 수 있는 이유 역시 '증인석에 입장하라'와 '증언하라'라는 메시지를 이해할 수 있기 때문이다. 따라서 역할을 대체할 수 있는 객체는 동일한 메시지를 이해할 수 있는 객체로 한정된다.

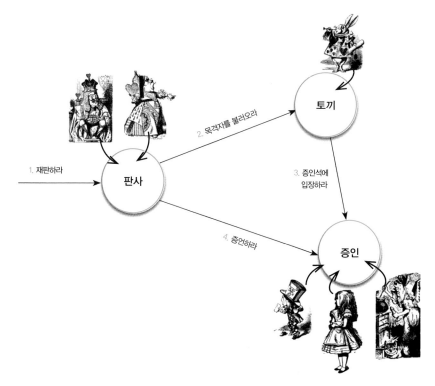

그림 4.7 다양한 객체들에 의해 대체 가능한 역할

앞에서 메시지가 책임을 의미한다고 했던 것을 기억하라. 결국 동일한 역할을 수행할 수 있다는 것은 해당 객체들이 협력 내에서 동일한 책임의 집합을 수행할 수 있다는 것을 의미한다. 동일한 역할을 수행하는 객체들이 동일한 메시지를 수신할 수 있기 때문에 동일한 책임을 수행할 수 있다는 것은 매우 중요한 개념이다. 이 개념을 제대로 이해해야만 객체지향이 제공하는 많은 장점을 누릴 수 있다.

요약하면 역할의 개념을 사용하면 유사한 협력을 추상화해서 인지 과부하를 줄일 수 있다. 또한 다양한 객체들이 협력에 참여할 수 있기 때문에 협력이 좀 더 유연해지며 다양한 객체들이 동일한 협력에 참여할 수 있기 때문에 재사용성이 높아진다. 역할은 객체지향 설계의 단순성(simplicity), 유연성(flexibility), 재사용성(reusability)을 뒷받침하는 핵심 개념이다.

협력의 추상화

역할의 가장 큰 가치는 하나의 협력 안에 여러 종류의 객체가 참여할 수 있게 함으로써 협력을 **추상화**할 수 있다는 것이다. 협력의 추상화는 설계자가 다뤄야 하는 협력의 개수를 줄이는 동시에 구체적인 객체를 추상적인 역할로 대체함으로써 협력의 양상을 단순화한다. 결과적으로 애플리케이션의 설계를 이해하고 기억하기 쉬워진다.

앨리스의 이야기에서 "왕-하얀 토끼-모자 장수"의 협력, "왕-하얀 토끼-요리사"의 협력, "여왕-하얀 토끼-앨리스"의 협력은 모두 동일한 순서에 따라 메시지를 주고받으며 상호작용한다. 따라서 구체적인 객체를 추상적인 역할로 대체함으로써 "판사-하얀 토끼-증인"이 참여하는 하나의 추상적인 협력으로 대체할 수 있다.

따라서 역할을 이용하면 협력을 추상화함으로써 단순화할 수 있다. 구체적인 객체로 추상적인 역할을 대체해서 동일한 구조의 협력을 다양한 문맥에서 재사용할 수 있는 능력은 과거의 전통적인 패러다임과 구분되는 객체지향만의 힘이다. 그리고 그 힘은 근본적으로 역할의 대체 가능성에서 비롯된다.

대체 가능성

역할은 협력 안에서 구체적인 객체로 대체될 수 있는 추상적인 협력자다. 따라서 본질적으로 역할은 다른 객체에 의해 대체 가능함을 의미한다.

객체가 역할을 대체하기 위해서는 행동이 호환돼야 한다는 점에 주목하라. 어떤 객체가 증인이라는 역할을 대체할 수 있는 이유는 그 객체가 증인석에 입장할 수 있고 증언할 수 있기 때문이다. 결국 객체는 협력 안에서 역할이 수행할 수 있는 행동을 그대로 수행할 수 있어야 한다. 객체지향의 용어를 빌려 설명하면 객체가 역할을 대체 가능하기 위해서는 협력 안에서 역할이 수행하는 모든 책임을 동일하게 수행할 수 있어야 한다.

객체가 역할에 주어진 책임 이외에 다른 책임을 수행할 수도 있다는 사실에 주목하라. 판사의 역할을 수행할 수 있는 왕은 재판을 할 책임뿐만 아니라 국정을 돌봐야 할 추가적인 책임을 가지고 있다. 모자 장수는 증인으로서의 역할뿐만 아니라 모자를 판매할 모자 장수로서의 본질적인 책임을 가지고 있다. 앨리스는 잠시만 증인의 역할을 할 뿐 이야기 내내 주인공으로서의 역할을 해왔다.

결국 객체는 역할이 암시하는 책임보다 더 많은 책임을 가질 수 있다. 따라서 대부분의 경우에 객체의 타입과 역할 사이에는 **일반화/특수화 관계**가 성립하는 것이 일반적이다. 일반화/특수화 관점에서 좀 더 일반적인 개념을 의미하는 역할은 일반화이며 좀 더 구체적인 개념을 의미하는 객체의 타입은 특수화다. 역할이 협력을 추상적으로 만들 수 있는 이유는 역할 자체가 객체의 추상화이기 때문이다.

요약하면 역할의 대체 가능성은 행위 호환성을 의미하고, 행위 호환성은 동일한 책임의 수행을 의미한다.

객체의 모양을 결정하는 협력

흔한 오류

많은 사람들은 시스템에 필요한 데이터를 저장하기 위해 객체가 존재한다는 선입견을 가지고 있다. 물론 객체가 상태의 일부로 데이터를 포함하는 것은 사실이지만 데이터는 단지 객체가 행위를 수행하는 데 필요한 재료일 뿐이다. 객체가 존재하는 이유는 행위를 수행하며 협력에 참여하기 위해서다. 따라서 실제로 중요한 것은 객체의 행동, 즉 책임이다.

객체지향에 대한 두 번째 선입견은 객체지향이 클래스와 클래스 간의 관계를 표현하는 시스템의 정적인 측면에 중점을 둔다는 것이다. 중요한 것은 정적인 클래스가 아니라 협력에 참여하는 동적인 객체이며, 클래스는 단지 시스템에 필요한 객체를 표현하고 생성하기 위해 프로그래밍 언어가 제공하는 구현 메커니즘이라는 사실을 기억하라. 객체지향의 핵심은 클래스를 어떻게 구현할 것인가가 아니라 객체가 협력 안에서 어떤 책임과 역할을 수행할 것인지를 결정하는 것이다.

객체지향 입문자들이 데이터나 클래스를 중심으로 애플리케이션을 설계하는 이유는 협력이라는 문맥을 고려하지 않고 각 객체를 독립적으로 바라보기 때문이다. 예를 들어 '왕'의 인스턴스를 모델링할 경우 대부분의 사람들은 왕관을 쓰고 멋진 수염을 기른 채 근엄한 표정으로 왕좌에 앉아 있는 왕의 모습부터 떠올릴 것이다. 그리고는 머릿속에 떠오른 왕의 모습을 기반으로 클래스를 개발하기 시작할 것이다.

처음에는 전형적인 왕의 모습을 빌려 소프트웨어 객체를 창조하는 것이 합리적이고 적절해 보일지 모르지만 실제로 동작하는 애플리케이션을 구축하기 위해서는 왕이 참여하는 협력을 우선적으로 고려해야 한다. 왕관을 쓰고 멋진 수염을 기른 채 근엄한 표정으로 왕좌에 앉아 있는 왕의 모습은 앨리스의 이야기에는 어울리지 않는다. 중요한 것은 왕의 겉모습이 아니다. 앨리스의 이야기에서 왕이 중요한 이유는 재판이라는 협력에 '판사'의 역할로 참여해서 죄인의 죄를 판결하는 책임을 수행할 수 있기 때문이다.

앨리스의 이야기는 어떤 애플리케이션에 적합한 객체를 설계하기 위해서는 객체를 협력이라는 문맥에서 떼어놓은 채 어떤 데이터가 필요하고 어떤 클래스로 구현해야 하는지를 고민하는 것이 아무런 도움이 되지 않는다고 속삭인다. 자, 이제 이 흔한 오류를 바로잡기 위해 우리가 해야 할 일은 무엇일까? 그것은 바로 객체를 섬으로 바라보던 잘못된 눈길을 거두고 올바른 곳을 바라보는 것이다.

협력을 따라 흐르는 객체의 책임

올바른 객체를 설계하기 위해서는 먼저 견고하고 깔끔한 협력을 설계해야 한다. 협력을 설계한다는 것은 설계에 참여하는 객체들이 주고받을 요청과 응답의 흐름을 결정한다는 것을 의미한다. 이렇게 결정된 요청과 응답의 흐름은 객체가 협력에 참여하기 위해 수행될 책임이 된다.

일단 객체에게 책임을 할당하고 나면 책임은 객체가 외부에 제공하게 될 행동이 된다. 협력이라는 문맥에서 객체가 수행하게 될 적절한 책임, 즉 행동을 결정한 후에 그 행동을 수행하는 데 필요한 데이터를 고민해야 한다. 그리고 객체가 협력에 참여하기 위해 필요한 데이터와 행동이 어느 정도 결정된 후에 클래스의 구현 방법을 결정해야 한다. 결과적으로 클래스와 데이터는 협력과 책임의 집합이 결정된 후에야 무대 위에 등장할 수 있다.

앨리스의 이야기에서 누군가는 재판을 진행해야 하고 누군가는 증인을 증인석으로 불러야 하며 누군가는 증언해야 한다. 이처럼 협력을 구성하는 데 필요한 일련의 책임을 먼저 고안하고 나면 그 책임을 수행하는 데 필요한 객체를 선택하게 된다. 어떤 책임은 왕에게, 어떤 책임은 하얀 토끼에게, 어떤 책임은 모자 장수에게 할당하면서 책임을 각 객체에게 할당해 나간다. 그리고 이렇게 할당된 책임은 왕과 하얀 토끼, 모자 장수라는 객체들이 외부에 제공하게 될 행동을 정의하게 된다. 이제 행동이 결정됐으니 각 객체가 필요로 하는 데이터를 정의할 수 있다. 그리고 이렇게 데이터와 행동이 결정된 후에야 왕과 하얀 토끼, 모자 장수를 구현하는 클래스를 개발할 수 있을 것이다.

객체지향이 올바른 객체에 올바른 책임을 할당하는 것과 관련된 모든 것이라면 협력이라는 문맥 안에서 객체를 생각하는 것은 올바른 객체지향 애플리케이션을 구현하는 것과 관련된 모든 것이다. 일단 협력이라는 견고한 문맥이 갖춰지면 우리의 초점은 협력을 위해 필요한 책임의 흐름으로 옮겨진다. 그리고 협력에 필요한 책임을 결정하고 객체에게 책임을 할당하는 과정을 얼마나 합리적이고 적절하게 수행했는지가 객체지향 설계의 품질을 결정한다.

객체의 행위에 초점을 맞추기 위해서는 협력이라는 실행 문맥 안에서 책임을 분배해야 한다. 각 객체가 가져야 하는 상태와 행위에 대해 고민하기 전에 그 객체가 참여할 문맥인 협력을 정의하라. 객체지향 시스템에서 가장 중요한 것은 충분히 자율적인 동시에 충분히 협력적인 객체를 창조하는 것이다. 이 목표를 달성할 수 있는 가장 쉬운 방법은 객체를 충분히 협력적으로 만든 후에 협력이라는 문맥 안에서 객체를 충분히 자율적으로 만드는 것이다.

객체지향 설계 기법

역할, 책임, 협력이 견고하고 유연한 객체지향 설계를 낳기 위한 가장 중요한 토양이라는 사실을 알게 됐을 것이다. 이제 역할, 책임, 협력의 관점에서 애플리케이션을 설계하는 유용한 세 가지 기법을 살펴보기로 하자.

맨 먼저 살펴볼 책임-주도 설계(Responsibility-Driven Design) 방법은 협력에 필요한 책임들을 식별하고 적합한 객체에게 책임을 할당하는 방식으로 애플리케이션을 설계한다. 책임-주도 설계 방법은 객체지향 패러다임의 전문가들이 애플리케이션을 개발할 때 어떤 방식으로 사고하고 무엇을 기반으로 의사결정을 내리는지 잘 보여준다.

두 번째로 살펴볼 디자인 패턴(Design Pattern)은 전문가들이 반복적으로 사용하는 해결 방법을 정의해 놓은 설계 템플릿의 모음이다. 패턴은 전문가들이 특정 문제를 해결하기 위해 이미 식별해 놓은 역할, 책임, 협력의 모음이다. 패턴을 알고 있다면 바퀴를 반복적으로 발명할 필요가 없다. 여러분이 필요로 하는 역할, 책임, 협력이 디자인 패턴 안에 이미 존재하기 때문이다.

세 번째 기법은 테스트-주도 개발(Test-Driven Development) 방법이다. 테스트-주도 개발은 테스트를 먼저 작성하고 테스트를 통과하는 구체적인 코드를 추가하면서 애플리케이션을 완성해가는 방식을 따른다. 이름에서 풍기는 뉘앙스와 달리 테스트-주도 개발은 테스트가 아니라 설계를 위한 기법이다. 테스트-주도 개발의 핵심은 테스트 작성이 아니다. 테스트는 단지 테스트-주도 개발을 통해 얻을 수 있는 별도의 보너스 같은 것이며, 실제 목적은 구체적인 코드를 작성해나가면서 역할, 책임, 협력을 식별하고 식별된 역할, 책임, 협력이 적합한지를 피드백받는 것이다.

이제 세 가지 방법을 간략하게 살펴보자.

책임-주도 설계

객체지향 시스템은 역할과 책임을 수행하는 자율적인 객체들의 공동체다. 객체는 고립된 존재가 아니며 시스템의 더 큰 목표를 달성하기 위해 다른 객체와 협력하는 사회적인 존재다. 객체지향 시스템의 목적은 사용자의 요구를 만족시킬 수 있는 기능을 제공하는 동시에 이해하기 쉽고, 단순하며, 유연한 상호작용을 제공하는 객체들의 공동체를 구축하는 것이다.

결국 객체지향 설계란 애플리케이션의 기능을 구현하기 위한 협력 관계를 고안하고, 협력에 필요한 역할과 책임을 식별한 후 이를 수행할 수 있는 적절한 객체를 식별해 나가는 과정이다. 객체지향을 협력하는 객체들의 공동체로 바라보는 관점은 유연하고 견고한 객체지향 시스템을 설계하는 데 필요한 강력한 개념적인 프레임워크를 제공한다.

객체지향 설계의 핵심은 올바른 책임을 올바른 객체에게 할당하는 것이다. 프로그래밍 과정에서 객체지향 언어를 사용하거나 UML과 같은 모델링 언어를 이용해 설계의 밑그림을 그린다고 해서 효율적이고 견고한 객체지향 시스템이 보장되는 것은 아니다. 이를 위해서는 전체 개발 단계에 걸쳐 객체의 역할과 책임, 협력을 도드라지게 만드는 기법과 체계를 따르는 것이 중요하다. 인간이 만들어왔던 다른 창조물처럼 객체지향 시스템을 창조하는 작업 역시 지속적인 훈련과 견고한 기술, 안정적인 가이드라인을 필요로 한다.

현재 가장 널리 받아들여지는 객체지향 설계 방법은 레베카 워프스브록이 고안한 **책임-주도 설계 방법이다**[Wirfs-Brock 2003]. 책임-주도 설계는 말 그대로 객체의 책임을 중심으로 시스템을 구축하는 설계 방법을 말한다.

시스템의 기능은 더 작은 규모의 책임으로 분할되고 각 책임은 책임을 수행할 적절한 객체에게 할당된다. 객체가 책임을 수행하는 도중에 스스로 처리할 수 없는 정보나 기능이 필요한 경우 적절한 객체를 찾아 필요한 작업을 요청한다. 요청된 작업을 수행하는 일은 이제 작업을 위임받은 객체의 책임으로 변환된다. 객체가 다른 객체에게 작업을 요청하는 행위를 통해 결과적으로 객체들 간의 협력 관계가 만들어진다. 만약 책임을 여러 종류의 객체가 수행할 수 있다면 협력자는 객체가 아니라 추상적인 역할로 대체된다.

이처럼 책임-주도 설계에서는 시스템의 책임을 객체의 책임으로 변환하고, 각 객체가 책임을 수행하는 중에 필요한 정보나 서비스를 제공해줄 협력자를 찾아 해당 협력자에게 책임을 할당하는 순차적인 방식으로 객체들의 협력 공동체를 구축한다. 책임-주도 설계는 개별적인 객체의 상태가 아니라 객체의 책임과 상호작용에 집중한다. 결과적으로 시스템은 스스로 자신을 책임질 수 있을 정도로 충분히 자율적인 동시에 다른 객체와 우호적으로 협력할 수 있을 정도로 충분히 협조적인 객체들로 이뤄진 생태계를 구성하게 된다.

협조적이고 성실한 객체 시민들로 구성된 객체지향 시스템을 설계하는 절차는 다음과 같이 요약할 수 있다.

- 시스템이 사용자에게 제공해야 하는 기능인 시스템 책임을 파악한다.

- 시스템 책임을 더 작은 책임으로 분할한다.

- 분할된 책임을 수행할 수 있는 적절한 객체 또는 역할을 찾아 책임을 할당한다.

- 객체가 책임을 수행하는 중에 다른 객체의 도움이 필요한 경우 이를 책임질 적절한 객체 또는 역할을 찾는다.

- 해당 객체 또는 역할에게 책임을 할당함으로써 두 객체가 협력하게 한다.

역할, 책임, 협력은 유연하고 견고한 객체지향 시스템을 만드는 데 필요한 가장 중요한 재료다. 그 외의 장치는 단지 역할, 책임, 협력을 보완하고 애플리케이션의 복잡도를 줄이기 위해 필요한 보조 재료일 뿐이다. 역할, 책임, 협력에 집중하라.

디자인 패턴

책임-주도 설계는 객체의 역할, 책임, 협력을 고안하기 위한 방법과 절차를 제시한다. 반면 디자인 패턴은 책임-주도 설계의 결과를 표현한다. 패턴은 모범이 되는 설계(example design)[Fowler 2003]다. 앨리스터 코오번에 따르면 효과적으로 일하는 사람들의 한 가지 특징은 아무것도 없는 상태에서 작업을 시작하지 않고 이전의 훌륭한 결과물을 모방하고 약간의 수정을 거쳐 원하는 결과물을 만들어 낸다는 것이다[Cockburn 2001]. 패턴은 특정한 상황에서 설계를 돕기 위해 모방하고 수정할 수 있는 과거의 설계 경험이다.

일반적으로 디자인 패턴은 반복적으로 발생하는 문제와 그 문제에 대한 해법의 쌍으로 정의된다. 패턴은 해결하려고 하는 문제가 무엇인지를 명확하게 서술하고, 패턴을 적용할 수 있는 상황과 적용할 수 없는 상황을 함께 설명한다. 패턴은 반복해서 일어나는 특정한 상황에서 어떤 설계가 왜(why) 더 효과적인지에 대한 이유를 설명한다. 디자인 패턴과 관련된 가장 유명한 패턴 책은 GOF의『디자인 패턴』[GOF 1994]으로, 23개의 디자인 패턴들을 상세하게 정리해 놓았다.

디자인 패턴의 한 가지 예로 COMPOSITE 패턴을 살펴보자. COMPOSITE 패턴은 전체와 부분을 하나의 단위로 추상화해야 하는 경우에 사용할 수 있는 패턴이다. 윈도우 탐색기의 경우 개별적인 파일 단위로 경로를 변경할 수도 있지만 폴더의 경로를 변경함으로써 폴더 안에 포함된 모든 파일의 경로를 한 번에 변경할 수도 있다. 윈도우 탐색기를 사용하는 사용자의 관점에서 대상이 파일인지 폴더인지는 상관이 없다는 점에 주목하라. 사용자는 단지 대상을 선택한 후 경로를 바꾸기만 하면 된다. COMPOSITE 패턴은 이처럼 클라이언트 입장에서 메시지 수신자가 부분(파일)인지 전체(폴더)인지에 상관 없이 동일한 메시지(경로 변경)를 이용해 동일한 방식으로 대상과 상호작용하고 싶을 때 사용할 수 있는 패턴이다.

GOF의 『디자인 패턴』의 COMPOSITE 패턴 부분을 펼쳐보면 그림 4.8과 같이 패턴의 구조를 설명해 놓은 그림을 찾을 수 있을 것이다. 여기서 말하고 싶은 것은 COMPOSITE 패턴의 세부적인 구조가 아니다. 중요한 것은 그림에 표현돼 있는 구성 요소가 클래스와 메서드가 아니라 '협력'에 참여하는 '역할'과 '책임'이라는 사실이다. Component는 클라이언트와 협력할 수 있는 공용 인터페이스를 정의하는 역할을 수행한다. Leaf 역할은 공용 인터페이스에 대한 오퍼레이션 호출에 응답할 수 있는 기본적인 행위를 구현한다. Composite은 외부로부터 부분에 대한 세부 사항을 감추고 포함된 부분을 하나의 단위로 행동하는 역할이다. Client는 Component에게 메시지를 요청함으로써 협력하는 임의의 역할이다. Component의 역할은 다른 Component를 추가하거나(Add()), 제거하거나(Remove()), 포함된 Component를 반환해야 하는 (GetChild()) 책임을 가진다.

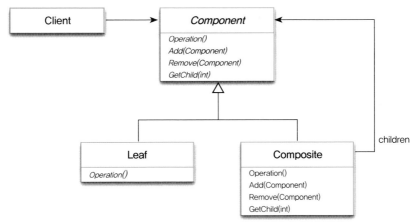

그림 4.8 GoF의 "디자인 패턴"에 수록돼 있는 COMPOSITE 패턴의 구조

COMPOSITE 패턴은 부분과 전체가 투명하고 동일한 인터페이스를 제공해야 한다는 제약하에서 식별된 역할, 책임, 협력을 제공하는 한 가지 설계 예제다. 따라서 디자인 패턴은 유사한 상황에서 반복적으로 적용할 수 있는 책임-주도 설계의 결과물이라고 할 수 있다.

Component, Leaf, Composite이 역할이라는 사실은 실제로 구현 시에는 다양한 방식으로 역할을 구현할 수 있다는 사실을 암시한다. 심지어 하나의 객체가 세 가지 역할을 모두 수행할 수도 있다. 조슈아 케리에브스키(Joshua Kerievsky)는 『패턴을 활용한 리팩터링』[Kerievsky 2004]에서 하나의 클래스가 세 가지 역할을 모두 수행하는 **COMPOSITE** 패턴의 예를 소개하고 있다.

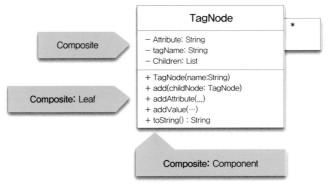

그림 4.9 Composite, Leaf, Component 역할을 모두 수행하는 TagNode 클래스

디자인 패턴은 공통으로 사용할 수 있는 역할, 책임, 협력의 템플릿이다. 만약 특정한 상황에 적용 가능한 디자인 패턴을 잘 알고 있다면 책임-주도 설계의 절차를 순차적으로 따르지 않고도 시스템 안에 구현할 객체들의 역할과 책임, 협력 관계를 빠르고 손쉽게 포착할 수 있을 것이다. 디자인 패턴은 책임-주도 설계의 결과물인 동시에 지름길이다.

테스트-주도 개발

테스트-주도 개발[Beck 2002]은 애자일 방법론의 한 종류인 XP의 기본 프랙티스로 소개되면서 주목받기 시작한 설계 기법이다. 테스트-주도 개발의 기본 흐름은 실패하는 테스트를 작성하고, 테스트를 통과하는 가장 간단한 코드를 작성한 후(이 시간 동안에는 중복이 있어도 무방하다), 리팩터링(Refactoring)[Fowler 1999]을 통해 중복을 제거하는 것이다. 테스트-주도 개발을 통해 '작동하는 깔끔한 코드(clean code that works)'를 얻을 수 있다.

테스트-주도 개발이 응집도가 높고 결합도가 낮은 클래스로 구성된 시스템을 개발할 수 있게 하는 최상의 프랙티스인 것은 맞지만 객체지향에 대한 경험이 적은 초보자들은 개발을 주도하기 위해 어떤 테스트를 어떤 식으로 작성해야 하는지를 결정하는 데 큰 어려움을 느낀다. 테스트-주도 개발은 객체가 이미 존재한다고 가정하고 객체에게 어떤 메시지를 전송할 것인지에 관해 먼저 생각하라고 충고한다. 그러나 이 같은 종류의 충고는 역할, 책임, 협력의 관점에서 객체를 바라보지 않을 경우 무의미하다.

가끔 테스트-주도 개발이 어떤 식으로 작동하는지 전혀 이해하지 못하겠다고 어려움을 토로하는 사람들을 만나게 된다. 이야기를 나누다 보면 대부분의 사람들이 책임과 협력의 관점에서 객체를 바라보는 훈련이 부족하다는 것을 깨닫게 된다. 테스트-주도 개발은 테스트를 작성하는 것이 아니라 책임을 수행할 객체 또는 클라이언트가 기대하는 객체의 역할이 메시지를 수신할 때 어떤 결과를 반환하고 그 과정에서 어떤 객체와 협력할 것인지에 대한 기대를 코드의 형태로 작성하는 것이다.

테스트-주도 개발은 책임-주도 설계의 기본 개념을 따른다. 사전 설계 없이 테스트-주도 개발을 진행하는 개발자들은 책임-주도 설계의 단계적인 절차와 기법들을 짧은 시간에 감각적으로 수행하는 사람들이다. 때로는 요구사항으로부터 특정 패턴이 필요하다는 것을 눈치채고 패턴을 목표로 빠르게 테스트를 작성한다. 협력 안에서 객체의 역할과 책임이 무엇이고 이것이 클래스와 같은 프로그래밍 언어 장치로 구현되는 방식에 대한 감각을 갖춰야만 효과적인 테스트를 작성할 수 있다. 테스트-주도 개발은 책임-주도 설계를 통해 도달해야 하는 목적지를 테스트라는 안전장치를 통해 좀 더 빠르고 견고한 방법으로 도달할 수 있도록 해주는 최상의 설계 프랙티스다.

요점은 테스트-주도 개발은 다양한 설계 경험과 패턴에 대한 지식이 없는 사람들의 경우에는 온전한 혜택을 누리기가 어렵다는 것이다. 초보 개발자들이 테스트-주도 개발 기법을 따르지 않는 경우보다 따르는 경우에 더 훌륭한 코드를 작성하는 것은 사실이지만 그렇다고 해서 결코 경험 많은 개발자들이 테스트-주도 개발 없이 작성한 코드보다 더 훌륭한 코드를 작성할 수는 없다.

테스트-주도 개발은 객체지향에 대한 깊이 있는 지식을 요구한다. 테스트를 작성하기 위해 객체의 메서드를 호출하고 반환값을 검증하는 것은 순간적으로 객체가 수행해야 하는 책임에 관해 생각한 것이다. 테스트에 필요한 간접 입력 값을 제공하기 위해 스텁(stub)을 추가하거나 간접 출력 값을 검증하기 위해 목 객체(mock object)를 사용하는 것은 객체와 협력해야 하는 협력자에 관해 고민한 결과를 코드로 표현한 것이다.

테스트-주도 개발은 책임-주도 설계의 기본 개념과 다양한 원칙과 프랙티스, 패턴을 종합적으로 이해하고 좋은 설계에 대한 감각과 경험을 길러야만 적용할 수 있는 설계 기법이다. 역할, 책임, 협력에 집중하고 객체지향의 원칙을 적용하려는 깊이 있는 고민과 노력을 통해서만 테스트-주도 개발의 혜택을 누릴 수 있다.

지금까지 역할, 책임, 협력의 개념에 관해 살펴봤다. 이제 이 배우들을 무대 위에 올려놓고 전체적인 관점에서 객체지향 패러다임이 다른 전통적인 패러다임에 비해 우월한 몇 가지 이유를 살펴볼 것이다. 미리 힌트를 주자면 객체지향을 강력하게 만드는 비밀은 책임과 메시지에 숨겨져 있다.

05

책임과 메시지

의도는 "메시징"이다. 훌륭하고 성장 가능한 시스템을 만들기 위한 핵심은 모듈 내부의 속성과 행동이 어떤가보다는 모듈이 어떻게 커뮤니케이션하는가에 달려 있다.

— 앨런 케이[Kay 1998]

1964년 두 명의 젊은 심리학자인 존 달리(John Darley)와 밥 라타네(Bob Latane)는 어떤 실험을 위해 뉴욕 대학에 재학 중인 학생들을 모집했다. 두 심리학자는 학생들에게 도시 생활에 대한 적응도를 연구하기 위한 실험에 참여하게 될 것이라고 이야기했지만 연구의 실제 목적은 이와는 전혀 다른 것이었다.

모집된 학생들은 각자 격리된 방에 혼자 앉아 있다가 순서가 되면 마이크로폰을 통해 뉴욕 생활에 대한 어려움을 이야기하기로 돼 있었다. 학생들은 물리적으로 격리돼 있었지만 오디오 시스템을 통해 다른 학생들의 이야기를 들을 수는 있었다. 학생들은 2분 동안 자신의 이야기를 할 수 있었으며, 시간이 지나면 마이크로폰은 저절로 꺼지게 돼 있었다.

그러나 실제 실험에서 참가자 본인을 제외한 다른 학생들의 목소리는 미리 녹음된 내용을 재생한 것이었다. 실험에 참가한 학생들은 다른 학생들이 각자의 방 안에서 실제로 이야기하고 있다고 믿었지만 사실은 녹음기를 통해 재생되는 소리를 듣고 있을 뿐이었다.

처음 발표한 학생은 간질을 앓는 학생이었다. 방 안에 앉아 있는 실험 참가자는 그 소리가 녹음기에서 흘러나오는 소리라고는 상상조차 할 수 없었다. 녹음기에서는 뉴욕대학에서 지내는 생활의 어려움에 관한 이야기가 흘러나오고 있었다. 얼마간의 시간이 흐르고 마침내 사건이 벌어졌다. 간질 발작이 시작된 것이다. 녹음기에서는 괴로워하는 학생의 목소리와 함께 도와달라는 절박한 외침이 들려왔다. 실험 참가자는 당황했지만 외부와 차단된 상태였기 때문에 실제로 발작이 일어나는 모습을 확인할 수는 없었다.

언제라도 실험 참가자는 자리를 박차고 일어나 복도에 있는 심리학자들에게 도움을 요청할 수 있었다. 녹음기에 녹음된 발작의 시간은 6분이었기 때문에 실험 참가자에게는 상황을 판단하고 행동을 취할 수 있는 충분한 시간이 있었다.

실험 결과, 대다수의 학생들은 아무런 행동도 취하지 않았다. 실험 결과에 따르면 전체 참가들 중 31퍼센트만이 행동을 취했다. 이야기는 여기서부터 흥미진진해진다. 실험 참가자는 괴로운 신음 소리를 듣고 있는 학생들이 자기 외에도 최소한 한 명 이상은 있을 것이라고 생각했다. 피실험자들이 자신 말고 도와줄 학생이 더 있다고 믿었을 때는 도움을 요청하지 않았던 것이다. 반면에 자신과 발작을 일으킨 학생 단 둘만이 있다고 믿었을 때는 실험 참가자의 85퍼센트가 주저하지 않고 도움을 요청했다.

달리와 라타네는 실험 참가자들의 반응과 집단 크기 사이에 밀접한 관계가 있음을 발견하고 이와 같은 현상을 '책임감 분산(diffusion of responsibility)'이라고 불렀다. 즉, 사건에 대한 목격자가 많으면 많을수록 개인이 느끼는 책임감은 적어진다는 것이다. 군중들 사이로 타인을 도와야 한다는 책임이 분산되어 흩어질 경우 사람들은 애서 자신의 책임을 무시하려고 한다. 이와 달리 사건을 목격한 사람이 자기 혼자일 경우에는 자신에게 타인을 도와야 하는 책임이 있다고 생각한다.

사회적 신호, 방관자 효과, 다수의 무시로 특징지어지는 이 같은 현상은 집단적 위기 상황에서 명확한 책임을 가진 권위자가 없을 때 어떤 일이 벌어지는지를 잘 보여준다. 대부분의 사람들은 자신에게 명확한 책임이 없는 경우에는 발작을 일으킨 환자를 도와주는 일을 타인의 책임으로 간주해버린다. 그에 반해 이를 보고할 책임이 명확하게 주어진 경우에는 신속하게 위기 상황을 해결하려고 노력한다.

위 실험에서 학생들은 다른 학생의 이야기를 듣고 자신의 이야기를 들려주는 책임을 가진 실험 참가자라는 단 하나의 역할만 부여받았다. 학생들에게 다른 참가자를 도와줄 책임을 지닌 구조원의 역할은 주어지지 않았던 것이다.

이 이야기가 들려주는 교훈은 명확한 책임과 역할을 지닌 참가자들이 협력에 참여해야 한다는 것이다. 이것은 객체의 세계에서도 마찬가지다. 훌륭한 객체지향의 세계는 명확하게 정의된 역할과 책임을 지닌 객체들이 상호 협력하는 세계다. 역할과 책임이 흐릿할수록 발작을 일으키는 객체를 도와줄 어떤 협력자도 찾지 못할 것이다.

자율적인 책임

설계의 품질을 좌우하는 책임

객체지향 공동체를 구성하는 기본 단위는 '자율적'인 객체다. 객체들은 애플리케이션의 기능을 구현하기 위해 협력하고, 협력 과정에서 각자 맡은 바 책임을 다하기 위해 자율적으로 판단하고 행동한다.

여기서 키워드는 '자율성'이다. 자율성의 사전적 의미는 '자기 스스로의 원칙에 따라 어떤 일을 하거나 자신을 통제해서 절제하는 성질이나 특성'이다. 자율성의 반대말은 타율성으로, '자신의 의지와 관계없이 정해진 규율이나 원칙에 따라서만 움직이는 성질'을 의미한다. 따라서 자율적인 객체란 스스로 정한 원칙에 따라 판단하고 스스로의 의지를 기반으로 행동하는 객체다. 타인이 정한 규칙이나 명령에 따라 판단하고 행동하는 객체는 자율적인 객체라고 부르기 어렵다.

객체가 어떤 행동을 하는 유일한 이유는 다른 객체로부터 요청을 수신했기 때문이다. 요청을 처리하기 위해 객체가 수행하는 행동을 **책임**이라고 한다. 따라서 자율적인 객체란 스스로의 의지와 판단에 따라 각자 맡은 책임을 수행하는 객체를 의미한다.

객체지향 설계의 아름다움은 적절한 책임을 적절한 객체에게 할당하는 과정 속에서 드러난다. 객체지향 애플리케이션을 설계하는 가장 널리 알려진 방법을 책임-주도 설계라고 부르는 이유는 적절한 책임의 선택이 전체 설계의 방향을 결정하기 때문이다.

적절한 책임이 자율적인 객체를 낳고, 자율적인 객체들이 모여 유연하고 단순한 협력을 낳는다. 따라서 협력에 참여하는 객체가 얼마나 자율적인지가 전체 애플리케이션의 품질을 결정한다.

자신의 의지에 따라 증언할 수 있는 자유

객체가 책임을 자율적으로 수행하기 위해서는 객체에게 할당되는 책임이 자율적이어야 한다. 책임이 자율적이지 않다면 객체가 아무리 발버둥친다고 하더라도 자율적으로 책임을 수행하기 어렵다.

이해를 돕기 위해 앨리스의 재판 이야기로 돌아가보자. 그림 5.1에 그려진 것처럼 왕은 목격자인 모자 장수에게 '증언하라'는 요청을 전송한다. 모자 장수가 재판이라는 협력에 참여하기 위해서는 왕의 요청을 적절하게 처리한 후 응답해야 한다. 요청은 수신자의 책임을 암시하므로 모자 장수는 재판이라는 협력에 참여하기 위해 '증언할' 책임을 진다.

왕은 모자 장수가 '증언하라'라는 자신의 요청에 반응해 책임을 완수할 수만 있다면 어떤 방법으로 증언하는지에 관해서는 신경을 쓰지 않는다. 모자 장수는 왕의 요청을 받아야만 책임을 수행하기 시작하겠지만 증언 방식이나 증언에 필요한 자료는 스스로의 의지와 판단에 따라 자유롭게 선택할 수 있다.

그림 5.1 모자 장수는 "증언할" 책임을 자율적인 방식으로 수행할 수 있다.

이번에는 그림 5.2와 같이 왕이 모자 장수가 증언하는 데 필요한 행동들을 좀 더 상세하게 요청한다고 가정해 보자. 이 경우 모자 장수는 왕과 협력하기 위해 먼저 '목격했던 장면을 떠올리고', '떠오르는 기억을 시간 순서대로 재구성'한 후, '말로 간결하게 표현'해야 하는 책임들을 떠안게 된다.

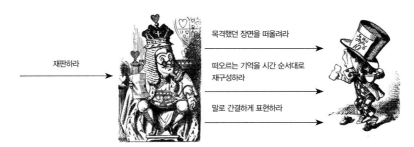

그림 5.2 좀 더 상세한 수준의 책임을 수행하는 모자 장수

그림 5.1과 그림 5.2는 협력의 결과로 모자 장수가 왕의 요청을 받아 자신이 목격한 것을 증언하게 된다는 점에서는 동일하다. 하지만 모자 장수에게 주어진 권한에는 큰 차이가 있다.

첫 번째 협력에서 모자 장수는 왕에게 증언할 책임은 있지만 증언을 위한 구체적인 방법이나 절차에 대해서는 최대한의 자유를 누린다. 모자 장수가 자신의 기억력이 꽤 정확하다고 생각한다면 기억을 토대로 목격한 것을 설명할 것이다. 평소 기억력이 나빠 모든 내용을 꼼꼼하게 기록하는 성격이라면 기록된 내용을 참고해서 증언할 수 있을 것이다. 말주변이 없어 조리 있게 설명하기 어렵다면 증언할 내용을 문서로 작성해 제출할 수도 있을 것이다.

중요한 것은 왕의 입장에서 모자 장수가 어떤 방법으로 증언하는지는 중요하지 않다는 것이다. 왕은 단지 모자 장수가 증언하기를 바랄 뿐이다. 증언이라는 책임만 완수할 수 있다면 나머지 구체적인 방법이나 절차는 모자 장수가 자유롭게 선택하도록 허용한다. 따라서 모자 장수는 최종적으로 왕이 만족할 만한 수준으로 증언할 수만 있다면 그 밖의 세부 사항에 대해서는 무한대에 가까운 자율권을 누릴 수 있다.

두 번째 협력을 살펴보자. 두 번째 협력에서 왕은 '목격했던 장면을 떠올려라', '떠오르는 기억을 시간 순서대로 재구성하라', '말로 간결하게 표현하라'와 같이 좀 더 상세한 수준으로 요청한다. 모자 장수는 첫 번째 협력에서와 마찬가지로 이 요청들을 차례대로 처리해야 하는 책임을 지고 있다. 따라서 모자 장수에게는 목격했던 장면을 떠올리고, 떠오르는 기억을 시간 순서대로 재구성하고, 말로 간결하게 표현할 책임이 있다.

여기서 문제는 이 책임들이 모자 장수가 증언하기 위해 선택할 수 있는 자유의 범위를 지나치게 제한한다는 점이다. 모자 장수는 목격했던 장면을 머릿속으로 떠올려야 하는 책임을 지고 있기 때문에 그날의 상황을 생생히 기록한 메모를 손에 쥐고 있더라도 이 기록을 참조할 수 없다. 모자 장수는 증언하기 위해 무조건 자신의 기억에만 의존해야 한다. 기억하고 있는 내용을 반드시 시간의 흐름에 따라 나열해야 할 책임이 있기 때문에 진술 순서를 자유롭게 선택할 수도 없다. 증언 내용을 말로 표현해야만 한다는 제약은 다양한 매체를 통해 증언할 수 있는 가능성 자체를 박탈한다. 상세한 수준의 책임은 증언이라는 협력의 최종 목표는 만족시킬지 몰라도 모자 장수가 누려야 하는 선택의 자유를 크게 훼손하고 만다.

안타깝게도 두 번째 모자 장수는 책임을 수행하기 위해 자신의 의지나 판단력이 아닌 왕의 명령에 의존할 수밖에 없다. 결과적으로 두 번째 모자 장수는 자율적으로 책임을 수행할 수 없다.

첫 번째 협력에서 모자 장수에게 할당된 '증언하라'라는 책임은 그 자체로 모자 장수의 자율성을 충분히 보장할 수 있을 정도로 포괄적이고 추상적이면서도 모자 장수가 해야 할 일을 명확하게 지시하고 있다. 반면 두 번째 협력에서 모자 장수에게 할당된 좀 더 상세한 수준의 책임들은 모자 장수의 자율성을 제한한다.

객체지향 세계는 자율적인 객체들의 공동체라는 점을 명심하라. 객체가 자율적이기 위해서는 객체에게 할당되는 책임의 수준 역시 자율적이어야 한다.

너무 추상적인 책임

포괄적이고 추상적인 책임을 선택한다고 해서 무조건 좋은 것은 아니다. 책임이 수행 방법을 제한할 정도로 너무 구체적인 것도 문제지만 협력의 의도를 명확하게 표현하지 못할 정도로 추상적인 것 역시 문제다.

그림 5.3에서 모자 장수는 왕과 협력하기 위해 '설명하라'라는 책임을 수행한다. 여기서 모자 장수는 무엇을 설명해야 하는가? 자신의 일생에 대해 설명해야 하는가? 오늘 모자를 얼마나 팔았는지에 관해 설명해야 하는가? 아니면 평소에 왕을 얼마나 존경해 왔는지 설명해야 하는가?

재판하라   설명하라

그림 5.3 협력의 의도를 흐릿하게 만드는 추상적인 책임

추상적이고 포괄적인 책임은 협력을 좀 더 다양한 환경에서 재사용할 수 있도록 유연성이라는 축복을 내려준다. 그러나 책임은 협력에 참여하는 의도를 명확하게 설명할 수 있는 수준 안에서 추상적이어야 한다. '증언하라'라는 책임이 훌륭한 책임인 이유는 모

자 장수의 자율성을 보장할 수 있을 정도로 충분히 추상적인 동시에 협력의 의도를 뚜렷하게 표현할 수 있을 정도로 충분히 구체적이기 때문이다.

어떤 책임이 자율적인지를 판단하는 기준은 문맥에 따라 다르다는 사실에 유의하라. 재판이라는 협력 안에서는 '증언하라'라는 책임이 모자 장수의 자율권을 보장하는 가장 적절한 수준의 책임이지만 다른 상황에서는 오히려 '설명하라'라는 책임이 자율권을 보장하는 최선의 선택이 될 수 있다. 어떤 책임이 가장 적절한가는 설계 중인 협력이 무엇인가에 따라 달라진다. 이런 모호함이 객체지향 설계를 난해하면서도 매력적인 예술로 만드는 이유다.

성급한 일반화의 오류를 피하고 현재의 문맥에 가장 적합한 책임을 선택할 수 있는 날카로운 안목을 기르기 바란다.

'어떻게'가 아니라 '무엇'을

자율적인 책임의 특징은 객체가 '어떻게(how)' 해야 하는가가 아니라 '무엇(what)'을 해야 하는가를 설명한다는 것이다. '증언한다'라는 책임은 모자 장수가 협력을 위해 '무엇'을 해야 하는지는 결정하지만 '어떻게' 해야 하는지에 대해서는 전혀 언급하지 않는다. 증언할 방법은 모자 장수가 자율적으로 선택할 수 있다.

'목격했던 장면을 떠올리고', '떠오르는 기억을 시간 순서대로 재구성'한 후, '말로 간결하게 표현'해야 하는 책임은 증언하기 위해 모자 장수가 '어떻게' 해야 하는지를 설명한다. 어떻게 증언할 것인지가 책임의 수준에서 어느 정도 결정돼 있기 때문에 모자 장수가 선택할 수 있는 부분은 크게 제한될 수밖에 없다.

책임을 자극하는 메시지

책임이라는 말 속에는 어떤 행동을 수행한다는 의미가 포함돼 있다. 실세계의 사람이나 동물과 다르게 객체지향 공동체 안에 거주하는 객체는 다른 객체로부터 전송된 요청을 수신할 때만 어떤 행동을 시작한다. 따라서 객체가 자신에게 할당된 책임을 수행하도록 만드는 것은 외부에서 전달되는 요청이다.

사실 객체가 다른 객체에게 접근할 수 있는 유일한 방법은 요청을 전송하는 것뿐이다. 그리고 이 요청을 우리는 메시지라고 부른다. 메시지는 객체로 하여금 자신의 책임, 즉 행동을 수행하게 만드는 유일한 방법이다. 이제 초점은 자연스럽게 메시지로 이동한다.

메시지와 메서드

메시지

하나의 객체는 메시지를 전송함으로써 다른 객체에 접근한다. 사용자에 대한 객체의 독립성과 객체지향 개념을 구현한 초기 언어들의 일부 문법 때문에 객체의 행동을 유발하는 행위를 가리켜 **메시지-전송**이라고 한다[Riel 1996]. 메시지-전송 메커니즘은 객체가 다른 객체에 접근할 수 있는 유일한 방법이다.

왕과 모자 장수 사이의 협력에서 왕은 모자 장수에게 '증언하라'라는 메시지를 전송한다. 왕에게는 모자 장수와 협력하기 위해 선택할 수 있는 다른 의사소통 방법이 없다. 왕은 오직 메시지-전송을 통해서만 모자 장수와 협력할 수 있다. 이때 메시지를 전송하는 왕은 송신자가 되고 메시지를 수신하는 모자 장수는 수신자가 된다.

협력의 또 다른 축에서 하얀 토끼는 '증인석에 입장하라'라는 메시지를 전송한다. 하얀 토끼 역시 메시지를 전송하는 방법 이외의 다른 방법으로 모자 장수에게 접근할 수 없다. 이 경우에 하얀 토끼는 송신자가 되고 모자 장수는 수신자가 된다.

왕이 모자 장수에게 전송하는 메시지를 가리키는 '증언하라'라는 부분을 메시지 이름(message name)이라고 한다. 메시지를 전송할 때 추가적인 정보가 필요한 경우 메시지의 인자(argument)를 통해 추가 정보를 제공할 수 있다. 수신자는 메시지를 처리하기 위해 메시지에 실려 있는 인자를 사용할 수 있다. 예를 들어, 왕이 모자 장수에게 '증언하라'라고 요청할 때 부가적으로 특정한 장소와 시간에 목격한 것을 증언하라고 요청할 수도 있다. 이것은 왕이 전송하는 메시지의 인자를 이용해 '언제'와 '어디서'라는 추가적인 정보를 실어 보낸다는 것을 의미한다.

메시지는 메시지 이름과 인자의 두 부분으로 구성된다. 왕이 어제, 왕국에서 목격한 것을 증언할 것을 요청하고 싶을 때 다음과 같은 메시지를 사용할 것이다.

증언하라(어제, 왕국)

메시지 전송은 수신자와 메시지의 조합이다. 메시지는 메시지 이름과 인자의 조합이므로 결국 메시지 전송은 수신자, 메시지 이름, 인자의 조합이 된다. 왕 예제에서 왕은 메시지를 누구에게 전송해야 하는지를 알아야 한다. 이 경우 모자 장수가 메시지의 수신자가 된다.

수신자, 메시지 이름, 인자의 순서대로 나열하면 메시지 전송이 된다. 예를 들어, 왕이 모자 장수에게 어제, 왕국에서 목격한 것을 증언할 것을 요청하고 싶다면 다음과 같은 메시지를 전송할 것이다.

모자장수.증언하라(어제, 왕국)

여기서는 C++, 자바, C# 등의 언어에서 사용되는 메시지 전송 문법을 사용했지만 실제로 메시지 전송 문법은 언어에 따라 달라질 수 있다. 예를 들어, 스몰토크에서는 '모자장수 증언하라:어제 어디서:왕국' 과 같은 문법을 이용하며, 루비의 경우 인자들이 모호하지 않다면 '모자장수.증언하라 어제, 왕국'과 같은 문법을 사용할 수 있다. 중요한 것은 메시지 전송 문법이 아니라 메시지 전송을 구성하는 요소다. 메시지 전송이 수신자, 메시지 이름, 인자의 조합으로 구성된다는 것을 기억하는 것이 중요하다.

메시지를 수신받은 객체는 우선 자신이 해당 메시지를 처리할 수 있는지 확인한다. 메시지를 처리할 수 있다는 이야기는 객체가 해당 메시지에 해당하는 행동을 수행해야 할 책임이 있다는 것을 의미한다. 따라서 근본적으로 메시지의 개념은 책임의 개념과 연결된다. 송신자는 메시지 전송을 통해서만 다른 객체의 책임을 요청할 수 있고, 수신자는 오직 메시지 수신을 통해서만 자신의 책임을 수행할 수 있다. 따라서 객체가 수신할 수 있는 메시지의 모양이 객체가 수행할 책임의 모양을 결정한다.

재판 협력에서 모자 장수는 '증인석에 입장하라'와 '증언하라'라는 두 가지 메시지를 받는다. 모자 장수에게는 두 메시지를 수신한 후 적절한 행동을 할 책임이 있다. 아마 모자 장수가 수행할 책임은 당연하게도 메시지의 이름을 딴 '증인석에 입장하다'와 '증언하다'일 것이다. 이처럼 모자 장수가 수신할 수 있는 메시지가 모자 장수가 수행해야 할 책임의 모양을 결정한다.

모자 장수는 '증인석에 입장하라'와 '증언하라'라는 메시지를 수신했을 때 이를 처리하는 방법을 자유롭게 선택할 수 있다. 이것은 메시지를 전송하는 왕과 하얀 토끼가 모자 장수에 대해 메시지를 제외한 어떤 것도 볼 수 없기 때문이다. 왕은 오직 자신이 어떤 메시지를 전송할 수 있는지와 모자 장수가 어떤 방법으로든 자신의 메시지를 처리해 줄 것이라는 막연한 사실만을 알고 있을 뿐이다.

따라서 모자 장수가 메시지를 변경하지만 않는다면 책임을 수행하는 방법을 변경하더라도 왕은 그 사실을 알 수 없다. 이것은 객체의 외부와 내부가 메시지를 기준으로 분리된다는 것을 의미한다. 객체가 제공하는 메시지는 외부의 다른 객체가 볼 수 있는 공개된 영역에 속한다. 메시지를 처리하기 위해 책임을 수행하는 방법은 외부의 다른 객체가 볼 수 없는 객체 자신의 사적인 영역에 속한다.

요약하면 메시지는 객체들이 서로 협력하기 위해 사용할 수 있는 유일한 의사소통 수단이다. 객체가 메시지를 수신할 수 있다는 것은 객체가 메시지에 해당하는 책임을 수행할 수 있다는 것을 의미한다. 객체가 유일하게 이해할 수 있는 의사소통 수단은 메시지뿐이며 객체는 메시지를 처리하기 위한 방법을 자율적으로 선택할 수 있다. 외부의 객체는 메시지에 관해서만 볼 수 있고 객체 내부는 볼 수 없기 때문에 자연스럽게 객체의 외부와 내부가 분리된다.

메서드

앞의 설명에서 객체가 수신할 수 있는 '메시지'와 메시지를 처리하기 위해 선택할 수 있는 '방법'이라는 두 가지 개념이 존재한다는 사실을 알 수 있다. 왕은 '증언하라'라는 메시지를 전송한다. 모자 장수는 수신된 '증언하라'라는 메시지를 처리할 방법을 선택한다.

모자 장수가 메시지를 처리하기 위해 내부적으로 선택하는 방법을 **메서드**라고 한다. 모자 장수의 예에서 왕이 전송한 '증언하라'라는 메시지를 처리하기 위해 모자 장수가 내부적으로 선택하는 증언 방법이 바로 메서드다.

객체는 메시지를 수신하면 먼저 해당 메시지를 처리할 수 있는지 여부를 확인한다. 메시지를 처리할 수 있다고 판단되면 자신에게 주어진 책임을 다하기 위해 메시지를 처리할 방법인 메서드를 선택하게 된다. 객체지향 프로그래밍 언어에서 메서드는 클래스 안에 포함된 함수 또는 프로시저를 통해 구현된다. 따라서 어떤 객체에게 메시지를 전송하면 결과적으로 메시지에 대응되는 특정 메서드가 실행된다.

메시지는 '어떻게' 수행될 것인지는 명시하지 않는다. 메시지는 단지 오퍼레이션을 통해 '무엇'이 실행되기를 바라는지만 명시하며, 어떤 메서드를 선택할 것인지는 전적으로 수신자의 결정에 좌우된다.

메시지를 수신한 객체가 실행 시간에 메서드를 선택할 수 있다는 사실은 다른 프로그래밍 언어와 객체지향 프로그래밍 언어를 구분 짓는 핵심적인 특징 중 하나다. 이것은 프로시저 호출에 대한 실행 코드를 컴파일 시간에 결정하는 절차적인 언어와 확연히 구분되는 특징이다.

객체지향 프로그래밍에서 행동은 수행할 책임을 지닌 객체에게 전송된 메시지에 의해 시작된다. 메시지는 행동에 대한 요청을 표현하고, 요청을 수행하는 데 필요한 추가적인 정보를 인자를 통해 전달한다. 수신자는 메시지를 수신하는 객체를 가리킨다. 수신자가 메시지를 받아들인다는 것은 해당 행동을 수행할 책임을 받아들인다는 것을 의미한다. 객체는 메시지에 대한 응답으로 요청을 만족하기 위한 어떤 메서드를 수행할 것이다[Budd 2001].

다형성

일단 메시지와 메서드의 차이와 관계를 이해하고 나면 객체지향의 핵심 개념인 다형성을 쉽게 이해할 수 있다. 다형성이란 서로 다른 유형의 객체가 동일한 메시지에 대해 서로 다르게 반응하는 것을 의미한다. 좀 더 구체적으로 말해 서로 다른 타입에 속하는 객체들이 동일한 메시지를 수신할 경우 서로 다른 메서드를 이용해 메시지를 처리할 수 있는 메커니즘을 가리킨다.

앞에서 설명한 것처럼 메시지는 '무엇'이 실행될지는 명시하지만 메시지를 '어떻게' 실행할 것인지는 전적으로 수신자가 결정할 수 있다. 메시지에는 처리 방법과 관련된 어떤 제약도 없기 때문에 동일한 메시지라고 하더라도 서로 다른 방식의 메서드를 이용해 처리할 수 있다. 따라서 다형성을 하나의 메시지와 하나 이상의 메서드 사이의 관계로 볼 수 있다.

앨리스의 이야기에서 모자 장수, 요리사, 앨리스는 모두 왕이 전송한 '증언하라'라는 메시지를 이해할 수 있다. 각 수신자는 왕이 전송한 메시지를 처리하기 위해 자신만의 방법을 자유롭게 선택할 수 있다. 이것은 모자 장수와 요리사, 앨리스 모두 자신의 의지에 따라 책임을 수행할 수 있는 자율적인 존재이기 때문에 가능한 것이다. 따라서 '전송하라'라는 동일한 메시지를 처리하는 방법은 메시지를 수신하는 수신자의 종류에 따라 달라진다.

모자 장수는 '증언하라'라는 메시지를 수신했을 때 기억을 되짚어가며 목격한 내용을 성실하게 답변할 수 있고, 요리사는 메모에 적힌 내용을 더듬더듬 읽어 내려가며 증언할 수 있으며, 앨리스는 누군가가 들려준 이야기를 바탕으로 증언할 수 있을 것이다. 어떤 방법을 사용하건 왕의 입장에서는 결과가 동일하다. 이들 모두 증언하고 있는 것이다. 이것이 바로 다형성이다.

다형성은 역할, 책임, 협력과 깊은 관련이 있다. 서로 다른 객체들이 다형성을 만족시킨다는 것은 객체들이 동일한 책임을 공유한다는 것을 의미한다. 다형성에서 중요한 것은 메시지 송신자의 관점이다. 메시지 수신자들이 동일한 오퍼레이션을 서로 다른 방식으로 처리하더라도 메시지 송신자의 관점에서 이 객체들은 동일한 책임을 수행하는 것이다. 즉, 송신자의 관점에서 다형적인 수신자들을 구별할 필요가 없으며 자신의 요청을 수행할 책임을 지닌다는 점에서 모두 동일하다.

다형성은 메시지 송신자의 관점에서 동일한 역할을 수행하는 다양한 타입의 객체와 협력할 수 있게 한다. 왕은 자신이 전송한 메시지의 수신자가 어떤 종류인지에 관심이 없다. 어떤 객체라도 왕이 전송한 메시지를 처리할 수만 있다면 그것으로 만족한다. 왕의 입장에서 '증언하라'라는 메시지를 이해할 수 있는 모든 객체는 동일하다. 즉, 그들은 동일한 '증인'이라는 역할을 수행할 수 있다.

기본적으로 다형성은 동일한 역할을 수행할 수 있는 객체들 사이의 **대체 가능성**을 의미한다. 왕의 입장에서 요리사와 앨리스는 모자 장수를 대신해서 증언할 수 있다. 이것은 모자 장수, 요리사, 앨리스가 협력 안에서 대체 가능한 존재라는 사실을 의미한다. 이들이 대체 가능한 이유는 왕의 관점에서 동일한 메시지를 처리할 수 있기 때문이다. 비록 메시지를 처리하는 방법인 메서드는 달라지더라도 말이다.

다형성은 객체들의 대체 가능성을 이용해 설계를 유연하고 재사용 가능하게 만든다. 다형성을 사용하면 송신자가 수신자의 종류를 모르더라도 메시지를 전송할 수 있다. 즉, 다형성은 수신자의 종류를 캡슐화한다. 왕은 '증언하라'라는 메시지를 전송하지만 메시지를 수신하는 대상이 모자 장수인지, 요리사인지, 앨리스인지 알 필요가 없다. 단지 '증언하라'라는 메시지를 이해하면서 '증인' 역할을 수행할 수 있는 수신자라면 어떤 누구와도 협력이 가능하다. 따라서 왕에게 영향을 주지 않고도 메시지를 수신할 객체의 타입을 자유롭게 추가할 수 있다.

객체지향 용어를 이용해 표현하자면 다형성은 송신자와 수신자 간의 객체 타입에 대한 결합도를 메시지에 대한 결합도로 낮춤으로써 달성된다. 이것이 중요하냐고? 물론이다. 객체지향이 유연하고 확장 가능하고 재사용성이 높다는 명성을 얻게 된 배경에는 다형성이라는 강력한 무기가 있었기 때문이다.

다형성을 사용하면 메시지를 이해할 수 있는 어떤 객체와도 협력할 수 있는 유연하고 확장 가능한 구조를 만들 수 있다. 객체지향 패러다임이 강력한 이유는 다형성을 이용해 협력을 유연하게 만들 수 있기 때문이라는 점을 기억하라.

유연하고 확장 가능하고 재사용성이 높은 협력의 의미

왕은 '증언하라'라는 메시지를 전송할 수 있지만 수신자의 구체적인 타입에 대해서는 알지 못한다. 따라서 왕은 수신자가 메시지를 수신할 수만 있다면 어떤 누가 되더라도 상관하지 않는다. 즉, 왕은 오직 수신자가 메시지를 이해할 수 있다는 사실만 알고 있는 상태에서 협력에 참여한다.

송신자가 수신자에 대해 매우 적은 정보만 알고 있더라도 상호 협력이 가능하다는 사실은 설계의 품질에 큰 영향을 미친다.

첫째, 협력이 유연해진다. 송신자는 수신자가 메시지를 이해한다면 누구라도 상관하지 않는다. 송신자는 수신자에 대한 어떤 가정도 하지 않기 때문에 수신자를 다른 타입의 객체로 대체하더라도 송신자는 알지 못한다. 따라서 송신자에 대한 파급효과 없이 유연하게 협력을 변경할 수 있다.

둘째, 협력이 수행되는 방식을 확장할 수 있다. 송신자에게 아무런 영향도 미치지 않고서도 수신자를 교체할 수 있기 때문에 협력의 세부적인 수행 방식을 쉽게 수정할 수 있다. 왕과 증인 사이에는 '증언하라'라는 메시지를 기반으로 느슨한 관계만 존재하기 때문에 재판장에 출석하지 않고 동영상만 보내는 객체라도 책임만 완수할 수 있다면 쉽게 수용할 수 있다. 이 경우 재판이라는 협력이 동작하는 방식은 변경되지만 협력의 구조 자체는 변하지 않는다. 협력을 확장하고 싶은가? 간단하게 새로운 유형의 객체를 협력에 끼워 맞추기만 하면 된다.

셋째, 협력이 수행되는 방식을 재사용할 수 있다. 협력에 영향을 미치지 않고서도 다양한 객체들이 수신자의 자리를 대체할 수 있기 때문에 다양한 문맥에서 협력을 재사용할 수 있다. 재판이라는 협력은 모자 장수가 존재하는 곳에서도, 요리사가 존재하는 곳에서도, 앨리스가 존재하는 곳에서도, 심지어 아직까지 알려지지 않은 미래의 누군가가 존재하는 곳에서도 재사용 가능하다.

> 객체-지향 시스템은 협력하는 객체들의 연결망(web)이다. 시스템은 객체를 생성하고 상호 간에 메시지를 송신할 수 있게 이들을 끼워 맞춤으로써 구축된다. 시스템의 행위는 객체들의 조합(객체와 객체들이 어떻게 연결되는지에 대한 선택)으로 창발되는 속성이다.
>
> 이것은 객체의 조합을 변경함으로써 시스템의 행위를 변경할 수 있게 한다. 객체의 조합을 관리하기 위해 작성하는 코드는 객체 연결망이 어떻게 행동할 것인지에 대한 선언적인 정의다. 객체가 어떻게 할 것인지보다는 무엇을 할 것인지에 초점을 맞추기 때문에 시스템의 행위를 변경하기가 쉽다[Freeman 2009].

송신자와 수신자를 약하게 연결하는 메시지

무엇이 유연하고 확장 가능하고 재사용성이 높은 협력을 가능하게 하는가? 얼핏 보기에는 모든 것이 다형성의 축복처럼 느껴지지만 이 모든 것은 다형성을 지탱하는 메시지가 존재하기 때문에 가능한 것이다. 메시지는 송신자와 수신자 사이의 결합도를 낮춤으로써 설계를 유연하고, 확장 가능하고, 재사용 가능하게 만든다.

송신자는 오직 메시지만 바라본다. 수신자의 정확한 타입을 모르더라도 상관없다. 단지 수신자가 메시지를 이해하고 처리해 줄 것이라는 사실만 알아도 충분하다. 수신자는 메시지를 처리하기 위해 자율적으로 메서드를 선택할 수 있지만 메서드 자체는 송신자에게 노출시키지 않는다.

수신자와 송신자는 메시지라는 얇은 끈으로만 이어져 있다. 메시지를 기반으로 한 두 객체 사이의 이 낮은 결합도가 바로 설계를 유연하고 확장 가능하며 재사용 가능하게 만드는 비결이다. 따라서 설계의 품질을 높이기 위해서는 훌륭한 메시지를 선택해야 한다.

메시지의 중요성을 이해했다면 아래의 제목이 마음에 와 닿을 것이다.

메시지를 따라라

객체지향의 핵심, 메시지

객체지향의 기본 개념은 책임을 수행하는 자율적인 객체들의 협력을 통해 애플리케이션을 구축하는 것이다. 객체지향의 세계에서 객체들이 서로 협력하기 위해 사용할 수 있는 유일한 방법은 메시지를 전송하는 것이다. 다른 객체와 협력할 필요가 있는 객체는 메시지를 전송하고, 메시지를 수신한 객체는 미리 정의된 방법에 따라 수신된 메시지를 처리한다. 메시지를 수신한 객체 역시 메서드를 실행하는 중에 다른 객체의 도움이 필요하다고 판단되면 적합한 객체에게 메시지를 전송한다. 객체지향 애플리케이션의 중심 사상은 연쇄적으로 메시지를 전송하고 수신하는 객체들 사이의 협력 관계를 기반으로 사용자에게 유용한 기능을 제공하는 것이다.

클래스 기반의 객체지향 언어를 사용하는 대부분의 사람들은 객체지향 애플리케이션을 클래스의 집합으로 생각한다. 프로그래머 입장에서 클래스는 실제로 볼 수 있고 수정할 수 있는 구체적인 존재다. 많은 객체지향 책에서는 클래스를 선언하고 속성과 메서드를 정의하는 방법에 초점을 맞춘다. 대부분의 입문자들은 클래스 간의 상속 관계가 객체지향 설계를 가치 있게 만드는 핵심적인 메커니즘이라고 배운다. 객체지향 설계에 관한 많은 논의가 클래스에 어떤 책임을 할당하고 클래스 간의 의존성을 어떻게 관리할 것인가에 집중된다. 어쨌든 훌륭한 객체지향 프로그래밍의 목적은 훌륭한 클래스를 창조하는 것이 아니던가?

클래스가 코드를 구현하기 위해 사용할 수 있는 중요한 추상화 도구인 것은 사실이지만 객체지향의 강력함은 클래스가 아니라 객체들이 주고받는 메시지로부터 나온다. 객체지향 애플리케이션은 클래스를 이용해 만들어지지만 메시지를 통해 정의된다[Metz 2012]. 실제로 애플리케이션을 살아있게 만드는 것은 클래스가 아니라 객체다. 그리고 이런 객체들의 윤곽을 결정하는 것이 바로 객체들이 주고받는 메시지다.

클래스는 단지 동적인 객체들의 특성과 행위를 정적인 텍스트로 표현하기 위해 사용할 수 있는 추상화 도구일 뿐이다. 중요한 것은 클래스가 아니라 객체다. 클래스를 정의하는 것이 먼저가 아니라 객체들의 속성과 행위를 식별하는 것이 먼저다. 클래스는 객체의 속성과 행위를 담는 틀일 뿐이다. 심지어는 클래스를 사용하지 않고도 객체의 속성과 행위를 표현할 수도 있다.

클래스를 중심에 두는 설계는 유연하지 못하고 확장하기 어렵다. 객체지향 패러다임으로의 전환은 시스템을 정적인 클래스들의 집합이 아니라 메시지를 주고받는 동적인 객체들의 집합으로 바라보는 것에서 시작된다. 클래스에 담길 객체들의 공통적인 행위와 속성을 포착하기 위해서는 먼저 협력하는 객체들의 관점에서 시스템을 바라봐야 한다.

클래스를 객체지향 세계의 왕좌에서 끌어내렸다고 해서 모든 문제가 해결되는 것은 아니다. 진정한 객체지향 패러다임으로의 도약은 개별적인 객체가 아니라 메시지를 주고받는 객체들 사이의 커뮤니케이션에 초점을 맞출 때 일어난다.

비록 데이터를 저장하는 상태와 메서드를 수행하는 행위를 조합한 단위로 객체를 정의한다고 하더라도 이 정의에 지나치게 매몰될 경우 견고하고 유연한 객체들의 협력 관계를 얻을 기회를 잃어버릴 수도 있다. 객체 자체에 초점을 맞출 경우 가장 흔히 범하게 되는 실수는 협력이라는 문맥을 배제한 채 객체 내부의 데이터 구조를 먼저 생각한 후 데이터 조작에 필요한 오퍼레이션을 나중에 고려하는 것이다.

메시지가 아니라 데이터를 중심으로 객체를 설계하는 방식은 객체의 내부 구조를 객체 정의의 일부로 만들기 때문에 객체의 자율성을 저해한다. 객체의 내부 구조는 감춰져야 한다. 외부의 객체가 객체의 내부를 마음대로 주무를 수 있다면 객체가 자신의 의지에 따라 판단하고 행동할 수 있는 자율성이 저해된다. 결국 객체 외부에서는 몰라도 되는 객체 내부 구조의 변경이 외부의 협력자에게까지 파급될 것이다. 레베카 워프스브록은 이와 같은 접근 방법을 데이터-주도 설계[Wirfs-Brock 1989]라고 부른다.

데이터에 대한 결정을 뒤로 미루면서 객체의 행위를 고려하기 위해서는 객체를 독립된 단위가 아니라 협력이라는 문맥 안에서 생각해야 한다. 결국 객체를 이용하는 중요한 이유는 객체가 다른 객체가 필요로 하는 행위를 제공하기 때문이다. 협력 관계 속에서 다른 객체에게 무엇을 제공해야 하고 다른 객체로부터 무엇을 얻어야 하는가라는 관점에서 접근할 때만 훌륭한 책임을 수확할 수 있다. 독립된 객체의 상태와 행위에 대해 고민하지 말고 시스템의 기능을 구현하기 위해 객체가 다른 객체에게 제공해야 하는 메시지에 대해 고민하라.

훌륭한 객체지향 설계는 어떤 객체가 어떤 메시지를 전송할 수 있는가와 어떤 객체가 어떤 메시지를 이해할 수 있는가를 중심으로 객체 사이의 협력 관계를 구성하는 것이다. 이것은 개별 객체에 초점을 맞추는 관점과는 매우 다르다. 사실 협력이라는 문맥에서 벗어나 독립적인 객체에 관해 고민하는 것은 클래스에 초점을 맞추는 것과 별다른 차이가 없다.

---

1 정확하게는 추상 데이터 타입(Abstract Data Type)의 개념을 기반으로 객체지향 애플리케이션을 개발하는 방식을 의미한다. 클래스는 추상 데이터 타입을 구현하기 위해 사용할 수 있지만 추상 데이터 타입은 클래스를 구현하기 위해 사용할 수 없다.

객체지향 설계의 중심에는 메시지가 위치한다. 객체가 메시지를 선택하는 것이 아니라 메시지가 객체를 선택하게 해야 한다. 메시지가 객체를 선택하게 만들려면 메시지를 중심으로 협력을 설계해야 한다. 그리고 우리는 이미 책의 앞부분에서 메시지를 중심으로 한 설계 방법을 간략하게나마 살펴봤다.

책임-주도 설계 다시 살펴보기

객체가 자신에게 할당된 책임을 수행하기 위해서는 다른 객체와 협력해야 한다. 어떤 객체가 책임을 완수하기 위해 자신이 보유하고 있지 않은 정보를 필요로 한다면 어떻게 해야 할까? 필요한 정보를 제공할 책임을 담당하고 있는 다른 객체에게 메시지를 전송해 정보를 제공해 줄 것을 요청해야 한다.

객체지향 설계는 적절한 책임을 적절한 객체에게 할당하면서 메시지를 기반으로 협력하는 객체들의 관계를 발견하는 과정이다. 이처럼 책임을 완수하기 위해 협력하는 객체들을 이용해 시스템을 설계하는 방법을 **책임-주도 설계**[Wirfs-Brock 2003]라고 한다. 책임-주도 설계의 기본 아이디어는 객체들 간에 주고받는 메시지를 기반으로 적절한 역할과 책임, 협력을 발견하는 것이다.

책임-주도 설계 방법에서 역할, 책임, 협력을 식별하는 것은 애플리케이션이 수행하는 기능을 시스템의 책임으로 보는 것으로부터 시작된다. 시스템이 수행할 책임을 구현하기 위해 협력 관계를 시작할 적절한 객체를 찾아 시스템의 책임을 객체의 책임으로 할당한다. 객체가 책임을 완수하기 위해 다른 객체의 도움이 필요하다고 판단되면 도움을 요청하기 위해 어떤 **메시지가 필요한지 결정**한다. 메시지를 결정한 후에는 메시지를 수신하기에 적합한 **객체를 선택**한다. 수신자는 송신자가 메시지를 보내면서 기대한 바를 충족시켜야 한다. 즉, 수신자는 송신자가 기대한 대로 메시지를 처리할 책임이 있다.

결과적으로 **메시지가 수신자의 책임을 결정**한다. 이 객체는 자신에게 할당된 책임을 완수하기 위해 다른 객체의 도움이 필요하다면 또 다른 메시지를 전송할 수 있다. 메시지를 수신하고 필요에 따라 메시지를 전송하는 협력 과정은 시스템의 책임이 완전하게 달성될 때까지 반복된다.

What/Who 사이클

책임–주도 설계의 핵심은 어떤 행위가 필요한지를 먼저 결정한 후에 이 행위를 수행할 객체를 결정하는 것이다. 이 과정을 흔히 **What/Who** 사이클[Budd 2001]이라고 한다. What/Who 사이클이라는 용어가 의미하는 것은 객체 사이의 협력 관계를 설계하기 위해서는 먼저 '어떤 행위(what)'를 수행할 것인지를 결정한 후에 '누가(who)' 그 행위를 수행할 것인지를 결정해야 한다는 것이다. 여기서 '어떤 행위'가 바로 메시지다.

객체의 행위를 결정하는 것은 객체 자체의 속성이 아니라는 점에 주목하라. 책임–주도 설계의 관점에서는 어떤 객체가 어떤 특성을 가지고 있다고 해서 반드시 그와 관련된 행위를 수행할 것이라고 가정하지 않는다. 반대로 행위를 먼저 식별한 후에 행위를 수행할 적절한 객체를 찾는다.

결론적으로 협력이라는 문맥 안에서 필요한 메시지를 먼저 결정한 후에 메시지를 수신하기에 적합한 객체를 선택한다. 그리고 수신된 메시지가 객체의 책임을 결정한다. 이것은 객체를 고립된 상태로 놓고 어떤 책임이 적절한지를 결정하는 것과는 근본적으로 다른 접근 방법이다. 어떤 객체도 섬이 아니라는 말은 협력이라는 문맥 안에서 객체의 책임과 역할을 결정하라는 의미를 내포하고 있다.

협력이라는 문맥 안에서 객체의 책임을 결정하는 것은 메시지다. 책임이 먼저 오고 객체가 책임을 따른다. 결과적으로 시스템이 수행해야 하는 전체 행위는 협력하는 객체들의 책임으로 분배된다.

나중에 살펴보겠지만 수신 가능한 메시지가 모여 객체의 인터페이스를 구성한다. 메시지를 먼저 결정하고 메시지를 수신할 객체를 선택하는 과정은 객체의 인터페이스가 어떤 방식으로 결정되는지를 명확하게 보여준다. What/Who 사이클이라는 용어는 역할을 수행할 객체의 인터페이스를 발견하기 위해 메시지를 이용하는 책임-주도 설계의 핵심 아이디어를 명확하게 표현한다.

인터페이스의 개념은 조금 뒤에 설명할 것이므로 너무 걱정하지 않아도 된다. 지금은 단지 메시지를 먼저 결정함으로써 객체의 인터페이스를 발견할 수 있다는 사실이 중요하다. 메시지를 통한 '인터페이스 발견(interface discovery)[Freeman 2009]'은 테스트-주도 설계 방법을 이용해 객체를 설계할 때 핵심이 되는 아이디어이기도 하다.

간단히 요약해보자. 객체가 어떤 메시지를 수신하고 처리할 수 있느냐가 객체의 책임을 결정한다. 책임-주도 설계 방법에서는 What/Who 사이클에 따라 협력에 참여할 객체를 결정하기 전에 협력에 필요한 메시지를 먼저 결정한다. 메시지가 결정된 후에야 메시지를 수신할 후보를 선택하는 것으로 초점이 이동한다. 멋지지 않은가?

묻지 말고 시켜라

메시지를 먼저 결정하고 객체가 메시지를 따르게 하는 설계 방식은 객체가 외부에 제공하는 인터페이스가 독특한 스타일을 따르게 한다. 이 스타일을 묻지 말고 시켜라 (Tell, Don't Ask) 스타일 또는 데메테르 법칙(Law of Demeter)[Lieberherr 1988]이라고 한다.

책임-주도 설계는 객체가 아니라 객체들이 주고받는 메시지에 초점을 맞추게 함으로써 객체지향의 장점을 극대화한다. What/Who 사이클은 어떤 객체가 필요한지를 생각하지 말고 어떤 메시지가 필요한지를 먼저 고민하라고 조언한다. 메시지를 결정하기 전까지는 객체에 관해 고민하지 말아야 한다. 일단 메시지가 결정된 후에야 이 메시지를 처리할 객체를 선택한다.

메시지를 결정하는 시점에서는 어떤 객체가 메시지를 수신할 것인지를 알 수 없기 때문에 당연히 메시지 송신자는 메시지를 수신할 객체의 내부 상태를 볼 수 없다. 따라서 메시지 중심의 설계는 메시지 수신자의 캡슐화를 증진시킨다. 또한 송신자가 수신자의 내부 상태를 미리 알 수 없기 때문에 송신자와 수신자가 느슨하게 결합된다.

메시지를 먼저 결정하고 메시지에 적합한 객체를 선택하는 방식을 따르다 보면 객체 사이의 협력 방식을 특징짓는 한 가지 스타일에 이르게 된다. 송신자는 수신자가 어떤 객체인지 모르기 때문에 객체에 관해 꼬치꼬치 캐물을 수 없다. 단지 송신자는 수신자가 어떤 객체인지는 모르지만 자신이 전송한 메시지를 잘 처리할 것이라는 것을 믿고 메시지를 전송할 수밖에 없다. 이런 스타일의 협력 패턴은 '묻지 말고 시켜라'라는 이름으로 널리 알려져 있다.

'묻지 말고 시켜라' 스타일은 객체지향 애플리케이션이 자율적인 객체들의 공동체라는 사실을 강조한다. 객체는 다른 객체의 결정에 간섭하지 말아야 하며, 모든 객체는 자신의 상태를 기반으로 스스로 결정을 내려야 한다.

객체 자체가 아니라 메시지에 초점을 맞추는 것은 '묻지 말고 시켜라' 스타일의 설계를 증진시킴으로써 객체의 자율성을 보장한다. 어떤 객체가 존재하는지도 모르는데 어떻게 객체의 내부 상태를 가정할 수 있겠는가?

객체는 다른 객체의 상태를 묻지 말아야 한다. 객체가 다른 객체의 상태를 묻는다는 것은 메시지를 전송하기 이전에 객체가 가져야 하는 상태에 관해 너무 많이 고민하고 있었다는 증거다. 고민을 연기하라. 단지 필요한 메시지를 전송하기만 하고 메시지를 수신하는 객체가 스스로 메시지의 처리 방법을 결정하게 하라.

결과적으로 '묻지 말고 시켜라' 스타일은 객체를 자율적으로 만들고 캡슐화를 보장하며 결합도를 낮게 유지시켜 주기 때문에 설계를 유연하게 만든다.

샌디 메츠(Sandi Metz)는 '묻지 말고 시켜라' 스타일이란 "메시지가 '어떻게' 해야 하는지를 지시하지 말고 '무엇'을 해야 하는지를 요청"하는 것이라고 설명한다[Metz 2012]. '어떻게'에서 '무엇'으로 전환하는 것은 객체 인터페이스의 크기를 급격하게 감소시킨다. 인터페이스의 크기가 작다는 것은 외부에서 해당 객체에게 의존해야 하는 부분이 적어진다는 것을 의미한다. 결과적으로 메시지 송신자와 수신자 간의 결합도가 낮아지기 때문에 설계를 좀 더 유연하게 만들 여지가 많아지고 의도 역시 명확해진다.

객체가 자신이 수신할 메시지를 결정하게 하지 말고 메시지가 협력에 필요한 객체를 발견하게 해야 한다.

메시지를 믿어라

객체지향 시스템은 협력하는 객체들의 연결망이다[Freeman 2009]. 전체 시스템은 메시지를 전송하는 객체와 전송된 메시지를 이해할 수 있는 객체를 연결하고 상호 관련짓는 과정을 통해 구축된다.

메시지를 전송하는 객체의 관점에서 자신이 전송하는 메시지를 수신할 수 있다면 협력하는 객체의 종류가 무엇인지는 중요하지 않다. 중요한 것은 메시지를 수신하는 객체가 메시지의 의미를 이해하고 메시지를 전송한 객체가 의도한 대로 요청을 처리할 수 있는지 여부다. 객체의 구체적인 타입과 무관하게 전송된 메시지를 이해할 수 있는 객체들을 서로 연결하고 상호 협력 가능하게 만드는 것은 유연하고 재사용 가능한 설계를 낳는 토양이다.

메시지를 이해할 수만 있다면 다양한 타입의 객체로 협력 대상을 자유롭게 교체할 수 있기 때문에 설계가 좀 더 유연해진다. 메시지를 기반으로 다양한 타입의 객체들이 동일한 협력 과정에 참여할 수 있기 때문에 다양한 상황에서 협력을 재사용할 수 있다. 재사용 가능하고 확장 가능한 객체지향 설계를 구축하기 위한 핵심적인 도구인 다형성은 개별 객체가 아니라 객체들이 주고받는 메시지에 초점을 맞출 때 비로소 그 진가를 발휘하게 된다. 메시지를 중심으로 설계된 구조는 유연하고 확장 가능하며 재사용 가능하다.

메시지를 믿어라. 그러면 자율적인 책임은 저절로 따라올 것이다.

객체 인터페이스

인터페이스

앞에서 책임을 설명하면서 자주 **인터페이스**라는 용어를 언급했다. 일반적으로 인터페이스란 어떤 두 사물이 마주치는 경계 지점에서 서로 상호작용할 수 있게 이어주는 방법이나 장치를 의미한다.

인터페이스는 세상 어느 곳에나 존재한다. 일상생활에서 사람들은 말과 글이라는 인터페이스를 이용해 자신의 의사를 전달한다. 언어가 통하지 않는 사람들은 최후의 인터페이스인 몸짓, 발짓을 이용해서라도 어떻게든 의사소통을 이뤄낸다. 스마트폰이 일상생활에 깊숙이 침투한 이후로 손가락은 사람이 기계를 조작하는 가장 중요한 인터페이스 장치라는 영예를 안게 됐다. 텔레비전을 시청하기 위해 가장 많이 사용하는 인터페이스는 텔레비전 리모컨이며, 엘리베이터를 타고 원하는 층에 도착하기 위해서는 엘리베이터의 버튼을 눌러야만 한다. 컴퓨터 사용자들은 마우스를 이용해 화면에 그려진 윈도우와 아이콘을 이동하는 그래픽 사용자 인터페이스(graphical user interface)에 익숙하다. 개발자들은 미리 약속된 애플리케이션 프로그래밍 인터페이스(application programming interface)를 통해 다른 사람이 작성한 코드와 상호작용한다. 사람이건 사물이건 세계에 존재하는 그 어떤 대상과 상호작용하고 싶다면 그 대상이 제공하는 인터페이스의 사용법을 익혀야 한다.

일반적으로 인터페이스는 다음과 같은 세 가지 특징을 지닌다. 첫째, 인터페이스의 사용법을 익히기만 하면 내부 구조나 동작 방식을 몰라도 쉽게 대상을 조작하거나 의사를 전달할 수 있다. 둘째, 인터페이스 자체는 변경하지 않고 단순히 내부 구성이나 작동 방식만을 변경하는 것은 인터페이스 사용자에게 어떤 영향도 미치지 않는다. 셋째, 대상이 변경되더라도 동일한 인터페이스를 제공하기만 하면 아무런 문제 없이 상호작용할 수 있다.

일상생활에서 가장 흔히 접하는 자동차는 인터페이스의 이런 특성을 설명하기에 적합한 예다. 운전자는 핸들을 통해 자동차의 움직임을 제어하고 변속기를 이용해 기어의 상태를 바꾸며 엑셀과 브레이크를 통해 자동차의 속도를 조절한다. 속도나 연료 상태와 같은 자동차의 다양한 상태는 계기판을 통해 확인할 수 있다. 따라서 운전자와 자동차 사이에는 핸들, 변속기, 엑셀, 브레이크, 계기판으로 구성된 인터페이스가 존재한다.

이제 인터페이스의 세 가지 특성을 자동차의 예를 들어 설명해 보자.

첫째, 인터페이스의 사용법만 알고 있으면 대상의 내부 구조나 동작 방법을 몰라도 상호작용이 가능하다. 운전자는 자동차가 내부적으로 어떻게 구성돼 있고 어떤 원리로 움직이는지 몰라도 자동차를 운전하는 데 아무런 문제가 없다. 물론 운전자가 엔진의 구조나 제동장치의 작동 원리를 알고 있으면 도움이 되는 상황도 있겠지만 모른다고 하더라도 자동차를 운전하는 데는 아무런 지장이 없다. 운전자는 단지 자동차가 제공하는 핸들, 변속기, 엑셀, 브레이크와 같은 인터페이스를 이용해 자동차를 운전하는 방법만 알고 있으면 충분하다. 따라서 자동차 인터페이스는 자동차 내부의 복잡함을 감추고 운전에 필요한 최소한의 요소만 운전자에게 노출시킨다.

둘째, 인터페이스가 변경되지 않고 단순히 내부 구성이나 작동 방식이 변경되는 것은 인터페이스 사용자에게 아무런 영향도 미치지 않는다. 자동차의 내부를 변경한다고 해서 자동차를 운전하는 방법이 변하는 것은 아니다. 정비소에서 자동차의 엔진을 교체했다고 해서 운전자가 자동차를 운전하는 방법을 새로 배울 필요는 없다. 운전자는 원래 운전하던 방식대로 자동차를 몰고 나가기만 하면 된다.

셋째, 인터페이스가 동일하기만 하다면 어떤 대상과도 상호작용할 수 있다. 모든 자동차는 운전자에게 동일한 인터페이스를 제공한다. 따라서 하나의 자동차를 운전하기 위한 인터페이스에 능숙하다면 어떤 자동차라도 운전할 수 있다.

협력에 참여하는 객체 역시 자동차와 동일하게 인터페이스를 통해 다른 객체와 상호작용한다. 그리고 자동차의 인터페이스처럼 객체의 인터페이스만 알면 객체의 내부 구조나 작동 방식을 몰라도 객체와 상호작용할 수 있다. 또한 인터페이스만 유지된다면 객체의 내부 구조나 작동 방식을 변경하거나 다른 객체로 대체한다고 하더라도 인터페이스 사용자에게 영향을 미치지 않는다.

메시지가 인터페이스를 결정한다

객체가 다른 객체와 상호작용할 수 있는 유일한 방법은 '메시지 전송'이다. 따라서 객체의 인터페이스는 객체가 수신할 수 있는 메시지의 목록으로 구성되며 객체가 어떤 메시지를 수신할 수 있는지가 객체가 제공하는 인터페이스의 모양을 빚는다.

공용 인터페이스

지금까지는 아무런 제약 없이 인터페이스의 모든 부분을 외부에서 접근할 수 있는 것처럼 설명했다. 그러나 실제로 인터페이스는 외부에서 접근 가능한 공개된 인터페이스와 내부에서만 접근할 수 있는 감춰진 인터페이스로 구분된다. 내부에서만 접근 가능한 사적인 인터페이스와 구분하기 위해 외부에 공개된 인터페이스를 **공용 인터페이스**라고 한다.

공용 인터페이스건 사적인 인터페이스건 상관 없이 모든 인터페이스는 메시지 전송을 통해서만 접근할 수 있다. 단지 메시지 송신자가 다른 객체인지 아니면 객체 자신인지만 다를 뿐이다. 지금은 객체가 자기 자신에게 메시지를 전송한다는 사실이 쉽게 이해되지 않을 수도 있지만 객체지향 패러다임 안에서는 자기 스스로에게 뭔가를 요청하는 경우에도 메시지를 전송해야 한다. 객체지향에서 모든 상호작용은 메시지를 통해서만 이뤄져야 하며 자기 자신과의 상호작용 역시 예외가 아니다.

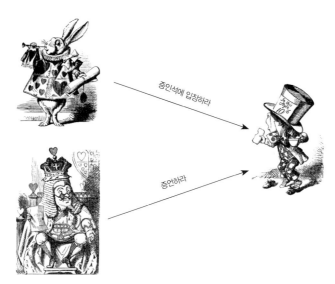

증인석에 입장하라

증언하라

그림 5.4 왕과 하얀 토끼가 전송하는 요청은 모자 장수의 공용 인터페이스를 구성한다.

그렇다면 모자 장수의 공용 인터페이스는 무엇인가? 왕이 모자 장수와 협력할 수 있는 유일한 방법은 '증언하라'라는 메시지를 전송하는 것뿐이다. 따라서 왕과 모자 장수 사이에는 '증언하라'라는 메시지를 전송하고 수신할 수 있는 인터페이스가 존재한다. 하얀 토끼는 '증인석에 입장하라'라는 메시지를 보내 모자 장수와 협력할 수 있다. 따라서 하얀 토끼와 모자 장수 사이에는 '증인석에 입장하라'라는 메시지를 수신할 수 있는 인터페이스가 존재한다.

모자 장수는 왕과 하얀 토끼로부터 '증언하라'라는 메시지와 '증인석에 입장하라'라는 메시지에 응답할 수 있는 인터페이스를 외부에 공개하고 있다. 그리고 지금까지 이야기한 것처럼 객체는 인터페이스를 통해 메시지가 수신됐을 때 증언하거나 증인석에 입장할 책임을 자율적으로 수행한다.

결과적으로 객체가 협력에 참여하기 위해 수행하는 메시지가 객체의 공용 인터페이스의 모양을 암시한다. 이것은 앞에서 설명한 책임–주도 설계 방식의 What/Who 사이클과도 관련이 깊다. 먼저 메시지를 결정하고 이 메시지를 수행할 객체를 나중에 결정하기 때문에 메시지가 수신자의 인터페이스를 결정할 수밖에 없다.

공용 인터페이스를 자극해서 책임을 수행하게 하는 것은 객체에게 전송되는 메시지다. 책임은 객체가 메시지를 수신했을 때 수행해야 하는 객체의 행동이며, 실제로 객체의 공용 인터페이스를 구성하는 것은 객체가 외부로부터 수신할 수 있는 메시지의 목록이다.

책임, 메시지, 그리고 인터페이스

너무 급하게 몰아친 것 같다. 잠시 한 숨 돌리면서 지금까지의 여정을 되짚어 보자.

맨 먼저 협력에 참여하는 객체의 책임이 자율적이어야 한다는 사실을 강조했다. 여기서 자율성이란 자신의 의지와 판단력을 기반으로 객체 스스로 책임을 수행하는 방법을 결정할 수 있음을 의미한다.

다음으로 한 객체가 다른 객체에게 요청을 전송할 때 사용하는 메커니즘인 메시지에 관해 살펴봤다. 객체의 인터페이스는 객체가 수신할 수 있는 메시지의 목록으로 채워진다. 그리고 객체가 메시지를 수신했을 때 적절한 객체의 책임이 수행된다. 메서드란 메시지를 수신했을 때 책임을 수행하는 방법을 의미한다. 메시지와 메서드의 구분은 객체를 외부와 내부라는 두 개의 명확하게 분리된 영역으로 구분하는 동시에 다형성을 통해 다양한 타입의 객체를 수용할 수 있는 유연성을 부과한다.

마지막으로 객체가 책임을 수행하기 위해 외부로부터 메시지를 받기 위한 통로인 인터페이스의 개념을 설명했다. 인터페이스는 객체가 다른 객체와 협력하기 위한 접점이다. 객체는 다른 객체로부터 메시지를 받아야만 자신에게 할당된 책임을 수행할 수 있다. 객체가 '증언하다'라는 책임을 수행할 수 있다는 것은 인터페이스를 통해 책임의 수행을 야기하는 '증언하라'라는 메시지를 수신할 수 있다는 의미다. 따라서 객체가 어떤 메시지를 수신할 수 있느냐가 어떤 책임을 수행할 수 있느냐와 어떤 인터페이스를 가질 것인지를 결정한다.

메시지로 구성된 공용 인터페이스는 객체의 외부와 내부를 명확하게 분리한다. 객체지향의 힘은 대부분 객체의 외부와 내부를 구분하는 것에서 나온다. 지금부터 그 이유를 살펴보자.

인터페이스와 구현의 분리

객체 관점에서 생각하는 방법

맷 와이스펠드(Matt Weisfeld)는 객체지향적인 사고 방식을 이해하기 위해서는 다음의 세 가지 원칙이 중요하다고 주장한다[Weisfeld 2008]. 이것들은 모두 객체의 인터페이스에 관련된 것이다.

- 좀 더 추상적인 인터페이스
- 최소 인터페이스
- 인터페이스와 구현 간에 차이가 있다는 점을 인식

첫 번째 원칙인 좀 더 추상적인 인터페이스에 관해서는 자율적인 책임을 다루면서 이미 살펴봤다. 왕이 모자 장수에게 '목격했던 장면을 떠올려라', '떠오르는 기억을 시간 순서대로 재구성하라', '말로 간결하게 표현하라'와 같은 지나치게 상세한 수준의 메시지를 보내는 것은 객체의 자율성을 저해한다. 대신 '증언하라'라는 좀 더 추상적인 수준의 메시지를 수신할 수 있는 인터페이스를 제공하면 수신자의 자율성을 보장할 수 있다. 여기서 세부 사항을 제거하고 메시지의 의도를 표현하기 위해 사용한 기법은 추상화다. 따라서 너무 구체적인 인터페이스보다는 추상적인 인터페이스를 설계하는 것이 더 좋다.

두 번째 원칙인 최소 인터페이스(minimal interface) 주의는 외부에서 사용할 필요가 없는 인터페이스는 최대한 노출하지 말라는 것이다. 인터페이스를 최소로 유지하면 객체의 내부 동작에 대해 가능한 한 적은 정보만 외부에 노출할 수 있다. 따라서 객체의 내부를 수정하더라도 외부에 미치는 영향을 최소화할 수 있다. 최소 인터페이스는 메시지를 먼저 결정하고 객체를 나중에 선택하는 책임-주도 설계 방법을 따를 때 달성할 수 있다. 이 방법을 따르면 객체는 실제로 협력에 필요한 메시지 이외의 불필요한 메시지를 공용 인터페이스에 포함하지 않아도 된다. 그러나 협력이라는 문맥을 고려하지 않고 객체 자체에 초점을 맞추는 경우에는 사용되지 않는 불필요한 메시지가 인터페이스를 더럽히는 것을 방지할 수 없다. 메시지를 따르라. 그러면 최소 인터페이스를 얻을 수 있을 것이다.

마지막 원칙은 별도의 설명이 필요할 만큼 중요하다. 우리는 지금까지 객체의 외부와 내부를 명확하게 분리하는 것이 중요하다고 강조해왔다. 이때 객체의 외부를 공용 인터페이스라고 부른다. 그리고 객체의 내부를 가리키는 특별한 용어 역시 존재한다.

구현

객체지향의 세계에서 내부 구조와 작동 방식을 가리키는 고유의 용어는 구현 (implementation)이다. 객체를 구성하지만 공용 인터페이스에 포함되지 않는 모든 것이 구현에 포함된다.

객체는 상태를 가진다. 상태는 어떤 식으로든 객체에 포함되겠지만 객체 외부에 노출되는 공용 인터페이스의 일부는 아니다. 따라서 상태를 어떻게 표현할 것인가는 객체의 구현에 해당한다.

객체는 행동을 가진다. 행동은 메시지를 수신했을 때만 실행되는 일종의 메시지 처리 방법이다. 이 처리 방법을 메서드라고 한다. 메서드를 구성하는 코드 자체는 객체 외부에 노출되는 공용 인터페이스의 일부는 아니기 때문에 객체의 구현 부분에 포함된다.

객체의 외부와 내부를 분리하라는 것은 결국 객체의 공용 인터페이스와 구현을 명확하게 분리하라는 말과 동일하다.

인터페이스와 구현의 분리 원칙

훌륭한 객체란 구현을 모른 채 인터페이스만 알면 쉽게 상호작용할 수 있는 객체를 의미한다. 이것은 객체를 설계할 때 객체 외부에 노출되는 인터페이스와 객체의 내부에 숨겨지는 구현을 명확하게 분리해서 고려해야 한다는 것을 의미한다. 이를 **인터페이스와 구현의 분리**(separation of interface and implementation) 원칙이라고 한다.

결론적으로 객체 설계의 핵심은 객체를 두 개의 분리된 요소로 분할해 설계하는 것이다. 그것은 바로 외부에 공개되는 인터페이스와 내부에 감춰지는 구현이다.

인터페이스와 구현의 분리 원칙이 왜 중요한가? 그것은 소프트웨어는 항상 변경되기 때문이다. 수많은 객체들이 물고 물리며 돌아가는 객체지향 공동체에서 어떤 객체를 수정했을 때 어떤 객체가 영향을 받는지를 판단하는 것은 거의 곡예에 가깝다. 객체의 모든 것이 외부에 공개돼 있다면 아무리 작은 부분을 수정하더라도 변경에 의한 파급효과가 객체 공동체의 구석구석까지 파고들 것이다.

인간의 두뇌가 한 번에 생각할 수 있는 양에는 한계가 있으므로 변경이라는 강력한 적과의 전쟁에서 승리하기 위해 인간이 취할 수 있는 마지막 생존 전략은 변경해도 무방한 안전 지대와 변경했을 경우 외부에 영향을 미치는 위험 지대를 구분하는 것이다. 여기서 안전 지대가 객체의 내부인 구현이고 위험 지대가 객체의 외부인 공용 인터페이스다.

변경에 대한 안전 지대를 만드는 것은 객체를 자율적인 존재로 만드는 데도 기여한다. 자율적인 객체는 외부와 상관없이 메시지를 처리하는 메서드를 스스로 선택할 수 있어야 한다. 이것은 외부에 영향을 주지 않고도 메서드를 자유롭게 변경할 수 있어야 한다는 것을 의미한다. 따라서 적절한 구현을 선택하고 이를 인터페이스 뒤로 감추는 것은 객체의 자율성을 향상시킬 수 있는 가장 기본적인 방법이다.

다시 한번 강조하지만 객체가 가져야 할 상태와 메서드 구현은 객체 내부에 속한다. 이 부분을 수정하더라도 객체 외부에 영향을 미쳐서는 안 된다. 객체 외부에 영향을 미치는 변경은 객체의 공용 인터페이스를 수정할 때뿐이다.

인터페이스와 구현의 분리 원칙은 변경을 관리하기 위한 것이다. 좀 더 고급스럽게 말하면 송신자와 수신자가 구체적인 구현 부분이 아니라 느슨한 인터페이스에 대해서만 결합되도록 만드는 것이다.

인터페이스와 구현을 분리한다는 것은 변경될 만한 부분을 객체의 내부에 꽁꽁 숨겨 놓는다는 것을 의미한다. 일반적으로 이 원칙을 수행하기 위한 객체 설계 방법을 **캡슐화**라고 한다.

캡슐화

객체의 자율성을 보존하기 위해 구현을 외부로부터 감추는 것을 캡슐화라고 한다. 객체는 상태와 행위를 함께 캡슐화함으로써 충분히 협력적이고 만족스러울 정도로 자율적인 존재가 될 수 있다. 캡슐화를 정보 은닉(information hiding)이라고 부르기도 한다.

객체지향의 세계에서 캡슐화는 두 가지 관점에서 사용된다.

- 상태와 행위의 캡슐화
- 사적인 비밀의 캡슐화

상태와 행위의 캡슐화

객체는 상태와 행위의 조합이다. 객체는 스스로 자신의 상태를 관리하며 상태를 변경하고 외부에 응답할 수 있는 행동을 내부에 함께 보관한다. 객체는 상태와 행동을 하나의 단위로 묶는 자율적인 실체다. 이 관점에서의 캡슐화를 데이터 **캡슐화**(data encapsulation)라고 한다.

객체는 상태와 행위를 한데 묶은 후 외부에서 반드시 접근해야만 하는 행위만 골라 공용 인터페이스를 통해 노출한다. 따라서 데이터 캡슐화는 인터페이스와 구현을 분리하기 위한 전제 조건이다. 객체가 자율적이기 위해서는 자기 자신의 상태를 스스로 관리할 수 있어야 하기 때문에 데이터 캡슐화는 자율적인 객체를 만들기 위한 전제 조건이기도 하다.

프로그래밍 관점에서 상태는 주로 데이터로 구현되고 행동은 프로세스로 구현된다. 과거의 전통적인 개발 방법은 데이터와 프로세스를 엄격하게 구분하지만 객체지향에서는 데이터와 프로세스를 객체라는 하나의 틀 안으로 함께 묶어 놓음으로써 객체의 자율성을 보장한다. 이것이 전통적인 개발 방법과 객체지향을 구분 짓는 가장 중요한 차이다.

사적인 비밀의 캡슐화

사람들은 자신만의 개인적인 내용이나 공간에 외부인이 함부로 침입할 수 없도록 최대한 방어한다. 아침에 출근하기 위해 집을 나설 때 문이 잘 잠겨 있는지 반드시 확인하고 타인이 함부로 메일을 엿볼 수 없도록 아이디와 패스워드를 설정한다.

보안에 민감한 것은 사람만이 아니다. 객체 역시 개인적인 비밀이 노출되는 것에 민감하다. 객체는 외부의 객체가 자신의 내부 상태를 직접 관찰하거나 제어할 수 없도록 막기 위해 의사소통 가능한 특별한 경로만 외부에 노출한다. 이처럼 외부에서 객체와 의사소통할 수 있는 고정된 경로를 공용 인터페이스라고 한다.

캡슐화를 통해 변경이 빈번하게 일어나는 불안정한 비밀을 안정적인 인터페이스 뒤로 숨길 수 있다. 일반적으로 불안정한 비밀은 구현과 관련된 세부 사항을 의미한다.

객체의 공용 인터페이스는 외부에서 전송 가능한 메시지의 집합이다. 외부 객체는 오직 공용 인터페이스에 정의된 메시지를 통해서만 객체에 접근할 수 있다. 외부에 제공해야 할 필요가 있는 메시지만을 객체의 공용 인터페이스에 포함시키고 개인적인 비밀은 공용 인터페이스의 뒤에 감춤으로써 외부의 불필요한 공격과 간섭으로부터 내부 상태를 격리할 수 있다. 따라서 객체는 공용 인터페이스를 경계로 최대한의 자율성을 보장받을 수 있다.

실세계에서 자율성이란 자기 자신의 사적인 부분을 외부의 간섭 없이 변경할 수 있음을 의미한다. 객체 역시 마찬가지다. 자율적인 객체는 공용 인터페이스를 수정하지 않는 한 자신과 협력하는 외부 객체에 영향을 미치지 않고 내부의 구현을 자유롭게 수정할 수 있다. 이것은 인터페이스와 구현의 분리 원칙과도 연결된다. 따라서 구현을 변경할 때 외부에 대한 파급효과를 최소화하기 위해서는 외부의 객체는 공용 인터페이스에만 의존해야 하고 구현 세부 사항에 대해서는 직접적으로 의존해서는 안 된다.

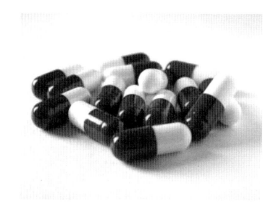

그림 5.5 캡슐화는 공용 인터페이스를 제공하는 캡슐 내부로 비밀을 숨긴다.

객체를 자율적인 존재로 바라보는 것은 결국 객체의 내부와 외부를 엄격하게 분리한다는 것을 의미한다. 객체는 자신의 의지에 따라 변경하고 조작할 수 있는 비밀을 가지고 있다. 이것은 객체의 내부다. 동시에 객체는 외부의 객체가 의지하고 접근할 수 있는 공용 인터페이스를 가진다. 이것은 객체의 외부다. 어떤 것도 동시에 객체의 내부와 외부에 포함될 수 없다.

객체지향은 내부와 외부를 명확하게 구분하는 객체들로 구성된 협력 공동체다. 객체지향이 과거의 개발 방법에 비해 좀 더 유연하고 재사용 가능하다고 알려진 이유는 객체의 내부와 외부를 명확하게 구분하기 때문이다. 객체의 외부와 내부를 명확하게 구분하라. 그러면 설계가 단순하고 유연하고 변경하기 쉬워질 것이다.

이제 전체적인 정리를 위해 객체가 자율적인 책임을 가지는 것이 왜 중요한지에 관해 설명하는 것으로 이번 장을 마치겠다. 책임을 결정하는 것은 메시지라는 것을 기억하라. 따라서 자율적인 책임의 특성은 자율적인 책임을 수행하게 하는 메시지의 특성과도 연결된다.

책임의 자율성이 협력의 품질을 결정한다

그림 5.1에서 모자 장수는 책임을 수행하기 위해 증언 방법과 순서를 자신의 의지에 따라 선택할 수 있는 자유를 누린다. 그에 비해 그림 5.2의 모자 장수는 왕의 요청에 따라 증언 방법과 순서를 결정할 수밖에 없다. 그림 5.1의 책임은 자율적이고 그림 5.2의 책임은 타율적이다.

모자 장수의 책임이 자율적이건 타율적이건 상관없이 두 협력 모두 결과는 모자 장수가 자신이 목격한 것을 법정에서 증언하는 것이다. 따라서 겉으로만 봤을 때는 책임의 자율성이 그렇게 중요하게 생각되지 않을 수도 있다. 그렇다면 왜 책임의 자율성을 그렇게 강조하는 것일까?

객체들이 동일한 목적을 달성하기 위해 협력하는 방법의 가짓수는 수도 없이 많을 수 있다. 10명의 사람을 모아놓고 재판을 위한 협력 과정을 그려보라고 하면 10명의 사람이 서로 다른 10가지의 협력 과정을 내놓을 것이다. 10가지 협력에 의해 얻어지는 결과는 동일하지만 객체지향 설계자들은 어떤 협력이 다른 협력보다 좀 더 나은 설계라고 이야기한다. 그 기준은 무엇일까?

그것은 어떤 협력이 다른 협력보다 이해하기 쉽고 변경에 유연하기 때문이다. 객체의 책임이 자율적일수록 협력이 이해하기 쉬워지고 유연하게 변경할 수 있게 된다. 결과적으로 책임이 얼마나 자율적인지가 전체적인 협력의 설계 품질을 결정하게 된다.

그 이유를 항목별로 좀 더 자세히 살펴보자.

첫째, 자율적인 책임은 협력을 단순하게 만든다. 왕이 모자 장수에게 원하는 것은 무엇인가? 왕은 결코 모자 장수가 '목격했던 장면을 떠올리고', '떠오르는 기억을 시간 순서대로 재구성'한 후, '말로 간결하게 표현'하기를 원하지 않는다. 왕이 원하는 것은 단순히 '증언'하는 것뿐이다. 증언하기 위해 모자 장수가 어떤 식으로 생각하고 어떤 순서대로 행동하는지에 대해 왕은 관심조차 없다. 자율적인 책임은 의도를 명확하게 표현함으로써 협력을 단순하고 이해하기 쉽게 만든다. 모자 장수는 왜 '목격했던 장면을 떠올리고', '떠오르는 기억을 시간 순서대로 재구성'한 후, '말로 간결하게 표현'하는 것인가? 증언할 의도를 가지기 때문이다. '증언하다'라는 책임은 이런 질문을 불필요하게 만든다.

자율적인 책임은 세부적인 사항들을 무시하고 의도를 드러내는 하나의 문장으로 표현함으로써 협력을 단순하게 만든다. 객체지향 커뮤니티의 전문 용어로 표현하자면 책임이 적절하게 추상화된다.

둘째, 자율적인 책임은 모자 장수의 외부와 내부를 명확하게 분리한다. 앞에서 설명한 것처럼 '증언하다'라는 책임을 수행하는 모자 장수는 증언할 방식을 자율적으로 선택할 수 있다. 모자 장수는 기억한 내용이 아니라 메모한 내용을 참고해 증언할 수도 있고, 증언 내용을 말이 아니라 글로 표현할 수도 있을 것이다. 여기서 중요한 것은 책임이 자율적이기 때문에 왕과 모자 장수 사이에 약속된 '증언하다'라는 책임만 완수할 수 있으면 어떤 방법을 선택할지는 전적으로 모자 장수의 권한이라는 것이다.

이것은 왕과 모자 장수 사이에서 이뤄지는 협력의 양상을 두 가지 관점으로 분리한다. 첫 번째 관점은 왕이 모자 장수를 바라보는 외부 관점이다. 두 번째는 모자 장수가 책임을 수행하는 방법을 표현하는 내부 관점이다. 왕은 모자 장수가 외부에 노출한 책임은 볼 수 있지만 모자 장수가 내부적으로 어떻게 책임을 수행하는지는 볼 수 없다. 모자 장수는 협력에 참여하기 위해 외부에 노출하는 부분과 책임을 수행하기 위해 내부적으로 선택하는 방법을 명확하게 나눈다. 객체지향 커뮤니티의 전문 용어로 표현하자면 요청하는 객체가 몰라도 되는 사적인 부분이 객체 내부로 **캡슐화**되기 때문에 **인터페이**

스와 구현이 분리된다. 외부와 내부의 분리는 훌륭한 객체지향 설계를 그렇지 못한 설계와 분리하는 가장 중요한 기반이다.

셋째, 책임이 자율적일 경우 책임을 수행하는 내부적인 방법을 변경하더라도 외부에 영향을 미치지 않는다. 왕은 모자 장수가 책임을 수행하는 방법에는 관심이 없을 뿐만 아니라 아예 볼 수조차 없다는 사실을 기억하라. 모자 장수가 '증언하다'라는 책임을 가진 첫 번째 협력에서 왕은 모자 장수가 증언한다는 사실만 알고 있기 때문에 모자 장수가 증언하는 방법을 변경하더라도 왕에게는 어떤 영향도 미치지 않을 것이다. 두 번째 협력의 경우 왕은 모자 장수가 '목격했던 장면을 떠올리고', '떠오르는 기억을 시간 순서대로 재구성'한 후, '말로 간결하게 표현'할 것이라고 가정한다. 이 가운데 하나라도 변한다면 왕과 모자 장수 사이의 협력은 무너지고 만다. 만약 모자 장수가 기억이 아니라 메모한 내용을 참조한다면 어떻게 될 것인가? 아마 왕은 모자 장수에게 '목격했던 장면을 떠올리라고' 요청하지 않고 '메모한 것을 참조해서'라고 요청해야 하기 때문에 왕과 모자 장수 사이의 협력은 수정돼야 할 것이다.

책임이 자율적일수록 변경에 의해 수정돼야 하는 범위가 좁아지고 명확해진다. 객체지향 커뮤니티의 전문 용어로 표현하자면 변경의 파급효과가 객체 내부로 **캡슐화**되기 때문에 두 객체 간의 **결합도**가 낮아진다.

넷째, 자율적인 책임은 협력의 대상을 다양하게 선택할 수 있는 유연성을 제공한다. 왕의 입장에서 '증언하라'라는 책임을 수행할 수 있다면 모자 장수가 아닌 어떤 사람이 요청을 수신하더라도 재판을 진행하는 데 문제가 없다. 실제로 앨리스의 이야기에서는 모자 장수 외에도 요리사와 앨리스가 모자 장수를 대신해 협력에 참여했다. 이것은 왕이 협력할 대상에 대해 '증언하라'라는 책임을 수행할 것이라는 것 외에는 어떤 가정도 하지 않기 때문에 가능한 것이다. 반면 두 번째 협력은 상대적으로 협력의 대상을 제한한다. 만약 증언할 대상이 말을 할 수 없다면 어떻게 될 것인가? 증언할 대상이 시간이 없어 법정에 출두하지 못하고 증언 내용을 녹화한 동영상을 보내왔다면 어떻게 할 것인가? 첫 번째 협력은 이런 상황을 모두 수용할 수 있을 정도로 유연하다.

책임이 자율적일수록 협력이 좀 더 유연해지고 다양한 문맥에서 재활용될 수 있다. 객체지향 커뮤니티의 전문 용어로 표현하자면 설계가 유연해지고 재사용성이 높아진다.

다섯째, 객체가 수행하는 책임들이 자율적일수록 객체의 역할을 이해하기 쉬워진다. 재판이라는 협력 안에서 모자 장수는 '증인석에 입장하다'와 '증언하다'라는 두 가지 책임을 수행한다. 이 두 책임은 협력 안에서 모자 장수가 자신의 의지를 기반으로 완수할 수 있을 정도로 충분히 자율적이다. 여기서 눈여겨봐야 할 부분은 '증인석에 입장하다'와 '증언하다'라는 두 가지 책임이 모여 재판이라는 협력 안에서 모자 장수가 수행하는 역할을 명확하게 전달한다는 사실이다. 두 책임은 모자 장수가 '증인'이라는 역할을 수행한다는 사실을 설명하기에 필요한 동시에 충분하다.

객체가 수행하는 책임들이 자율적이면 자율적일수록 객체의 존재 이유를 명확하게 표현할 수 있다. 객체는 동일한 목적을 달성하는 강하게 연관된 책임으로 구성되기 때문이다. 객체지향 커뮤니티의 전문 용어로 표현하자면 책임이 자율적일수록 객체의 응집도를 높은 상태로 유지하기가 쉬워진다.

자율적인 책임의 강력함을 느낄 수 있는가? 책임이 자율적일수록 협력이 이해하기 쉬워지고, 객체의 외부와 내부의 구분이 명확해지며, 변경에 의한 파급효과를 제한할 수 있고, 유연하게 변경할 수 있는 동시에 다양한 문맥에서 재활용할 수 있게 된다.

책임이 자율적일수록 적절하게 '추상화'되며, '응집도'가 높아지고, '결합도'가 낮아지며, '캡슐화'가 증진되고, '인터페이스와 구현이 명확히 분리'되며, 설계의 '유연성'과 '재사용성'이 향상된다. 처음에는 이런 용어들이 낯설고 이해하기도 어렵겠지만 이런 특성들이 모여 객체지향을 다른 패러다임보다 우월하게 만든다는 사실을 이해하는 것이 매우 중요하다.

객체지향의 강력함을 누리기 위한 출발점은 책임을 자율적으로 만드는 것이다. 그리고 이것은 여러분이 선택하는 메시지에 따라 달라진다. 이 사실을 여러분의 머릿속 어딘가에 꼭꼭 넣어두기 바란다.

유일하게 변하지 않는 것은 모든 것이 변한다는 사실뿐이다.

— 헤라클레이토스(Heraclitus of Ephesus)

여행 중에 다른 마을로 이동해야 하는데 길을 모른다고 가정해 보자. 이 경우 사람들은 다음의 두 가지 방법 중 하나를 이용해 길을 찾는다. 첫 번째 방법은 지나가는 사람에게 마을까지 가는 길을 직접 물어 보는 것이고, 두 번째 방법은 지도에 표시된 길을 따라가는 방법이다[Cook 1994]. 길을 찾는 입장에서는 어떤 방법을 사용하건 상관없이 목적지로 이동할 수 있겠지만 방법에 따라 길을 찾는 과정과 난이도 면에서는 확연하게 차이가 난다.

다른 사람에게 길을 물어보는 첫 번째 방법은 '기능적이고 해결책 지향적인 접근법 (functional, solution-directed approach)'이다. 길을 가르쳐 주는 사람은 다른 마을까지 가는 경로를 단계별로 상세히 설명해야 한다. "이 길을 따라 5km 정도 직진하면 강이 나오는데 강을 건너지 말고 강둑을 따라 남쪽으로 2km 이동하세요. 그러면 작은 야산이 하나 나오는데 약수터 가는 길을 따라 산을 넘으면 그 마을이 나옵니다." 사람들이 올바른 길을 알려주고 지시를 올바르게 따른다면 원하는 마을로 이동할 수 있을 것이다. 그러나 이 방법은 일반적이지도, 재사용 가능하지도 않다. 강이나 산과 같은 중요한 랜드마크가 없다면 경로를 설명하기 어려울 뿐만 아니라 설명만으로 경로를 찾기도 쉽지 않다.

이에 비해 지도는 실세계의 지형을 기반으로 만들어진 추상화된 모델이다. 지도에는 길을 찾는 데 필요한 풍부한 컨텍스트 정보가 함축돼 있다. 지도를 이용해 길을 찾는 방법은 길을 묻는 방법보다 쉽고 간단하다. 지도상에서 현재의 마을 위치와 가고자 하는 마을의 위치를 찾은 후 두 마을 사이에 나 있는 길을 따라 연결하기만 하면 된다. 길을 찾는 데 필요한 모든 정보가 지도 안에 포함돼 있기 때문에 산이나 강과 같은 특정한 랜드마크를 이용해 길을 설명할 필요가 없다. 지도는 길을 찾는 데 필요한 주변 지형을 추상적으로 표현하고 있기 때문에 실세계의 환경과 우리의 지식을 밀접하게 연관 지을 수 있게 해준다.

길을 직접 알려주는 방법이 기능적이고 해결 방법 지향적인 접근법이라면 지도를 이용하는 방법은 '구조적이고 문제 지향적인 접근법(structural, problem-directed approach)'이다. 지도는 길을 찾는 데 필요한 구체적인 기능이 아니라 길을 찾을 수 있는 '구조'를 제공한다.

길을 묻는 방법은 현재의 마을에서 다른 마을로 이동하는 현재의 요구만을 만족시킬 수 있다. 이에 반해 지도는 현재의 목적뿐만 아니라 다양한 목적을 위해 재사용될 수 있다. 즉, 지도는 범용적이다. 급한 일이 생겨 급히 집으로 돌아가야 한다면 지도를 펼치고 버스 터미널이나 기차역으로 가는 길을 찾을 수 있다. 지도를 제작한 사람들이 지도를 만들 때는 지도를 사용할 사람들이 구체적으로 어떤 목적으로 지도를 사용할지 알지 못한다. 지도를 사는 사람들은 마을로 가는 길을 찾을 수도 있고, 기차역으로 가는 길을 찾을 수도 있다. 그럼에도 지도는 다른 마을까지 어떤 길을 따라 이동할 것인가라는 현재의 목적뿐만 아니라 집으로 가기 위해 버스 터미널이나 기차역까지 어떤 길을 따라 이동할 것인가라는 새로운 목적까지도 만족시킬 수 있다.

지도가 범용적인 이유는 지도를 사용하려는 사람들이 원하는 '기능'에 비해 지도에 표시된 '구조'가 더 안정적이기 때문이다. 앞에서 살펴본 것처럼 지도를 사용하는 사람들의 요구사항은 계속 바뀐다. 마을까지의 길을 찾을 수도 있고 기차역으로 이동하는 길을 찾을 수도 있다. A에서 B로 이동한다고 할 때 A와 B의 구체적인 위치는 사람에 따라, 시간에 따라, 경우에 따라 달라진다. 이처럼 기능에 대한 요구사항이 계속 변함에도 지도는 이 모든 요구사항을 수용할 수 있는데, 지도는 기능에 비해 상대적으로 잘 변하지 않는 안정적인 지형 정보를 기반으로 하고 있기 때문이다.

그림 6.1 지도는 안정적인 실세계 지형을 기반으로 한 추상 모델이다.

지도와 관련된 한 가지 흥미로운 사실은 지형은 거의 변하지 않기 때문에 과거의 지도가 현재에도 여전히 유용하게 사용될 수 있다는 것이다. 시간이 지나면서 지도가 보여주는 정보의 최신성은 조금씩 떨어지겠지만 적어도 지도의 수명은 특정한 경로를 찾으려는 사람들의 기능적 요구사항보다는 더 길다.

지도 은유의 핵심은 기능이 아니라 구조를 기반으로 모델을 구축하는 편이 좀 더 범용적이고 이해하기 쉬우며 변경에 안정적이라는 것이다. 사람들의 요구사항은 계속 변하기 때문에 모델이 제공해야 하는 기능 역시 이에 따라 지속적으로 변할 수밖에 없다. 따라서 기능을 중심으로 구조를 종속시키는 접근법은 범용적이지 않고 재사용이 불가능하며 변경에 취약한 모델을 낳게 된다. 이와 달리 안정적인 구조를 중심으로 기능을 종속시키는 접근법은 범용적이고 재사용 가능하며 변경에 유연하게 대처할 수 있는 모델을 만든다. 사람들에게 직접 길을 묻는 접근법은 기능에 구조를 종속시키는 방법이며 지도는 구조에 기능을 종속시키는 방법이다.

전통적인 소프트웨어 개발 방법은 변경이 빈번하게 발생하는 기능에 안정적인 구조를 종속시키는 길을 묻는 방법과 유사하다. 반면에 객체지향 개발 방법은 안정적인 구조에 변경이 빈번하게 발생하는 기능을 종속시키는 지도의 방법과 유사하다. 이것이 객체지향이 과거의 전통적인 방법보다 범용적이고, 재사용성이 높으며, 변경에 안정적인 이유다. 즉, 객체지향은 자주 변경되는 기능이 아니라 안정적인 구조를 기반으로 시스템을 구조화한다.

앞에서는 객체지향을 역할과 책임을 수행하며 협력하는 자율적인 객체들의 공동체로 정의했다. 자율적인 객체들로 시스템을 분할하는 객체지향이 강력한 이유는 사람들이 실세계의 현상을 인지하고 이해하는 관점을 그대로 소프트웨어에 투영할 수 있기 때문이다.

이번 장에서는 기능이 아니라 구조를 바탕으로 시스템을 분할하는 객체지향의 또 다른 측면에 관해 설명한다. 자주 변경되는 기능이 아니라 안정적인 구조를 기반으로 시스템을 분할하는 객체지향적인 접근법은 역할, 책임, 협력을 기반으로 시스템의 기능을 구현하는 책임-주도 설계의 본질을 이해하는 데도 도움이 될 것이다.

자주 변경되는 기능이 아니라 안정적인 구조를 따라 역할, 책임, 협력을 구성하라. 이것이 이번 장의 주제다.

기능 설계 대 구조 설계

모든 소프트웨어 제품의 설계에는 두 가지 측면이 존재한다. 하나는 '기능(function)' 측면의 설계이고, 다른 하나는 '구조(structure)' 측면의 설계다. 기능 측면의 설계는 제품이 사용자를 위해 무엇을 할 수 있는지에 초점을 맞춘다. 구조 측면의 설계는 제품의 형태가 어떠해야 하는지에 초점을 맞춘다. 설계의 가장 큰 도전은 기능과 구조라는 두 가지 측면을 함께 녹여 조화를 이루도록 만드는 것이다.

소프트웨어가 사용자에게 가치 있는 이유는 사용자가 필요로 하는 기능을 제공하기 때문이다. 이런 관점에서 소프트웨어를 개발하는 일차적인 이유는 사용자에게 훌륭한 기능을 제공하기 위해서다. 소프트웨어의 기능은 사용자가 금전적인 대가를 지불하고서라도 구매할 수 있을 정도로 매력적이어야 한다. 따라서 소프트웨어를 개발하는 초기 단계에서는 사용자가 무엇을 원하는지, 그리고 사용자가 원하는 것을 만족시키기 위해 시스템이 어떤 기능을 제공해야 하는지에 초점을 맞춰야 한다.

훌륭한 기능이 훌륭한 소프트웨어를 만드는 충분조건이라고 한다면 훌륭한 구조는 훌륭한 소프트웨어를 만들기 위한 필요조건이다. 성공적인 소프트웨어들이 지닌 공통적인 특징은 훌륭한 기능을 제공하는 동시에 사용자가 원하는 새로운 기능을 빠르고 안정적으로 추가할 수 있다는 것이다. 비록 최종 사용자들이 소프트웨어의 내부 구조를 볼 수는 없지만 깔끔하고 단순하며 유지보수하기 쉬운 설계는 사용자의 변하는 요구사항을 반영할 수 있도록 쉽게 확장 가능한 소프트웨어를 창조할 수 있는 기반이 된다.

요구사항이 변경되지 않는다면 개발자의 삶은 좀 더 단순하고 지루했을지도 모른다. 요구사항이 변경되지 않는다면 코드를 어떻게 작성하는지를 가지고 이렇게 골치를 썩을 필요도 없었을 것이다. 개발된 코드를 성공적으로 테스트한 후 운영 환경에 배포하고 나면 더는 그 코드를 볼 일도, 수정할 일도 없기 때문이다. 따라서 사용자가 원하는 기능을 제공할 수 있다면 설계가 어떠한가는 그다지 중요한 문제가 아니다. 물론 요구사항이 절대 변경되지 않는다는 전제하에서 말이다.

불행하게도 요구사항은 변경된다. 소프트웨어 분야에서 예외가 없는 유일한 규칙은 요구사항이 항상 변경된다는 것이다. 설계라는 행위를 중요하게 만드는 것은 변경에 대한 필요성이다. 안타깝게도 변경을 피할 수 있는 방법은 없기 때문에 좋은 설계에 대한 압력 역시 피할 수 없다.

개발자의 삶이 고단하면서 흥미로운 이유는 요구사항이 예측 불가능하게 변경되기 때문이다. 훌륭한 설계자는 사용자가 만족할 수 있는 훌륭한 기능을 제공하는 동시에 예측 불가능한 요구사항 변경에 유연하게 대처할 수 있는 안정적인 구조를 제공하는 능력을 갖춰야 한다.

설계가 어려운 이유는 어제 약속했던 기능을 제공하는 동시에 내일 변경될지도 모르는 요구사항도 수용할 수 있는 코드를 창조해야 하기 때문이다. 요구사항을 만족시킬 수 있는 다양한 설계안들을 저울질하면서 그 결과로 단순하면서도 유연한 설계를 창조하는 것은 공학이라기보다는 예술에 가깝다.

안타깝게도 미래의 변경에 대비할 수는 있지만 미래의 변경을 예측할 수는 없다. 워런 웨이거(Warren Wagar)의 말처럼 우리는 미래에 대해 얘기할 수 있고, 놀 수 있고, 추측할 수 있고, 깊이 생각해볼 수 있으며, 이론과 모형을 구축하고 이에 영향을 미치는 정량 데이터를 수집할 수 있지만 미래를 전혀 알지 못한다. 불확실한 미래의 변경을 예측하고 이를 성급하게 설계에 반영하는 것은 불필요하게 복잡한 설계를 낳을 뿐이다. 우리는 미래를 예측할 수 없다. 단지 대비할 수 있을 뿐이다.

미래에 대비하는 가장 좋은 방법은 변경을 예측하는 것이 아니라 변경을 수용할 수 있는 선택의 여지를 설계에 마련해 놓는 것이다. 훌륭한 설계자는 미래에 구체적으로 어떤 변경이 발생할 것인지를 예측하지 않는다. 단지 언젠가는 변경이 발생할 것이며 아직까지는 그것이 무엇인지 모른다는 사실을 겸허하게 받아들인다. 좋은 설계는 나중에라도 변경할 수 있는 여지를 남겨 놓는 설계다. 설계를 하는 목적은 나중에 설계하는 것을 허용하는 것이며, 설계의 일차적인 목표는 변경에 소요되는 비용을 낮추는 것이다[Metz 2012].

지도 은유를 통해 살펴본 것처럼 변경에 대비하고 변경의 여지를 남겨 놓는 가장 좋은 방법은 자주 변경되는 기능이 아닌 안정적인 구조를 중심으로 설계하는 것이다. 전통적인 기능 분해(functional decomposition)는 자주 변경되는 기능을 중심으로 설계한 후 구조가 기능에 따르게 한다. 이것이 바로 전통적인 기능 분해 방법이 변경에 취약한 이유다. 기능 분해 방법의 경우 시스템 기능은 더 작은 기능으로 분해되고 각 기능은 서로 밀접하게 관련된 하나의 덩어리를 이루기 때문에 기능이 변경될 경우 기능의 축을 따라 설계된 소프트웨어가 전체적으로 요동치게 된다.

이에 비해 객체지향 접근방법은 자주 변경되지 않는 안정적인 객체 구조를 바탕으로 시스템 기능을 객체 간의 책임으로 분배한다. 객체지향은 객체의 구조에 집중하고 기능이 객체의 구조를 따르게 만든다. 시스템 기능은 더 작은 책임으로 분할되고 적절한 객체에게 분배되기 때문에 기능이 변경되더라도 객체 간의 구조는 그대로 유지된다.

이것이 객체를 기반으로 책임과 역할을 식별하고 메시지를 기반으로 객체들의 협력 관계를 구축하는 이유다. 안정적인 객체 구조는 변경을 수용할 수 있는 유연한 소프트웨어를 만들 수 있는 기반을 제공한다.

객체 지도는 빠르게 변화하는 기능을 수용할 수 있는 자리를 제공한다. 객체 지도는 안정적이며 재사용 가능하면서도 범용적이다. 사람들에게 길을 묻지 마라. 객체를 이용해 지도를 만들어라. 기능은 지도에 표시된 길을 따라 자연스럽게 흘러갈 것이다.

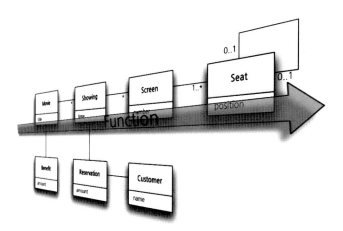

그림 6.2 기능 구현과 관련된 책임을 안정적인 객체 구조에 분배

두 가지 재료: 기능과 구조

객체지향 세계를 구축하기 위해서는 사용자에게 제공할 '기능'과 기능을 담을 안정적인 '구조'라는 재료가 준비돼 있어야 한다[1]. 기능은 사용자가 자신의 목표를 달성하기 위해 사용할 수 있는 시스템의 서비스다. 구조는 시스템의 기능을 구현하기 위한 기반으로, 기능 변경을 수용할 수 있도록 안정적이어야 한다.

이제 초점은 이 두 재료를 어디에서 구하느냐로 이동한다. 객체지향 개발에 관한 과거의 다양한 경험과 연구로부터 사람들은 기능과 구조를 표현하기 위해 일관되게 적용할 수 있는 두 가지 기법을 발견했다.

- 구조는 사용자나 이해관계자들이 도메인(domain)에 관해 생각하는 개념과 개념들 간의 관계로 표현한다.
- 기능은 사용자의 목표를 만족시키기 위해 책임을 수행하는 시스템의 행위로 표현한다

일반적으로 기능을 수집하고 표현하기 위한 기법을 유스케이스 모델링이라고 하고 구조를 수집하고 표현하기 위한 기법을 도메인 모델링이라고 한다. 쉽게 예상할 수 있는 것처럼 두 가지 모델링 활동의 결과물을 각각 유스케이스와 도메인 모델이라고 한다.

안정적인 재료: 구조

도메인 모델

모든 소프트웨어는 사용자의 필요성을 충족시키기 위해 존재한다. 병원에서는 모든 환자의 진료 기록을 보관하고 분석하기 위해 소프트웨어를 사용한다. 은행에서는 고객의

---

1 정확하게 말하면 비기능적 요구사항(non-functional requirement)이라고 하는 또 다른 범주의 요구사항도 필요하다. 비기능적 요구사항은 기능이 아닌 다른 요구사항을 포괄하는 개념으로, 사용용이성(usability), 신뢰성(reliability), 성능(performance) 등과 관련된 요구사항을 의미한다. 이번 장의 주제인 기능의 변화에 따라 유연하게 대처할 수 있는 유연성 역시 비기능적 요구사항의 범주에 속한다. 비기능적 요구사항은 시스템의 아키텍처에 영향을 미친다.

소중한 자산을 관리하고 보호하기 위해 소프트웨어를 사용한다. 무료한 시간을 달래기 위해 사람들은 게임 소프트웨어에 열중한다. 소프트웨어를 사용하는 사람들은 자신이 관심을 가지고 있는 특정한 분야의 문제를 해결하기 위해 소프트웨어를 사용한다. 이 처럼 사용자가 프로그램을 사용하는 대상 분야를 도메인이라고 한다[Evans 2003].

도메인 모델에서 모델이란 대상을 단순화해서 표현한 것이다. 모델은 지식을 선택적으로 단순화하고 의식적으로 구조화한 형태다[Evans 2003]. 모델은 복잡성의 바다에서 길을 잃지 않고 중요한 문제에 집중할 수 있도록 필요한 지식만 재구성한 것이다. 즉, 대상을 추상화하고 단순화한 것이다. 모델을 사용하면 현재의 문제와 관련된 측면은 추상화하고 그 밖의 관련 없는 세부 사항에 대해서는 무시할 수 있다. 모델은 복잡성을 관리하기 위해 사용하는 기본적인 도구다.

도메인과 모델의 정의를 연결하면 도메인 모델을 쉽게 정의할 수 있다. **도메인 모델이란 사용자가 프로그램을 사용하는 대상 영역에 관한 지식을 선택적으로 단순화하고 의식적으로 구조화한 형태다.** 도메인 모델은 소프트웨어가 목적하는 영역 내의 개념과 개념 간의 관계, 다양한 규칙이나 제약 등을 주의 깊게 추상화한 것이다. 도메인 모델은 소프트웨어 개발과 관련된 이해관계자들이 도메인에 대해 생각하는 관점이다.

은행 업무에 종사하는 사람들은 은행 도메인을 고객과 계좌 사이의 돈의 흐름으로 이해할 것이다. 중고 자동차 판매상은 구매되는 자동차와 판매되는 자동차의 교환으로 자동차 도메인을 바라볼 것이다. 게임 플레이어들은 게임 도메인을 캐릭터와 몬스터, 그리고 몬스터가 떨구는 아이템 간의 관계로 파악한다. 프로그래밍에 종사하는 사람들은 프로그래밍 도메인을 커피를 입력으로 코드를 출력하는 함수로 파악한다. 소프트웨어의 도메인이 무엇이건 상관없이 그곳에는 항상 도메인과 관련된 사람들이 도메인을 바라보는 모델이 존재한다.

도메인 모델은 단순히 다이어그램이 아니다. 도메인 모델은 이해관계자들이 바라보는 멘탈 모델(Mental Model)이다. 멘탈 모델이란 사람들이 자기 자신, 다른 사람, 환경, 자신이 상호작용하는 사물들에 대해 갖는 모형이다. 사람들은 세상에 존재하는 현상을 이해하고 현상에 반응하기 위해 자신의 마음 속에 멘탈 모델을 구축한다. 소프트웨어 사용자들 역시 도메인에 존재하는 현상을 이해하고 현상에 반응하기 위해 도메인과 관련된 멘탈 모델을 형성한다.

도널드 노먼(Donald Norman)은 제품을 설계할 때 제품에 관한 모든 것이 사용자들이 제품에 대해 가지고 있는 멘탈 모델과 정확하게 일치해야 한다고 주장한다[Norman 1988]. 사용자들은 자신의 멘탈 모델과 유사한 방식으로 제품이 반응하고 움직일 것이라고 기대하기 때문에 훌륭한 디자인이란 사용자가 예상하는 방식에 따라 정확하게 반응하는 제품을 만드는 것이다.

노먼은 그림 6.3과 같이 멘탈 모델을 사용자 모델, 디자인 모델, 시스템 이미지의 세 가지로 구분한다. 사용자 모델은 사용자가 제품에 대해 가지고 있는 개념들의 모습이다. 디자인 모델은 설계자가 마음 속에 갖고 있는 시스템에 대한 개념화다. 시스템 이미지는 최종 제품이다.

그림 6.3 멘탈 모델의 세 가지 측면

사용자의 모델과 디자인 모델이 동일하다면 이상적이겠지만 사용자와 설계자는 직접적으로 상호작용할 수 없으며 단지 최종 제품인 시스템 그 자체를 통해서만 의사소통할 수 있다. 따라서 설계자는 디자인 모델을 기반으로 만든 시스템 이미지가 사용자 모델을 정확하게 반영하도록 노력해야 한다.

도메인 모델은 도메인에 대한 사용자 모델, 디자인 모델, 시스템 이미지를 포괄하도록 추상화한 소프트웨어 모델이다. 따라서 도메인 모델은 소프트웨어에 대한 멘탈 모델이다.

도메인의 모습을 담을 수 있는 객체지향

도널드 노먼의 주장을 요약하면 최종 제품은 사용자의 관점을 반영해야 한다는 것이다. 이것은 소프트웨어 개발에도 동일하게 적용할 수 있다. 최종 코드는 사용자가 도메인을 바라보는 관점을 반영해야 한다. 이것은 곧 애플리케이션이 도메인 모델을 기반으로 설계돼야 한다는 것을 의미한다. 도메인 모델이란 사용자들이 도메인을 바라보는 관점이며, 설계자가 시스템의 구조를 바라보는 관점인 동시에 소프트웨어 안에 구현된 코드의 모습 그 자체이기 때문이다.

따라서 도메인 모델의 세 가지 측면을 모두 모델링할 수 있는 유사한 모델링 패러다임을 사용할수록 소프트웨어 개발이 쉬워질 것이다. 객체지향은 이런 요구사항을 가장 범용적으로 만족시킬 수 있는 거의 유일한 모델링 패러다임이다.

객체지향을 사용하면 사용자들이 이해하고 있는 도메인의 구조와 최대한 유사하게 코드를 구조화할 수 있다. 객체지향은 사람들이 만지고 느끼고 볼 수 있는 실체를 시스템 안의 객체로 재창조할 수 있게 해준다. 동적인 객체가 가진 복잡성을 극복하기 위해 정적인 타입을 이용해 세상을 단순화할 수 있으며 클래스라는 도구를 이용해 타입을 코드 안으로 옮길 수 있다. 객체지향 패러다임은 사용자의 관점, 설계자의 관점, 코드의 모습을 모두 유사한 형태로 유지할 수 있게 하는 유용한 사고 도구와 프로그래밍 기법을 제공한다.

결과적으로 객체지향을 이용하면 도메인에 대한 사용자 모델, 디자인 모델, 시스템 이미지 모두가 유사한 모습을 유지하도록 만드는 것이 가능하다. 객체지향의 이러한 특징을 **연결완전성**[Waldén 1995], 또는 **표현적 차이**[Larman 2001]라고 한다.

표현적 차이

다시 한 번 강조하지만 소프트웨어 객체는 현실 객체에 대한 추상화가 아니다. 소프트웨어 객체와 현실 객체 사이의 관계를 가장 효과적으로 표현할 수 있는 단어는 바로 은유다. 소프트웨어 객체는 현실 객체를 모방한 것이 아니라 은유를 기반으로 재창조한 것이다. 따라서 소프트웨어 객체는 현실 객체가 갖지 못한 특성을 가질 수도 있고 현실 객체가 하지 못하는 행동을 할 수도 있다.

비록 소프트웨어 객체가 현실 객체를 왜곡한다고 하더라도 소프트웨어 객체는 현실 객체의 특성을 토대로 구축된다. 이처럼 소프트웨어 객체와 현실 객체 사이의 의미적 거리를 가리켜 **표현적 차이** 또는 **의미적 차이**라고 한다[Larman 2001]. 핵심은 은유를 통해 현실 객체와 소프트웨어 객체 사이의 차이를 최대한 줄이는 것이다.

안타깝게도 대부분의 소프트웨어 도메인은 현실에 존재하지 않는 가상의 세계를 대상으로 한다. 게임 도메인은 현실에는 존재하지 않는 강력한 마법과 괴물들의 천국이다. 인터넷은 지금까지 현실 세계에서는 존재하지도, 가능하지도 않았던 새로운 유형의 서비스를 창조해왔다. 가상의 세계를 창조하는 작업에서 현실 객체를 은유하라는 목소리는 공허한 메아리일 수밖에 없다.

그렇다면 우리가 은유를 통해 투영해야 하는 대상은 무엇인가? 그것은 바로 사용자가 도메인에 대해 생각하는 개념들이다. 즉, 소프트웨어 객체를 창조하기 위해 우리가 은유해야 하는 대상은 바로 도메인 모델이다.

따라서 소프트웨어 객체는 그 대상이 현실적인지, 현실적이지 않은지에 상관없이 도메인 모델을 통해 표현되는 도메인 객체들을 은유해야 한다. 이것이 도메인 모델이 중요한 이유다. 도메인 모델을 기반으로 설계하고 구현하는 것은 사용자가 도메인을 바라보는 관점을 그대로 코드에 반영할 수 있게 한다. 결과적으로 표현적 차이는 줄어들 것이며, 사용자의 멘탈 모델이 그대로 코드에 녹아 스며들게 될 것이다.

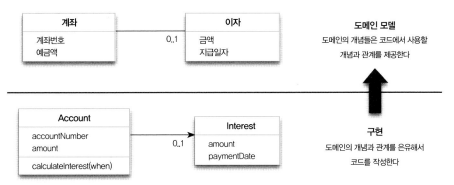

그림 6.4 코드는 도메인 모델의 개념과 관계를 은유해야 한다.

표현적 차이가 중요한 이유는 소프트웨어를 이해하고 수정하기 쉽게 만들어주기 때문이다. 코드의 구조가 도메인의 구조를 반영하기 때문에 도메인을 이해하면 코드를 이해하기가 훨씬 수월해진다. 도메인 속의 개념과 관계가 코드 속에 녹아 있기 때문에 도메인이 알려주는 길을 따라가면 코드 속에서 길을 잃지 않을 수 있다. 결국 도메인 모델은 코드 안에 존재하는 미로를 헤쳐나갈 수 있는 지도를 제공한다.

불안정한 기능을 담는 안정적인 도메인 모델

도메인 모델을 기반으로 코드를 작성하는 두 번째 이유는 도메인 모델이 제공하는 구조가 상대적으로 안정적이기 때문이다.

도메인 모델의 핵심은 사용자가 도메인을 바라보는 관점을 반영해 소프트웨어를 설계하고 구현하는 것이다. 도메인에 대한 사용자의 관점을 반영해야 하는 이유는 사용자들이 누구보다도 도메인의 '본질적인' 측면을 가장 잘 이해하고 있기 때문이다. 사용자들은 도메인을 구성하는 중요한 개념과 개념 간의 관계를 가장 잘 알고 있는 사람들이다.

본질적이라는 것은 변경이 적고 비교적 그 특성이 오랜 시간 유지된다는 것을 의미한다. 소프트웨어 개발의 가장 큰 적은 변경이며 변경은 항상 발생한다는 사실을 기억하라. 사용자 모델에 포함된 개념과 규칙은 비교적 변경될 확률이 적기 때문에 사용자 모델을 기반으로 설계와 코드를 만들면 변경에 쉽게 대처할 수 있을 가능성이 커진다.

이것은 도메인 모델이 기능을 담을 수 있는 안정적인 구조를 제공할 수 있음을 의미한다. 도메인 모델은 소프트웨어 구조의 기반을 이룬다. 그리고 안정적인 구조를 기반으로 자주 변경되는 기능을 배치함으로써 기능의 변경에 대해 안정적인 소프트웨어를 구현할 수 있다.

결론적으로 안정적인 구조를 제공하는 도메인 모델을 기반으로 소프트웨어의 구조를 설계하면 변경에 유연하게 대응할 수 있는 탄력적인 소프트웨어를 만들 수 있다. 도메인 모델은 여러분이 기능을 구현할 때 참조할 수 있는 궁극적인 지도다.

예제

정기예금 도메인 모델

정기예금은 예금주가 일정 기간 환급을 요구하지 않을 것을 약정하고 일정 금액을 은행에 예치하는 예금 방식이다. 은행은 약정 기간이 지나면 예금주에게 일정 비율의 이자를 지급한다. 매달 일정 금액을 불입해서 목돈을 마련하는 것이 목적인 적금과 달리 정기예금은 계좌를 개설할 때 목돈을 예금한 후 일정 기간이 지난 후에 목돈에 대한 이자를 받는 것이 목적이므로 정기예금의 이자율이 적금보다 높은 것이 일반적이다.

은행 도메인의 관점에서 정기예금은 약정 기간이 지난 후 이자를 지급하고 해지하는 금융상품의 일종이다. 예금주가 정기예금을 신청하면 은행은 예금주가 일정 금액을 예치할 수 있게 신규 계좌를 개설한다. 모든 정기예금은 만기 시 특정한 이자율에 따라 이자를 지급한다.

그림 6.5는 정기 예금에 대한 도메인 모델을 도식화한 것이다. **정기예금**은 예금 기간과 이미 해지된 예금인지 여부를 나타내는 속성을 포함한다. **계좌**는 예금주가 예치한 예금액을 보관하고 **이자율**은 만기 시 예금주에게 지급할 이자를 계산하기 위해 필요한 금리 정보를 포함한다. **계좌**는 특정한 **정기예금**에 속하므로 정기예금과 관계를 맺는다. **이자율**은 특정한 **계좌**에 대한 금리 정보를 나타내므로 **계좌**와 관계를 맺어야 한다. 만기 시 계좌의 예금액과 함께 **이자**를 지급해야 하므로 **이자**는 예금액을 알고 있는 **계좌**와 관계를 맺는 것이 적절하다. **이자**는 만기 시점에 지급되며 예금 기간 동안에는 존재하지 않는다. 따라서 **계좌**와 **이자** 사이에는 0 또는 1의 다중성(0..1)이 존재한다. **정기예금**은 만기가 되지 않더라도 중도에 해지가 가능하므로 **정기예금**의 기간이 반드시 **이자**의 지급일자와 동일하지는 않다. 따라서 **이자**는 지급된 일자에 관한 정보를 별도로 보관해야 한다.

그림 6.5 정기 예금의 도메인 모델

그림 6.5는 실제 운영되는 정기예금 상품을 매우 단순화한 것이지만 일반적으로 사람들이 정기예금에 관해 생각하는 개념과 규칙을 모두 포함하고 있다. 정기예금을 가입하는 예금주나 은행업무를 담당하는 도메인 전문가들은 모델을 구성하는 각 요소의 의미와 관계를 쉽게 파악할 수 있을 것이다. 따라서 이 모델은 멘탈 모델을 구성하는 세 가지 모델 중에서 사용자 모델의 관점을 반영한다.

가장 중요한 것은 이 모델이 안정적이라는 것이다. 이 모델에서 사용하고 있는 개념의 정의와 속성은 은행 업무에서 다뤄지는 정기예금의 정의가 변경되지 않는 한 쉽게 바뀌지 않을 것이다. 개념과 개념 간의 관계는 정기예금과 관련된 중요한 비즈니스 규칙과 정책을 반영하고 있다. 도메인 모델의 장점은 비즈니스의 개념과 정책을 반영하는 안정적인 구조를 제공한다는 것이다.

비록 도메인 모델이 도메인과 관련된 중요한 개념과 관계를 보여준다고 해도 실제로 사용자에게 중요한 것은 도메인 모델이 아니라 소프트웨어의 기능이다. 소프트웨어의 존재 이유는 사용자가 원하는 목표를 달성할 수 있는 다양한 기능을 제공하는 것이다. 따라서 사용자에게 제공할 기능을 기술한 정보가 필요하다. 객체지향 커뮤니티에서는 오래 전부터 소프트웨어의 기능을 기술하기 위해 유스케이스라는 유용한 기법을 사용해 왔다.

불안정한 재료: 기능

유스케이스

기능적 요구사항이란 시스템이 사용자에게 제공해야 하는 기능의 목록을 정리한 것이다. 시스템이 사용자에게 기능을 제공하는 이유는 무엇인가? 사용자들이 시스템을 통해 달성하고자 하는 '목표'가 존재하기 때문이다. 따라서 훌륭한 기능적 요구사항을 얻기 위해서는 목표를 가진 사용자와 사용자의 목표를 만족시키기 위해 일련의 절차를 수행하는 시스템 간의 '상호작용' 관점에서 시스템을 바라봐야 한다.

사용자는 자신의 목표를 달성하기 위해 시스템과의 상호작용을 시작한다. 사용자가 시스템에게 작업을 요청하면 시스템은 요청을 처리한 후 사용자에게 원하는 결과를 제공한다. 사용자는 시스템의 응답을 기반으로 또 다른 작업을 요청하고, 시스템은 요청을 다시 처리한 후 사용자에게 응답한다. 사용자와 시스템 사이의 상호작용은 사용자의 목표를 만족시키거나 에러 등의 이유로 상호작용을 더 이상 진행할 수 없을 때까지 계속된다.

이처럼 사용자의 목표를 달성하기 위해 사용자와 시스템 간에 이뤄지는 상호작용의 흐름을 텍스트로 정리한 것을 유스케이스라고 한다. 유스케이스는 이바 야콥슨의 저서인 『Object-Oriented Software Engineering - A Use Case Driven Approach』 [Jacobson 1992]에서 처음 소개됐으며 이후 앨리스터 코오번(Alistair Cockburn)에 의해 체계화됐다. 앨리스터 코오번은 유스케이스를 다음과 같이 설명한다[Cockburn 2000].

> 유스케이스는 시스템의 이해관계자들 간의 계약을 행위 중심으로 파악한다. 유스케이스는 이해관계자들 중에서 일차 액터라 불리는 행위자의 요청에 대한 시스템의 응답으로서, 다양한 조건하에 있는 시스템의 행위를 서술한다. 일차 액터는 어떤 목표를 달성하기 위해 시스템과의 상호작용을 시작한다. 시스템은 모든 이해관계자들의 요구에 응답하고 이해관계를 보호해야 한다. 특별한 요청과 관계되는 조건에 따라 서로 다른 일련의 행위 혹은 시나리오가 전개될 수 있다. 유스케이스는 이렇게 서로 다른 시나리오를 묶어 준다[Cockburn 2000].

코오번의 글에서 '일차 액터(primary actor)'란 시스템의 서비스 중 하나를 요청하는 이해관계자로, 하나의 목표를 가지고 유스케이스를 시작하는 액터를 의미한다. 일반적으로 시스템과 연동하는 외부 시스템 역시 일차 액터의 범주에 포함시킨다.

유스케이스의 가치는 사용자들의 목표를 중심으로 시스템의 기능적인 요구사항들을 이야기 형식으로 묶을 수 있다는 점이다. 산발적으로 흩어져 있는 기능에 사용자 목표라는 문맥을 제공함으로써 각 기능이 유기적인 관계를 지닌 체계를 이룰 수 있게 한다. 이것은 요구사항을 기억하고 관리하는 데 필요한 다양한 정신적 과부하를 줄인다. 마틴 파울러(Martin Fowler)의 말처럼 "사용자 목표가 유스케이스의 핵심이다. 유스케이스는 공통의 사용자 목표를 통해 강하게 연관된 시나리오의 집합이다[Fowler 2003]."

예제

정기예금 이자 계산 유스케이스

앞에서 살펴본 정기예금 도메인에서 시스템은 예금주가 정기예금을 중도 해지할 경우 예금주에게 지급할 이자를 계산할 수 있는 기능을 제공해야 한다. 이 유스케이스는 중도 해지 시 지급받을 수 있는 이자액을 알고자 하는 사용자의 목표를 충족시키기 위한 연관된 시나리오의 집합을 표현해야 한다.

그림 6.6은 이자액 계산과 관련된 사용자의 목표를 충족시킬 수 있는 간단한 유스케이스의 예다. 이 유스케이스는 『앨리스터 코오번의 유스케이스』[Cockburn 2000]에 수록된 템플릿을 기반으로 작성했다.

유스케이스명: 중도 해지 이자액을 계산한다

일차 액터: 예금주

주요 성공 시나리오:
  1. 예금주가 정기예금 계좌를 선택한다.
  2. 시스템은 정기예금 계좌 정보를 보여준다.
  3. 예금주가 금일 기준으로 예금을 해지할 경우 지급받을 수 있는 이자 계산을 요청한다.
  4. 시스템은 중도 해지 시 지급받을 수 있는 이자를 계산한 후 결과를 사용자에게 제공한다.

확장:
  3a. 사용자는 해지 일자를 다른 일자로 입력할 수 있다.

그림 6.6 간단한 이자액 계산 유스케이스

유스케이스의 특성

그림 6.6은 유스케이스의 몇 가지 중요한 특성을 잘 보여준다.

첫째, 유스케이스는 사용자와 시스템 간의 상호작용을 보여주는 '텍스트'다. 유스케이스는 다이어그램이 아니다. 중요한 것은 유스케이스 안에 포함돼 있는 상호작용의 흐름이다. 유스케이스의 핵심은 사용자와 시스템 간의 상호작용을 일련의 이야기 흐름으로 표현하는 것이다. 다이어그램에 노력을 쏟지 말라. 중요한 것은 유스케이스에 담겨 있는 이야기다.

그림 6.7 이 다이어그램으로부터 얻을 수 있는 것은 거의 없다.

둘째, 유스케이스는 하나의 시나리오가 아니라 여러 시나리오들의 집합이다. 시나리오(scenario)는 유스케이스를 통해 시스템을 사용하는 하나의 특정한 이야기 또는 경로다. 이자 계산 유스케이스는 2개의 시나리오를 포함하고 있다. 첫 번째 시나리오는 예금주가 계좌를 선택하고 당일까지의 이자액을 계산하는 것이다. 두 번째 시나리오는 예금주가 계좌를 선택하고 특정 일자까지의 이자액을 계산하는 것이다.

위 유스케이스에서 확장 시나리오의 3a라는 라벨은 주요 성공 시나리오의 3에 대한 대안적인 흐름이라는 사실을 나타낸다. 즉, 예금주는 당일까지의 이자액을 계산하거나 특정 일자까지의 이자액을 계산할 수 있다. 이 예제로부터 유스케이스는 하나의 시나리오가 아니라 이자액 계산이라는 사용자의 목표와 관련된 모든 시나리오의 집합이라는 사실을 알 수 있다. 시나리오를 유스케이스 인스턴스(use case instance)[Larman 2004]라고도 한다.

셋째, 유스케이스는 단순한 피처(feature) 목록과 다르다. 피처는 시스템이 수행해야 하는 기능의 목록을 단순하게 나열한 것이다. 예제 유스케이스에서 피처는 '시스템은 정기예금 정보를 보여준다'와 '시스템은 당일이나 현재 일자의 이자를 계산한다'이다. 피처의 단점은 이 두 피처를 서로 연관이 없는 독립적인 기능으로 보이게끔 만든다는 점이다. 두 피처를 '중도 해지 이자액을 계산한다'라는 유스케이스로 묶고 사용자와의 상호작용 흐름 속에서 두 피처를 포함하는 이야기를 제공함으로써 시스템의 기능에 대해 의사소통할 수 있는 문맥을 얻을 수 있다. 앞에서 언급한 것처럼 유스케이스의 강점은 유스케이스가 단순히 기능을 나열하는 것이 아니라 이야기를 통해 연관된 기능들을 함께 묶을 수 있다는 점이다.

넷째, 유스케이스는 사용자 인터페이스와 관련된 세부 정보를 포함하지 말아야 한다. 위 유스케이스에는 사용자가 해지 일자를 선택하기 위해 사용자 인터페이스를 어떻게 구성해야 하는지에 대한 정보가 전혀 포함돼 있지 않다. 유스케이스는 자주 변경되는 사용자 인터페이스 요소는 배제하고 사용자 관점에서 시스템의 행위에 초점을 맞춘다. 이처럼 사용자 인터페이스를 배제한 유스케이스 형식을 본질적인 유스케이스(essential use case)[Cockburn 2000]라고 한다.

다섯째, 유스케이스는 내부 설계와 관련된 정보를 포함하지 않는다. 유스케이스의 목적은 연관된 시스템의 기능을 이야기 형식으로 모으는 것이지 내부 설계를 설명하는 것이 아니다. 과거의 객체지향 서적에서는 유스케이스에 나타나는 명사를 클래스로, 동사를 클래스의 메서드로 대응시키는 방식으로 객체지향 설계를 설명하기도 했지만 객체지향 설계는 그렇게 간단하지 않다. 유스케이스에서 객체 설계로의 전환은 공학적인 규칙과 원칙을 기반으로 한 변환 작업이 아니라 경험과 상식과 의사소통을 기반으로 한 창조 작업이다.

다섯 번째 특성은 설계 측면에서 오해하기 쉬운 내용이므로 좀 더 자세히 살펴보자.

유스케이스는 설계 기법도, 객체지향 기법도 아니다

유스케이스가 단지 사용자가 바라보는 시스템의 외부 관점만을 표현한다는 점에 주목하라. 유스케이스는 시스템의 내부 구조나 실행 메커니즘에 관한 어떤 정보도 제공하지 않는다. 유스케이스에는 단지 사용자가 시스템을 통해 무엇을 얻을 수 있고 어떻게 상호작용할 수 있느냐에 관한 정보만 기술된다.

유스케이스는 시스템이 외부에 제공해야 하는 행위만 포함하기 때문에 유스케이스로부터 시스템의 내부 구조를 유추할 수 있는 방법은 존재하지 않는다. 사실 유스케이스는 객체지향과도 상관이 없다. 유스케이스는 객체지향 이외의 패러다임에서도 적용 가능하며, 객체지향은 유스케이스 이외의 방법으로 요구사항을 명시할 수도 있다. 유스케이스는 단지 기능적 요구사항을 사용자의 목표라는 문맥을 중심으로 묶기 위한 정리 기법일 뿐이다.

유스케이스와 객체의 구조 사이에는 커다란 간격이 존재한다. 둘 사이의 간격을 자동으로 없앨 수 있는 어떤 방법도 존재하지 않는다. 유스케이스를 객체로 변환하는 작업은 순수하게 창조적이고 예술적인 작업이다. 유스케이스를 기반으로 객체의 구조를 쉽게 추출할 수 있다는 어설픈 설명에 속지 마라. 유스케이스는 객체의 구조나 책임에 대한 어떤 정보도 제공하지 않는다.

물론 유스케이스 텍스트 안에서 도메인 모델에서 사용할 용어에 대한 힌트를 얻을 수도 있다. 유스케이스 안에 포함된 이야기 흐름 속에 나타나는 계좌, 이자, 금액과 같은 단어들은 도메인 모델에 포함될 수 있는 개념이나 속성에 관한 다양한 정보를 제공한다. 그러나 유스케이스 안에 도메인 모델을 구축할 수 있는 모든 정보가 포함돼 있다는 착각에 빠지지 말기 바란다. 유스케이스 안에는 영감을 불러일으킬 수 있는 약간의 힌트만이 들어 있을 뿐이다.

유스케이스에 대한 가장 실용적인 저작물은 앨리스터 코오번의 『앨리스터 코오번의 유스케이스』[Cockburn 2000]다. 이 책을 읽을 시간이 없는 분들은 유스케이스의 가장 핵심적인 개념들을 정리한 코오번의 짧은 아티클인 『Structuring Use Cases with Goals』 [Cockburn 1997]를 참고하라.

재료 합치기: 기능과 구조의 통합

도메인 모델, 유스케이스, 그리고 책임-주도 설계

불안정한 기능을 안정적인 구조 안에 담음으로써 변경에 대한 파급효과를 최소화하는 것은 훌륭한 객체지향 설계자가 갖춰야 할 기본적인 설계 능력이다. 도메인 모델은 안 정적인 구조를 개념화하기 위해, 유스케이스는 불안정한 기능을 서술하기 위해 가장 일반적으로 사용되는 도구다. 변경에 유연한 소프트웨어를 만들기 위해서는 유스케이 스에 정리된 시스템의 기능을 도메인 모델을 기반으로 한 객체들의 책임으로 분배해야 한다.

객체지향 패러다임은 모든 것이 객체라는 사상에서 출발한다. 따라서 유스케이스에 명 시된 기능을 구현하는 프로그래머는 시스템을 사용자로부터 전송된 메시지를 수행하 기 위해 책임을 수행하는 거대한 자율적인 객체로 본다. 시스템은 사용자와 만나는 경 계에서 사용자의 목표를 만족시키기 위해 사용자와의 협력에 참여하는 커다란 객체다. 사용자에게 시스템이 수행하기로 약속한 기능은 결국 시스템의 책임으로 볼 수 있다. 사용자의 관점에서 시스템은 자신이 전송한 메시지에 응답하는 데 필요한 책임을 수행 하는 일종의 객체다.

시스템이라는 객체 안에는 더 작은 규모의 객체가 포함될 수 있다. 이제 시스템이 수행 해야 하는 커다란 규모의 책임은 시스템 안에 살아가는 더 작은 크기의 객체들의 협력 을 통해 구현될 수 있다.

사실 앞에서 살펴본 책임-주도 설계는 이 지점부터 적용된다. 지금까지는 시스템이 사용자에게 제공할 기능이 있다는 가정하에 객체들 간의 협력을 설계했지만 사실 협력의 출발을 장식하는 첫 번째 메시지는 시스템의 기능을 시스템의 책임으로 바꾼 후 얻어진 것이다.

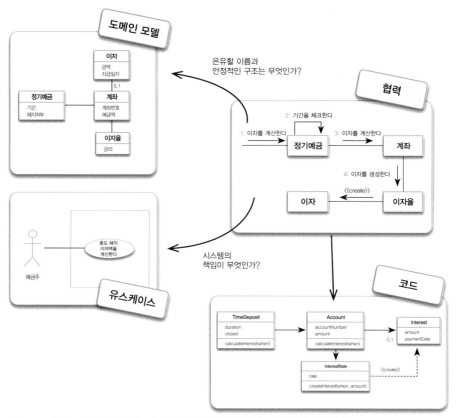

그림 6.8 도메인 모델은 구조를, 유스케이스는 협력의 출발점인 시스템 책임을 제공한다.

시스템에 할당된 커다란 책임은 이제 시스템 안의 작은 규모의 객체들이 수행해야 하는 더 작은 규모의 책임으로 세분화된다. 그렇다면 어떤 객체를 선택할 것인가? 이 시점에 도메인 모델이 무대에 등장한다. 우리는 도메인 모델에 포함된 개념을 은유하는 소프트웨어 객체를 선택해야 한다. 이것은 소프트웨어와 코드 사이의 표현적 차이를 줄이는 첫걸음이다.

협력을 완성하는 데 필요한 메시지를 식별하면서 객체들에게 책임을 할당해 나간다. 마지막으로 협력에 참여하는 객체를 구현하기 위해 클래스를 추가하고 속성과 함께 메서드를 구현하면 시스템의 기능이 완성된 것이다. 이제 코드는 불안정한 기능을 수용할 수 있는 안정적인 구조에 기반한다.

> 객체 설계는 가끔 다음과 같이 표현되기도 한다.
>
> 요구사항들을 식별하고 도메인 모델을 생성한 후, 소프트웨어 클래스에 메서드들을 추가하고, 요구사항을 충족시키기 위해 객체들 간의 메시지 전송을 정의하라[Larman 2001].

유스케이스는 사용자에게 제공할 기능을 시스템의 책임으로 보게 함으로써 객체 간의 안정적인 구조에 책임을 분배할 수 있는 출발점을 제공한다. 도메인 모델은 기능을 수용하기 위해 은유할 수 있는 안정적인 구조를 제공한다. 책임-주도 설계는 유스케이스로부터 첫 번째 메시지와 사용자가 달성하려는 목표를, 도메인 모델로부터 기능을 수용할 수 있는 안정적인 구조를 제공받아 실제로 동작하는 객체들의 협력 공동체를 창조한다.

책임-주도 설계 방법은 시스템의 기능을 역할과 책임을 수행하는 객체들의 협력 관계로 바라보게 함으로써 두 가지 기본 재료인 유스케이스와 도메인 모델을 통합한다. 물론 책임-주도 설계를 위해 유스케이스와 도메인 모델이 반드시 필요한 것은 아니고 유스케이스와 도메인 모델이 책임-주도 설계에서만 사용되는 것은 아니다. 여기서 중요한 것은 견고한 객체지향 애플리케이션을 개발하기 위해서는 사용자의 관점에서 시스템의 기능을 명시하고, 사용자와 설계자가 공유하는 안정적인 구조를 기반으로 기능을 책임으로 변환하는 체계적인 절차를 따라야 한다는 것이다.

예제

이자 계산 기능 구현

정기 예금을 중도 해지할 경우 지급받을 수 있는 이자액을 계산하는 기능을 구현하려면 유스케이스에 명시된 시스템의 행위를 객체의 책임으로 분배해야 한다. 여기서는 그림 6.6의 유스케이스에 명시된 다음 두 개의 문장과 관련된 기능을 소프트웨어 기능으로 구현해 보자.

3. 예금주가 금일 기준으로 예금을 해지할 경우 지급받을 수 있는 이자 계산을 요청한다.

4. 시스템은 중도 해지 시 지급받을 수 있는 이자를 계산한 후 결과를 사용자에게 제공한다.

유스케이스는 시스템이 중도 해지 이자액을 계산하는 기능을 제공해야 한다고 속삭이고 있다. 프로그래머는 기능이라는 단어를 머릿속에서 책임이라는 단어로 대체한다. 그리고 시스템이 '중도 해지 이자액을 계산하라'라는 메시지를 받는 거대한 객체라고 가정한다.

시스템에 할당된 커다란 책임은 이제 시스템 안에서 실행될 소프트웨어 객체들의 협력으로 구현돼야 한다. 여기서부터 앞에서 설명한 책임-주도 설계 방법이 등장한다. 우리는 메시지를 받을 객체를 선택하고, 그 객체가 다른 객체에 전송할 메시지를 식별한 후, 다시 그 메시지를 받을 객체를 선택함으로써 자율적인 객체들의 협력 관계를 창조한다.

그렇다면 할당받을 객체들은 어디서부터 가져와야 하는가? 안정적인 도메인 모델을 기반으로 해야 한다. 그림 6.5의 도메인 모델은 이자 계산이라는 시스템의 책임을 분배할 객체 구조에 대한 힌트를 제공한다. 따라서 이자 계산 협력에 참여하는 객체들은 그림 6.5의 도메인 모델에 기술된 개념 중 적절한 것을 선택해야 한다.

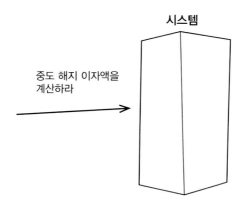

그림 6.9 시스템은 사용자로부터 메시지를 수신하는 거대한 객체다.

도메인 모델을 기반으로 이자 계산이라는 시스템 책임을 아래와 같이 책임으로 분할하고 객체들에게 할당함으로써 협력하는 객체들의 공동체를 형성할 수 있다.

• **정기예금**은 해지 일자를 전달받아 **이자** 계산을 시작하는 책임을 맡는다. **정기예금**은 해당 일자가 약정 기간에 포함되는지 확인한 후 포함될 경우 **계좌**에게 **이자** 계산을 요청한다.

• **계좌**는 예금액과 해지 일자를 **이자율**에게 전달해서 **이자**를 계산하게 한다.

• 이자율은 전달받은 예금액과 해지 일자를 이용해 이자액을 계산한 후 이자액을 포함하는 이자를 생성해서 반환한다.

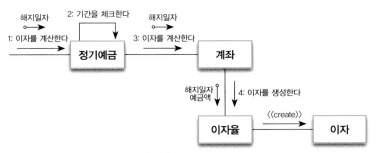

그림 6.10 이자 계산을 위한 도메인 객체들의 협력 흐름

이자 계산에 필요한 객체와 책임이 식별됐으므로 객체를 클래스로, 책임을 클래스의 메서드로 변환함으로써 이자 계산 기능을 구현할 수 있다. 그림 6.11은 이자 계산을 위한 클래스 구조를 나타낸 것이다. 도메인 모델의 속성을 클래스의 인스턴스 변수로, 협력 안에서의 책임을 클래스의 메서드로 변환했음에 주목하라. 실제 소프트웨어를 구현할 경우 도메인 모델에서 클래스로의 변환이 이처럼 단순하지는 않지만 이 예제는 시스템의 기능을 클래스 간의 정적인 관계로 구현하는 과정에 대한 기본적인 통찰을 제공해 줄 것이다.

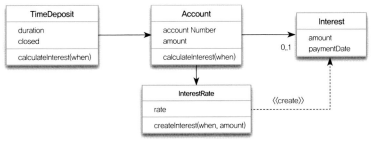

그림 6.11 이자 계산을 위한 클래스 다이어그램

도메인 모델에 명시된 정기예금이나 계좌와 같은 개념을 스스로 상태와 행위를 관리하는 자율적인 객체로 간주한다는 사실에 주목하라. 실세계에서는 수동적인 존재라고 하더라도 소프트웨어 객체로 구현될 때는 스스로 판단하고 행동하는 자율적인 존재로 변한다.

각 객체는 자신의 책임을 완수하는 데 필요한 정보나 서비스가 필요한 경우 이를 제공할 수 있는 다른 객체에게 책임을 요청한다. 따라서 시스템의 기능은 역할과 책임을 수행하는 객체들의 협력 관계를 통해 구현된다.

객체의 이름은 도메인 모델에 포함된 개념으로부터 차용하고, 책임은 도메인 모델에 정의한 개념의 정의에 부합하도록 할당한다. 예를 들어, 이자를 계산하는 책임을 가진 객체는 이자율이 될 것이며, 이자는 이자율에 의해 생성될 것이다. 왜 이자를 계산하는 책임을 이자율 객체에 할당하는가? 책임 할당의 기본 원칙은 책임을 수행하는 데 필요한 정보를 가진 객체에게 그 책임을 할당하는 것이기 때문이다. 이것은 관련된 상태와 행동을 함께 캡슐화하는 자율적인 객체를 낳는다.

유스케이스에서 출발해 객체들의 협력으로 이어지는 일련의 흐름은 객체 안에 다른 객체를 포함하는 재귀적 합성이라는 객체지향의 기본 개념을 잘 보여준다. 객체지향은 모든 것을 객체로 바라본다. 큰 객체가 더 작은 객체로 나눠질 수 있다는 사실만 제외하면 그것들 사이에 차이는 없다. 크기와 상관없이 모든 객체는 메시지를 전송하거나 수신할 수 있고 메시지에 응답하기 위해 자율적으로 메서드를 선택할 수 있다. 객체에 대한 재귀는 객체지향의 개념을 모든 추상화 수준에서 적용 가능하게 하는 동시에 객체지향 패러다임을 어떤 곳에서든 일관성 있게 적용할 수 있게 한다.

스몰토크 언어를 설계한 객체지향의 선구자인 앨런 케이는 시스템을 자율적인 객체로 바라보고 더 작은 객체로 분할하는 방식의 장점에 대해 다음과 같이 설명한다.

> 스몰토크의 설계—그리고 실제 모습—는 우리가 설명할 수 있는 모든 것이 상태와 처리 과정을 내부로 은닉하는 행위적인 빌딩블록의 재귀적인 합성(recursive composition)으로 표현할 수 있으며, 메시지의 교환을 통해서만 이 빌딩블록들을 처리할 수 있다는 통찰에서 기인한다. … 컴퓨터 측면에서 스몰토크는 컴퓨터 자체에 대한 개념적 재귀다. 컴퓨터를 전체보다 덜 강한 개별적인 요소—프로그래밍 언어의 일상적인 부속품인 자료 구조, 프로시저, 함수—로 분해하는 대신 각 스몰토크 객체는 컴퓨터의 전체적인 가능성을 기반으로 한 재귀다. … 재귀적 설계의 기본 원칙은 부분이 전체와 동일한 힘을 갖게 만드는 것이다. 처음에 나는 전체(whole)를 완전한 하나의 컴퓨터로 간주했고, 사람들이 왜 컴퓨터를 자료 구조와 프로시저라는 더 약한 개념으로 분할하려고 하는지 그 이유가 궁금했다. 시분할(time sharing)이 시작한 것처럼 왜 컴퓨터를 더 작은 컴퓨터로 나누지 않는가[Kay 1993]?

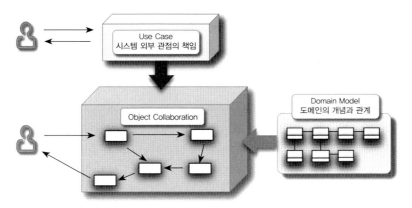

그림 6.12 재귀적으로 컴퓨터를 객체라고 불리는 더 작은 컴퓨터로 분할

기능 변경을 흡수하는 안정적인 구조

앞에서 설명한 것처럼 도메인 모델을 기반으로 객체 구조를 설계하는 이유는 도메인 모델이 안정적이기 때문이다. 도메인 모델이 안정적인 이유는 도메인 모델을 구성하는 요소가 다음과 같은 특징을 띠기 때문이다.

- 도메인 모델을 구성하는 개념은 비즈니스가 없어지거나 완전히 개편되지 않는 한 안정적으로 유지된다. 정기예금 도메인에서 **정기예금**과 **계좌, 이자율, 이자**란 개념은 정기예금이란 금융상품이 없어지거나 완전히 개편되지 않는 한 안정적으로 유지되는 개념이다.

- 도메인 모델을 구성하는 개념 간의 관계는 비즈니스 규칙을 기반으로 하기 때문에 비즈니스 정책이 크게 변경되지 않는 한 안정적으로 유지된다. 정기예금 도메인에서 이자는 정기예금이 만기가 되거나 중도 해지를 하는 경우에 한해서 단 한 번 지급된다. 따라서 **계좌**와 **이자** 간의 0..1 관계는 이와 같은 핵심적인 비즈니스 규칙이 변경되지 않는 한 동일하게 유지될 것이다.

도메인 모델의 이같은 특징은 도메인 모델을 중심으로 객체 구조를 설계하고 유스케이스의 기능을 객체의 책임으로 분배하는 기본적인 객체지향 설계 방식의 유연함을 잘 보여 준다. 비즈니스 정책이나 규칙이 크게 변경되지 않는 한 시스템의 기능이 변경되더라도 객체 간의 관계는 일정하게 유지된다. 기능적인 요구사항이 변경될 경우 책임과 객체 간의 대응 관계만 수정될 뿐이다. 이것은 변경에 대한 파급효과를 최소화하고 요구사항 변경에 유연하게 대응할 수 있는 시스템을 구축할 수 있게 한다.

이제 이자를 계산하는 방식이 변할 때 시스템에 어떤 일이 발생하는지 살펴보자.

예제

이자 계산 기능의 변경

은행은 정기예금의 경우 원금에 대해서만 이자를 지급하는 기존의 단리 이자 방식뿐만 아니라 이자에 대해서도 이자를 지급하는 복리 이자 방식을 추가하기로 결정했다. 따라서 시스템은 계좌의 이자 지급 방식에 따라 적절한 방식으로 이자를 계산할 수 있어야 한다.

여기서 어려운 점은 이자를 계산하기 위해 단리 이자 방식과 복리 이자 방식을 유연하게 선택할 수 있어야 한다는 것이다. 경험 많은 설계자들은 이 경우 단리 이자 규칙과 복리 이자 규칙이 계좌 이자 계산을 위한 STRATEGY 패턴[GOF 1994]의 한 예라는 것을 쉽게 간파할 수 있을 것이다.

그림 6.13은 기존의 단리 이자만을 계산하던 InterestRate 클래스를 추상 클래스로 변경하고 단리 이자를 계산하는 SimpleInterest와 복리 이자를 계산하는 CompoundInterest가 InterestRate를 상속받게 한 것이다. 다이어그램을 간략하게 표현하기 위해 클래스의 인스턴스 변수는 생략했다.

InterestRate에 정의된 `createInterest()` 메시지를 수신할 경우 객체의 타입에 따라 실행될 메서드가 선택될 수 있게 한다. 즉, `createInterest()` 메시지를 수신하는 객체의 타입이 SimpleInterest일 경우 단리 이자를 계산하는 SimpleInterest의 `createInterest()` 메서드가 실행되고 수신하는 객체의 타입이 CompoundInterest일 경우 복리 이자를 계산하는 CompoundInterest의 `createInterest()` 메서드가 실행된다. 이와 같이 인터페이스를 정의하는 추상 클래스와 인터페이스를 구현하는 구체적인 클래스 간의 상속 관계는 클래스 기반의 객체지향 언어에서 다형성을 구현하는 가장 기본적인 방법이다.

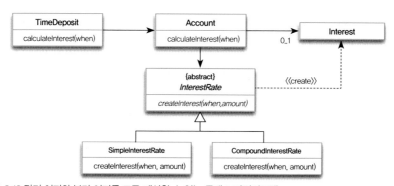

그림 6.13 단리 이자와 복리 이자를 모두 계산할 수 있는 클래스 다이어그램

그림 6.13을 그림 6.11과 비교해 보라. 핵심적인 클래스와 클래스 간의 관계는 그대로 유지되고 있다는 것을 알 수 있다. 이처럼 이자 계산 기능이 변경되거나 추가돼도 대부분의 클래스 구조가 그대로 유지되는 이유는 도메인을 구성하는 기본적인 개념과 관계를 포함하는 도메인 모델을 기반으로 시스템의 기능을 대응시켰기 때문이다.

안정적인 도메인 모델을 기반으로 시스템의 기능을 구현할 경우 시스템의 기능이 변경되더라도 비즈니스의 핵심 정책이나 규칙이 변경되지 않는 한 전체적인 구조가 한 번에 흔들리지는 않는다. 이것이 일반적으로 객체지향이 기능의 변경에 대해 좀 더 유연하게 대응할 수 있는 패러다임이라고 일컬어지는 이유다.

객체지향의 가장 큰 장점은 도메인을 모델링하기 위한 기법과 도메인을 프로그래밍하기 위해 사용하는 기법이 동일하다는 점이다. 따라서 도메인 모델링에서 사용한 객체와 개념을 프로그래밍 설계에서의 객체와 클래스로 매끄럽게 변환할 수 있다. 앞에서 객체지향의 이 같은 특성을 **연결완전성**이라고 설명했다.

객체지향이 강력한 이유는 연결완전성의 역방향 역시 성립한다는 것이다. 즉, 코드의 변경으로부터 도메인 모델의 변경 사항을 유추할 수 있다. 이것은 객체지향 이전의 대부분의 개발 방법이 대응하지 못하고 쉽게 무너졌던 영역이다. 객체지향에서는 도메인 모델과 코드 모두 동일한 모델링 패러다임을 공유하기 때문에 코드의 수정이 곧 모델의 수정이 된다. 이처럼 모델에서 코드로의 매끄러운 흐름을 의미하는 연결완전성과 반대로 코드에서 모델로의 매끄러운 흐름을 의미하는 것을 **가역성(reversibility)**[Waldén 1995]이라고 한다.

이자 계산 예제에서 그림 6.13과 같이 코드가 변경될 경우 이해관계자들은 변경된 코드로부터 자연스럽게 그림 6.14와 같은 개념적인 도메인 모델의 구조를 유추할 수 있다. 여기서 이야기하는 도메인 모델이 코드와 분리된 별도의 산출물이 아니라는 점에 유의하라.

도메인 모델은 문서나 다이어그램이 아니다. 도메인 모델은 사람들의 머릿속에 들어 있는 공유된 멘탈 모델이다. 따라서 별도의 문서나 다이어그램을 가지고 있지 않더라도 사람들의 머릿속에 그림 6.14와 유사한 모델이 공유될 수 있다면 그것으로 충분하다. 사람들이 동일한 용어와 동일한 개념을 이용해 의사소통하고 코드로부터 도메인 모델을 유추할 수 있게 하는 것이 도메인 모델의 진정한 목표다.

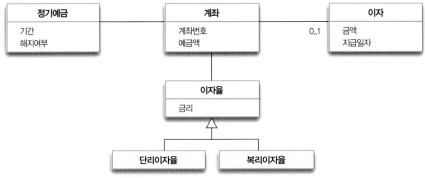

그림 6.14 코드의 변경이 곧 도메인 모델의 변경이다.

안정적인 도메인 모델을 기반으로 시스템의 기능을 구현하라. 도메인 모델과 코드를 밀접하게 연관시키기 위해 노력하라. 그것이 유지보수하기 쉽고 유연한 객체지향 시스템을 만드는 첫걸음이 될 것이다.

코드와 모델을 밀접하게 연관시키는 것은 코드에 의미를 부여하고 모델을 적절하
게 한다.

— 에릭 에반스(Eric Evans)[Evans 2003]

마틴 파울러는 『UML Distilled 2판』[Fowler 1999b]에서 객체지향 설계 안에 존재하는
세 가지 상호 연관된 관점에 관해 설명한다. 파울러는 세 가지 관점을 각각 개념 관점,
명세 관점, 구현 관점이라고 부른다.

개념 관점(Conceptual Perspective)에서 설계는 도메인 안에 존재하는 개념과 개념들
사이의 관계를 표현한다. 도메인이란 사용자들이 관심을 가지고 있는 특정 분야나 주
제를 말하며 소프트웨어는 도메인에 존재하는 문제를 해결하기 위해 개발된다. 이 관
점은 사용자가 도메인을 바라보는 관점을 반영한다. 따라서 실제 도메인의 규칙과 제
약을 최대한 유사하게 반영하는 것이 핵심이다.

명세 관점(Specification Perspective)에 이르면 사용자의 영역인 도메인을 벗어나 개
발자의 영역인 소프트웨어로 초점이 옮겨진다. 명세 관점은 도메인의 개념이 아니라

실제로 소프트웨어 안에서 살아 숨쉬는 객체들의 책임에 초점을 맞추게 된다. 즉, 객체의 인터페이스를 바라보게 된다. 명세 관점에서 프로그래머는 객체가 협력을 위해 '무엇'을 할 수 있는가에 초점을 맞춘다. 인터페이스와 구현을 분리하는 것은 훌륭한 객체지향 설계를 낳는 가장 기본적인 원칙이라는 점을 기억하라. 안타깝게도 대부분의 객체지향 언어가 인터페이스와 구현을 클래스 안으로 섞어 버리기 때문에 많은 설계자들이 인터페이스와 구현을 분리하는 것이 얼마나 중요한지를 잊어버리곤 한다. 객체지향 설계 분야의 오래된 격언인 "구현이 아니라 인터페이스에 대해 프로그래밍하라[GOF 1994]"를 따르는 것은 명세 관점과 구현 관점을 명확하게 분리하는 것에서부터 시작된다.

구현 관점(Implementation Perspective)은 프로그래머인 우리에게 가장 익숙한 관점으로, 실제 작업을 수행하는 코드와 연관돼 있다. 구현 관점의 초점은 객체들이 책임을 수행하는 데 필요한 동작하는 코드를 작성하는 것이다. 따라서 프로그래머는 객체의 책임을 '어떻게' 수행할 것인가에 초점을 맞추며 인터페이스를 구현하는 데 필요한 속성과 메서드를 클래스에 추가한다.

앞의 설명이 마치 개념 관점, 명세 관점, 구현 관점의 순서대로 소프트웨어를 개발한다는 의미처럼 들릴 수도 있지만 이것은 사실이 아니다. 개념 관점, 명세 관점, 구현 관점은 동일한 클래스를 세 가지 다른 방향에서 바라보는 것을 의미한다. 클래스는 세 가지 관점이라는 안경을 통해 설계와 관련된 다양한 측면을 드러낼 수 있다. 클래스가 은유하는 개념은 도메인 관점을 반영한다. 클래스의 공용 인터페이스는 명세 관점을 반영한다. 클래스의 속성과 메서드는 구현 관점을 반영한다.

이것은 클래스를 어떻게 설계해야 하느냐에 대한 중요한 힌트를 암시한다. 클래스는 세 가지 관점을 모두 수용할 수 있도록 개념, 인터페이스, 구현을 함께 드러내야 한다. 동시에 코드 안에서 세 가지 관점을 쉽게 식별할 수 있도록 깔끔하게 분리해야 한다.

지금까지 역할, 책임, 협력을 이용해 객체의 인터페이스를 식별했다. 협력에 참여하기 위해 객체가 수신해야 하는 메시지를 결정하고 메시지들이 모여 객체의 인터페이스를 구성한다는 점을 기억하라. 따라서 협력 안에서 메시지를 선택하고 메시지를 수신할 객체를 선택하는 것은 객체의 인터페이스, 즉 명세 관점에서 객체를 바라보는 것이다.

이번 장에서는 명세 관점에 더해 개념 관점과 구현 관점을 함께 다룰 것이다. 커피 전문점과 관련된 간단한 예제로 시작할 것이며, 예제를 통해 다음의 두 가지 목표를 달성할 것이다. 첫 번째 목표는 도메인 모델에서 시작해서 최종 코드까지의 구현 과정을 간략하게나마 설명하는 것이다. 두 번째 목표는 구현 클래스를 개념 관점, 명세 관점, 구현 관점에서 바라본다는 것이 무엇을 의미하는지를 설명하는 것이다.

커피 전문점 도메인

커피 주문

예제의 목적은 커피 전문점에서 커피를 주문하는 과정을 객체들의 협력 관계로 구현하는 것이다.

예제

커피 제조하기

이번에 다룰 도메인은 동네 어디서나 볼 수 있는 아담한 커피 전문점이다. 커피 전문점에서는 아메리카노, 카푸치노, 카라멜 마키아또, 에스프레소의 네 가지 커피를 판매하고 있다. 판매하는 커피도 몇 종류되지 않고 내부도 그리 넓지 않지만 하늘색 페인트로 칠해진 벽과 코를 간지럽히는 고소한 커피 향이 어우러져 전체적으로 아늑하고 편안한 분위기를 풍긴다. 조촐한 가게 내부를 둘러보니 하얀 색의 테이블들이 커피 향으로 가득찬 공간을 채우듯 옹기종기 놓여져 있고, 그 위에는 커피의 이름과 가격이 적힌 작은 메뉴판이 비치돼 있다.

그림 7.1 판매 중인 커피를 적어 놓은 메뉴판

손님이 테이블에 앉아 메뉴판을 잠시 훑어본 후 커피를 주문한다. 이제 주문받은 커피를 제조하는 것은 바리스타의 몫이다.

커피 전문점은 작고, 단순하고, 고려해야 할 사항도 거의 없는 아주 간단한 도메인이다. 우리의 최종 목표는 손님이 커피를 주문하는 사건을 컴퓨터 안에 재구성하는 것이다. 물론 객체를 이용해서 말이다.

커피 전문점이라는 세상

개발에 들어가기 전에 먼저 커피 전문점을 구성하는 요소들에 관해 잠시나마 고민해 보는 것이 도움될 것이다. 객체지향 패러다임의 가장 중요한 도구는 객체이므로 커피 전문점을 객체들로 구성된 작은 세상으로 바라보자.

커피 전문점 안에는 메뉴판이 존재한다. 메뉴판에는 아메리카노, 카푸치노, 카라멜 마키아또, 에스프레소의 네 가지 커피 메뉴가 적혀 있다. 객체지향의 관점에서 메뉴판은 하나의 객체다. 메뉴판은 네 개의 메뉴 항목으로 구성돼 있는데 메뉴 항목들 역시 객체로 볼 수 있다. 따라서 메뉴판은 네 개의 메뉴 항목 객체들을 포함하는 객체라고 볼 수 있다.

손님은 메뉴판을 보고 바리스타에게 원하는 커피를 주문한다. 객체의 관점에서 보면 손님 역시 하나의 객체다. 손님 객체는 메뉴판 객체 안에 적힌 메뉴 항목 객체들 중에서 자신이 원하는 메뉴 항목 객체 하나를 선택해 바리스타 객체에게 전달할 것이다.

바리스타는 주문을 받은 메뉴에 따라 적절한 커피를 제조한다. 바리스타가 제조할 수 있는 커피의 종류는 아메리카노, 카푸치노, 카라멜 마키아또, 에스프레소의 네 가지다. 바리스타는 자율적으로 커피를 제조하는 객체로 볼 수 있으며, 바리스타가 제조하는 커피 역시 메뉴판, 메뉴 항목, 바리스타와 구별되는 자신만의 경계를 가지므로 객체로 볼 수 있다.

종합해 보면 객체지향의 관점에서 커피 전문점이라는 도메인은 손님 객체, 메뉴 항목 객체, 메뉴판 객체, 바리스타 객체, 커피 객체로 구성된 작은 세상이다.

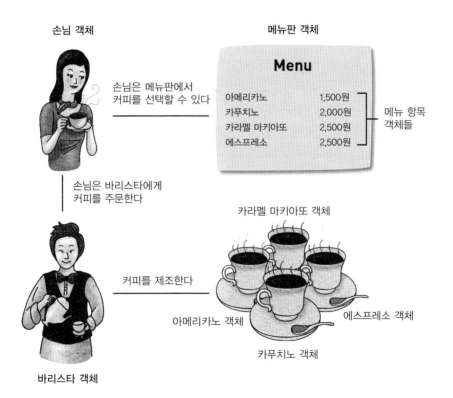

그림 7.2 객체들로 구성된 커피 전문점 세상

어떤 객체가 존재하는지 살펴봤으므로 이제는 객체들 간의 관계를 살펴볼 시간이다. 손님은 메뉴판에서 주문할 커피를 선택할 수 있어야 한다. 따라서 손님은 어떤 식으로든 메뉴판을 알아야 하며, 이것은 두 객체 사이에 관계가 존재한다는 것을 암시한다. 손님은 바리스타에게 주문을 해야 하므로 손님과 바리스타 사이에도 관계가 존재한다. 바리스타는 커피를 제조하는 사람이므로 당연히 자신이 만든 커피와 관계를 맺는다.

인간의 두뇌는 세상을 이해하기 위해 객체를 직접적으로 다룰 수 있을 만큼 효율적이지 못하다. 우리가 할 수 있는 일은 동적인 객체를 정적인 타입으로 추상화해서 복잡성을 낮추는 것이다. 타입은 분류를 위해 사용된다는 것을 기억하라. 상태와 무관하게 동일하게 행동할 수 있는 객체들은 동일한 타입의 인스턴스로 분류할 수 있다.

손님 객체는 '손님 타입'의 인스턴스로 볼 수 있다. 바리스타 객체는 '바리스타 타입'의 인스턴스로 볼 수 있다. 아메리카노 커피, 에스프레소 커피, 카라멜 마키아또 커피, 카푸치노 커피는 모두 '커피 타입'의 인스턴스로 볼 수 있다. 메뉴판 객체는 '메뉴판' 타입의 인스턴스다. 메뉴판 객체는 아메리카노, 에스프레소, 카라멜 마키아또, 카푸치노라는 네 개의 메뉴 항목 객체를 포함할 수 있다. 네 개의 메뉴 항목 객체 역시 모두 동일한 '메뉴 항목 타입'의 인스턴스로 모델링할 수 있다.

커피 전문점을 구성하는 범주로서 손님 타입, 메뉴판 타입, 메뉴 항목 타입, 바리스타 타입, 커피 타입이 갖춰졌다. 이제 타입 간에 어떤 관계가 존재하는지 살펴보자.

하나의 메뉴판 객체는 다수의 메뉴 항목 객체로 구성돼 있다. 메뉴판과 메뉴 항목 객체는 따로 떨어져 존재하지 않으며 하나의 단위로 움직인다. 이런 관점에서 메뉴 항목 객체가 메뉴판 객체에 포함돼 있다고 할 수 있는데 이를 메뉴판 타입과 메뉴 항목 타입 간의 합성 관계로 단순화하면 좀 더 보기 수월할 것이다.

그림 7.3은 메뉴판 타입과 메뉴 항목 타입 간의 관계를 나타낸 것이다. 메뉴판 타입에서 메뉴 항목 타입 쪽으로 향하는 선에 그려진 속이 찬 마름모는 포함(containment)

관계 또는 합성(composition) 관계를 나타내는 것으로, 메뉴 항목이 메뉴판에 포함된다는 사실을 표현한다. 메뉴 항목 좌측 아래의 4라는 숫자는 메뉴판에 포함되는 메뉴 항목이 4개라는 것을 의미한다.

그림 7.3 메뉴판 타입과 메뉴 항목 타입 간의 포함 관계

손님 타입은 메뉴판 타입을 알고 있어야 원하는 커피를 선택할 수 있다. 메뉴판 타입은 손님의 일부가 아니므로 이 관계는 합성 관계가 아니다. 이 경우 타입들 사이를 단순한 선으로 연결한다. 이처럼 한 타입의 인스턴스가 다른 타입의 인스턴스를 포함하지는 않지만 서로 알고 있어야 할 경우 이를 연관(association) 관계라고 한다.

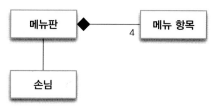

그림 7.4 손님과 메뉴판 사이의 연관 관계

바리스타 타입은 커피를 제조해야 하므로 커피 타입을 알고 있어야 한다. 메뉴판 타입과 커피 타입 중 어떤 것도 바리스타의 일부가 아니므로 이 관계 역시 포함관계는 아니다.

그림 7.5는 커피 전문점 도메인을 구성하는 타입들의 종류와 관계를 표현한 것이다. 이 그림은 커피 제조와 관련된 객체들을 타입과 관계를 이용해 추상화한 일종의 모델이다. 이처럼 소프트웨어가 대상으로 하는 영역인 도메인을 단순화해서 표현한 모델을 도메인 모델이라고 한다.

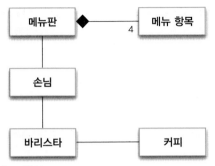

그림 7.5 커피 전문점을 구성하는 타입들

커피 전문점이라는 도메인을 단순화해서 이해했으므로 이제 초점을 소프트웨어로 옮길 때다. 객체지향의 세계는 협력하는 자율적인 객체들의 공동체라는 점을 기억하라. 다음 단계는 지금까지 배운 지식을 총동원해서 협력을 설계하는 것이다. 즉, 적절한 객체에게 적절한 책임을 할당하는 것이다.

> **참고**
>
> 실제로 도메인 모델을 작성하는 단계에서 어떤 관계가 포함 관계이고 어떤 관계가 연관 관계인지는 중요하지 않다. 초점은 어떤 타입이 도메인을 구성하느냐와 타입들 사이에 어떤 관계가 존재하는지를 파악함으로써 도메인을 이해하는 것이다. 여기서는 설명을 위해 포함 관계와 연관 관계를 구분하고 있지만 실제로는 메뉴판과 메뉴 항목 사이, 손님과 메뉴판 사이에 관계가 존재한다는 사실을 이해하는 것만으로도 충분하다.

설계하고 구현하기

커피를 주문하기 위한 협력 찾기

객체지향 설계의 첫 번째 목표는 훌륭한 객체를 설계하는 것이 아니라 훌륭한 협력을 설계하는 것이라는 점을 잊지 말자. 훌륭한 객체는 훌륭한 협력을 설계할 때만 얻을 수 있다.

협력을 설계할 때는 객체가 메시지를 선택하는 것이 아니라 메시지가 객체를 선택하게 해야 한다. 이 말은 메시지를 먼저 선택하고 그 후에 메시지를 수신하기에 적절한 객체를 선택해야 한다는 것을 의미한다. 이제 메시지를 수신할 객체는 메시지를 처리할 책임을 맡게 되고 객체가 수신하는 메시지는 객체가 외부에 제공하는 공용 인터페이스에 포함된다.

현재 설계하고 있는 협력은 커피를 주문하는 것이다. 아마도 첫 번째 메시지는 '커피를 주문하라'일 것이다.

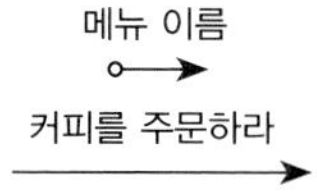

그림 7.6 협력을 시작하게 하는 첫 번째 메시지

메시지 위에 붙은 화살표는 메시지에 담아 전달될 부가적인 정보인 인자를 의미한다. 이 경우 '아메리카노를 주문하라' 메시지는 나중에 '커피를 주문하라(아메리카노)'와 같이 인자를 포함하는 형식으로 구현될 것이다.

메시지를 찾았으니 이제 메시지를 처리하기에 적합한 객체를 선택해야 한다. 소프트웨어 객체는 현실 객체의 은유라는 것을 기억하자. 그렇다면 어떤 객체를 은유해야 하는가?

이미 우리는 커피 전문점을 추상화한 도메인 모델이라는 훌륭한 재료를 가지고 있다. 메시지를 처리할 객체를 찾고 있다면 먼저 도메인 모델 안에 책임을 수행하기에 적절한 타입이 존재하는지 살펴보라. 적절한 타입을 발견했다면 책임을 수행할 객체를 그 타입의 인스턴스로 만들어라. 현실 속의 객체와 소프트웨어 객체가 완전히 동일할 수는 없겠지만 적어도 소프트웨어 객체에게 현실 객체와 유사한 이름을 붙여 놓으면 유사성을 통해 소프트웨어 객체가 수행해야 하는 책임과 상태를 좀 더 쉽게 유추할 수 있다.

본론으로 돌아와서 '커피를 주문하라'라는 메시지를 수신할 객체는 무엇인가? 다른 말로 표현해 어떤 객체가 커피를 주문할 책임을 져야 하는가? 당연히 손님일 것이다. 따라서 메시지를 처리할 객체는 손님 타입의 인스턴스다. 이제 손님 객체는 커피를 주문할 책임을 할당받았다.

그림 7.7 첫 번째 메시지가 손님이라는 객체를 선택했다.

손님이 커피를 주문하는 도중에 스스로 할 수 없는 일이 무엇인지 생각해 보자. 손님이 할당된 책임을 수행하는 도중에 스스로 할 수 없는 일이 있다면 다른 객체에게 이를 요청해야 한다. 이 요청이 바로 손님 객체에서 외부로 전송되는 메시지를 정의한다.

손님은 메뉴 항목에 대해서는 알지 못한다. 메뉴 항목은 고객의 일부가 아니라 메뉴판의 일부라는 사실을 기억하라. 따라서 고객은 자신이 선택한 메뉴 항목을 누군가가 제공해 줄 것을 요청한다. '메뉴 항목을 찾아라'라는 새로운 메시지의 등장이다.

그림 7.8 스스로 할 수 없는 일은 메시지를 전송해 다른 객체에게 도움을 요청한다.

이 경우 메시지에 '메뉴 이름'이라는 인자를 포함해 함께 전송한다. 화살표 아래에 붙은 손님으로 향하는 작은 화살표는 이 메시지를 수신한 객체가 손님에게 무엇을 응답해야 하는지를 나타낸다. 이 경우 '메뉴 항목을 찾아라'라는 메시지를 수신한 객체는 '메뉴 이름'에 대응되는 '메뉴 항목'을 반환해야 한다.

메뉴 항목을 찾을 책임을 누구에게 할당하는 것이 좋을까? 메뉴 항목을 가장 잘 알고 있는 객체에게 할당하는 것이 적절할 것이다. 메뉴판 객체는 메뉴 항목 객체를 포함하기 때문에 이 책임을 처리할 수 있는 가장 적절한 후보다.

그림 7.9 두 번째 객체를 찾았다.

> **참고**
>
> 현실 속의 메뉴판은 자기 스스로 메뉴 항목을 찾지 않을 것이다. 현실 속에서 메뉴판은 손님에 의해 펼쳐지거나 닫혀지는 수동적인 존재다. 그러나 객체지향의 세계로 들어오면 수동적인 메뉴판이라는 개념은 더 이상 유효하지 않다. 객체지향 세계에서는 모든 객체가 능동적이고 자율적인 존재다. 메뉴판은 마치 생명을 가진 존재처럼 자기 스스로 메뉴 항목을 찾는다. 따라서 설계자는 무생물을 생물처럼 '의인화'해야 한다.
>
> 소프트웨어 세상 속의 메뉴판은 현실 속의 메뉴판으로부터 모티브를 따왔지만 현실 속의 메뉴판보다 더 많은 일을 할 수 있다. 소프트웨어 인의 메뉴판은 현실 속의 메뉴판이 제공하는 개념을 기반으로 하기 때문에 어떤 일을 수행하는지를 유추하기 쉽다. 소프트웨어 객체는 현실 속의 객체를 모방하거나 추상화한 것이 아니다. 단지 의미를 쉽게 유추할 수 있도록 '은유'할 뿐이다.

손님은 자신이 주문한 커피에 대한 메뉴 항목을 얻었으니 이제 메뉴 항목에 맞는 커피를 제조해달라고 요청할 수 있다. 새로운 요청은 새로운 메시지가 필요하다는 행복한 신호다. 손님은 커피를 제조하는 메시지의 인자로 메뉴 항목을 전달하고 반환값으로 제조된 커피를 받아야 한다.

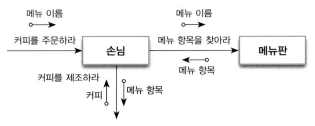

그림 7.10 새로운 메시지를 찾았다.

누가 커피를 제조해야 하는가? 당연히 바리스타다.

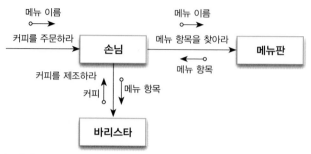

그림 7.11 커피를 제조하라는 메시지가 바리스타라는 객체를 선택했다.

참고

협력을 가시화하기 위해 사용한 표기법은 UML 표준이 아니다. UML 2.0 표준에서는 협력을 표현하기 위한 용도로 커뮤니케이션 다이어그램(Communication Diagram)을 제공한다. 여기서 커뮤니케이션 다이어그램과 유사하지만 약간 다른 표기법을 사용한 이유는 메시지의 방향과 주고받는 데이터를 좀 더 보기 쉽게 표현하고 싶기 때문이다.

의사소통이라는 목적에 부합한다면 용도에 맞게 얼마든지 UML을 수정하고 뒤틀어라. UML은 의사소통을 위한 표기법이지 꼭 지켜야 하는 법칙이 아니다.

바리스타는 커피를 제조하는 데 필요한 모든 정보를 알고 있다. 만약 아메리카노를 만들어야 한다면 바리스타의 머릿속에는 이미 아메리카노를 만드는 데 필요한 모든 방법이 들어 있을 것이다. 바리스타는 아메리카노를 만드는 데 필요한 정보와 기술을 함께 구비하고 있는 전문가다. 아메리카노를 만들기 위한 지식은 바리스타의 상태로, 기술은 바리스타의 행동으로 간주할 수 있다. 이런 관점에서 바리스타는 스스로의 판단과 지식에 따라 행동하는 자율적인 존재다.

커피 주문을 위한 협력은 이제 바리스타가 새로운 커피를 만드는 것으로 끝난다.

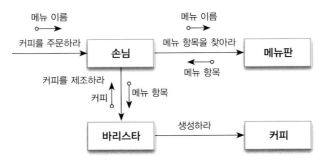

그림 7.12 커피 주문을 위한 객체 협력

협력에 필요한 객체의 종류와 책임, 주고받아야 하는 메시지에 대한 대략적인 윤곽이 잡혔다. 남은 일은 메시지를 정제함으로써 각 객체의 인터페이스를 구현 가능할 정도로 상세하게 정제하는 것이다.

인터페이스 정리하기

우리가 힘들여 얻어낸 것은 객체들의 인터페이스다. 객체가 수신한 메시지가 객체의 인터페이스를 결정한다는 사실을 기억하라. 메시지가 객체를 선택했고, 선택된 객체는 메시지를 자신의 인터페이스로 받아들인다.

각 객체를 협력이라는 문맥에서 떼어내어 수신 가능한 메시지만 추려내면 객체의 인터페이스가 된다. 객체가 어떤 메시지를 수신할 수 있다는 것은 그 객체의 인터페이스 안에 메시지에 해당하는 오퍼레이션이 존재한다는 것을 의미한다.

손님 객체의 인터페이스 안에는 '커피를 주문하라'라는 오퍼레이션이 포함돼야 한다. 메뉴판 객체의 인터페이스는 '메뉴 항목을 찾아라'라는 오퍼레이션을 제공하며, 바리스타 객체의 인터페이스는 '커피를 제조하라'라는 오퍼레이션을, 커피 객체는 '생성하라'라는 오퍼레이션을 제공한다.

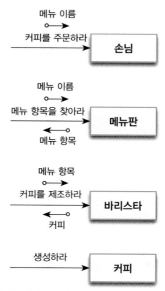

그림 7.13 각 객체들이 수신하는 메시지는 객체의 인터페이스를 구성한다.

객체들의 협력은 실행 시간에 컴퓨터 안에서 일어나는 상황을 동적으로 묘사한 모델이다. 실제로 소프트웨어의 구현은 동적인 객체가 아닌 정적인 타입을 이용해 이뤄진다. 따라서 객체들을 포괄하는 타입을 정의한 후 식별된 오퍼레이션을 타입의 인터페이스에 추가해야 한다.

객체의 타입을 구현하는 일반적인 방법은 클래스를 이용하는 것이다. 협력을 통해 식별된 타입의 오퍼레이션은 외부에서 접근 가능한 공용 인터페이스의 일부라는 사실을 기억하라. 따라서 인터페이스에 포함된 오퍼레이션 역시 외부에서 접근 가능하도록 공용(public)으로 선언돼 있어야 한다. 클래스의 인터페이스는 자바의 문법을 이용해 표기했다.

```java
class Customer {
  public void order(String menuName) {}
}
```

```
class MenuItem {
}

class Menu {
  public MenuItem choose(String name) {}
}

class Barista {
  public Coffee makeCoffee(MenuItem menuItem) {}
}

class Coffee {
  public Coffee(MenuItem menuItem) {}
}
```

구현하기

클래스의 인터페이스를 식별했으므로 이제 오퍼레이션을 수행하는 방법을 메서드로 구현하자. 먼저 Customer의 협력을 살펴보자. Customer는 Menu에게 menuName에 해당하는 MenuItem을 찾아달라고 요청해야 한다. 그리고 MenuItem을 받아 이를 Barista에게 전달해서 원하는 커피를 제조하도록 요청해야 한다.

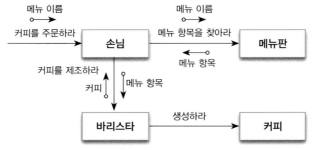

그림 7.14 손님의 구현은 메뉴판과 바리스타와 협력해야 한다.

문제는 Customer가 어떻게 Menu 객체와 Barista 객체에 접근할 것이냐다. 객체가 다른 객체에게 메시지를 전송하기 위해서는 먼저 객체에 대한 참조를 얻어야 한다. 따라서 Customer 객체는 어떤 방법으로든 자신과 협력하는 Menu 객체와 Barista 객체에 대한 참조를 알고 있어야 한다.

객체 참조를 얻는 다양한 방법이 있지만 여기서는 Customer의 order() 메서드의 인자로 Menu와 Barista 객체를 전달받는 방법으로 참조 문제를 해결하기로 한다. 이 결정은 결과적으로 Customer의 인터페이스를 변경한다.

```
class Customer {
  public void order(String menuName, Menu menu, Barista barista) {}
}
```

남은 것은 order() 메서드의 구현을 채우는 것뿐이다.

```
class Customer {
  public void order(String menuName, Menu menu, Barista barista) {
    MenuItem menuItem = menu.choose(menuName);
    Coffee coffee = barista.makeCoffee(menuItem);
    ...
  }
}
```

구현 도중에 객체의 인터페이스가 변경될 수 있다는 점을 눈여겨보기 바란다.

참고

구현하지 않고 머릿속으로만 구상한 설계는 코드로 구현하는 단계에서 대부분 변경된다. 설계 작업은 구현을 위한 스케치를 작성하는 단계지 구현 그 자체일 수는 없다. 중요한 것은 설계가 아니라 코드다. 따라서 협력을 구상하는 단계에 너무 오랜 시간을 쏟지 말고 최대한 빨리 코드를 구현해서 설계에 이상이 없는지, 설계가 구현 가능한지를 판단해야 한다. 코드를 통한 피드백 없이는 깔끔한 설계를 얻을 수 없다.

Menu는 menuName에 해당하는 **MenuItem**을 찾아야 하는 책임이 있다. 이 책임을 수행하기 위해서는 **Menu**가 내부적으로 **MenuItem**을 관리하고 있어야 한다. 간단하게 **Menu**가 **MenuItem**의 목록을 포함하게 하자. **Menu**의 choose( ) 메서드는 **MenuItem**의 목록을 하나씩 검사해가면서 이름이 동일한 **MenuItem**을 찾아 반환한다.

```java
class Menu {
  private List<MenuItem> items;

  public Menu(List<MenuItem> items) {
    this.items = items;
  }

  public MenuItem choose(String name) {
    for(MenuItem each : items) {
      if (each.getName().equals(name)) {
        return each;
      }
    }
    return null;
  }
}
```

참고

MenuItem의 목록을 Menu의 속성으로 포함시킨 결정 역시 클래스를 구현하는 도중에 내려졌다는 사실에 주목하라. 객체의 속성은 객체의 내부 구현에 속하기 때문에 캡슐화돼야 한다. 객체의 속성이 캡슐화된다는 이야기는 인터페이스에는 객체의 내부 속성에 대한 어떤 힌트도 제공돼서는 안 된다는 것을 의미한다. 이를 위한 가장 훌륭한 방법은 인터페이스를 정하는 단계에서는 객체가 어떤 속성을 가지는지, 또 그 속성이 어떤 자료 구조로 구현됐는지를 고려하지 않는 것이다. 객체에게 책임을 할당하고 인터페이스를 결정할 때는 가급적 객체 내부의 구현에 대한 어떤 가정도 하지 말아야 한다. 객체가 어떤 책임을 수행해야 하는지를 결정한 후에야 책임을 수행하는 데 필요한 객체의 속성을 결정하라. 이것이 객체의 구현 세부 사항을 객체의 공용 인터페이스에 노출시키지 않고 인터페이스와 구현을 깔끔하게 분리할 수 있는 기본적인 방법이다.

Barista는 MenuItem을 이용해서 커피를 제조한다.

```java
class Barista {
  public Coffee makeCoffee(MenuItem menuItem) {
    Coffee coffee = new Coffee(menuItem);
    return coffee;
  }
}
```

Coffee는 자기 자신을 생성하기 위한 생성자를 제공한다. Coffee는 커피 이름과 가격을 속성으로 가지고 생성자 안에서 MenuItem에 요청을 보내 커피 이름과 가격을 얻은 후 Coffee의 속성에 저장한다.

```java
class Coffee {
  private String name;
  private int price;

  public Coffee(MenuItem menuItem) {
    this.name = menuItem.getName();
    this.price = menuItem.cost();
  }
}
```

MenuItem은 getName()과 cost() 메시지에 응답할 수 있도록 메서드를 구현해야 한다.

```java
public class MenuItem {
  private String name;
  private int price;

  public MenuItem(String name, int price) {
    this.name = name;
    this.price = price;
  }
```

```
  public int cost() {
    return price;
  }

  public String getName() {
    return name;
  }
}
```

그림 7.15는 커피 전문점 코드를 클래스 다이어그램으로 나타낸 것이다. 몇 가지 사소
한 관계는 생략했지만 커피 전문점을 구성하는 중요한 측면은 모두 포함하고 있다.

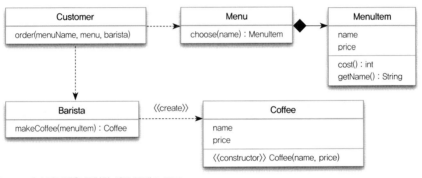

그림 7.15 커피 전문점을 구현한 최종 클래스 구조

참고

MenuItem의 인터페이스를 구성하는 오퍼레이션들을 MenuItem을 구현하는 단계에 와서야 식별했
다는 점을 눈여겨보기 바란다. 이것은 부끄러워해야 할 일이 아니다. 인터페이스는 객체가 다른 객체와
직접적으로 상호작용하는 통로다. 인터페이스를 통해 실제로 상호작용을 해보지 않은 채 인터페이스의
모습을 정확하게 예측하는 것은 불가능에 가깝다.

설계를 간단히 끝내고 최대한 빨리 구현에 돌입하라. 머릿속에 객체의 협력 구조가 번뜩인다면 그대로
코드를 구현하기 시작하라. 설계가 제대로 그려지지 않는다면 고민하지 말고 실제로 코드를 작성해가면
서 협력의 전체적인 밑그림을 그려보라. 테스트-주도 설계로 코드를 구현하는 사람들이 하는 작업이 바
로 이것이다. 그들은 테스트 코드를 작성해 가면서 협력을 설계한다.

축하한다. 모든 구현이 끝났다. 이제 여러분은 객체지향적인 설계와 구현이 무엇인지를 이해하기 시작했을 것이다. 메시지가 객체를 결정한다는 말의 의미, 책임을 따라 설계가 이뤄지는 과정, 인터페이스와 구현의 분리와 같은 다양한 이슈에 대해 어렴풋하게나마 개념을 잡을 수 있었기를 바란다.

코드와 세 가지 관점

코드는 세 가지 관점을 모두 제공해야 한다

앞에서 작성한 코드는 개념 관점, 명세 관점, 구현 관점에서 각기 다른 사항들을 설명해 준다.

먼저 개념 관점에서 코드를 바라보면 Customer, Menu, MenuItem, Barista, Coffee 클래스가 보인다. 이 클래스들을 자세히 살펴보면 커피 전문점 도메인을 구성하는 중요한 개념과 관계를 반영한다는 사실을 쉽게 알 수 있다. 소프트웨어 클래스가 도메인 개념의 특성을 최대한 수용하면 변경을 관리하기 쉽고 유지보수성을 향상시킬 수 있다. 예를 들어, 커피를 제조하는 과정을 변경해야 한다면 어디를 수정해야 할까? 현실 세계에서 커피를 제조하는 사람은 바리스타다. 따라서 현실 세계와 동일하게 소프트웨어 안에서도 Barista라는 클래스가 커피를 제조할 것이라고 쉽게 유추할 수 있다. 소프트웨어 클래스와 도메인 클래스 사이의 간격이 좁으면 좁을수록 기능을 변경하기 위해 뒤적거려야 하는 코드의 양도 점점 줄어든다.

명세 관점은 클래스의 인터페이스를 바라본다. 클래스의 public 메서드는 다른 클래스가 협력할 수 있는 공용 인터페이스를 드러낸다. 공용 인터페이스는 외부의 객체가 해당 객체에 접근할 수 있는 유일한 부분이다. 인터페이스를 수정하면 해당 객체와 협력하는 모든 객체에게 영향을 미칠 수밖에 없다. 객체의 인터페이스는 수정하기 어렵다는 사실을 명심하라. 최대한 변화에 안정적인 인터페이스를 만들기 위해서는 인터페이스를 통해 구현과 관련된 세부 사항이 드러나지 않게 해야 한다. 변화에 탄력적인 인터페이스를 만들 수 있는 능력은 객체지향 설계자의 수준을 가늠하는 중요한 척도다.

구현 관점은 클래스의 내부 구현을 바라본다. 클래스의 메서드와 속성은 구현에 속하며 공용 인터페이스의 일부가 아니다. 따라서 메서드의 구현과 속성의 변경은 원칙적으로 외부의 객체에게 영향을 미쳐서는 안 된다(원칙적이라는 말 속에는 현실적으로 100% 파급효과가 미치는 것을 막는 것이 불가능한 경우도 있다는 사실을 암시한다). 이것은 메서드와 속성이 철저하게 클래스 내부로 캡슐화돼야 한다는 것을 의미한다. 메서드와 속성은 클래스 내부의 비밀이다. 외부의 클래스는 자신이 협력하는 다른 클래스의 비밀 때문에 우왕좌왕해서는 안 된다.

개념 관점, 명세 관점, 구현 관점은 동일한 코드를 바라보는 서로 다른 관점이다. 훌륭한 객체지향 프로그래머는 하나의 클래스 안에 세 가지 관점을 모두 포함하면서도 각 관점에 대응되는 요소를 명확하고 깔끔하게 드러낼 수 있다. 다른 사람이 여러분의 코드를 읽으면서 세 가지 관점을 쉽게 포착하지 못한다면 세 가지 관점이 명확하게 드러날 수 있게 코드를 개선하라. 그것이 변경에 유연하게 대응할 수 있는 객체지향 코드를 작성하는 가장 빠른 길이다.

도메인 개념을 참조하는 이유

어떤 메시지가 있을 때 그 메시지를 수신할 객체를 어떻게 선택하는가? 첫 번째 전략은 도메인 개념 중에서 가장 적절한 것을 선택하는 것이다. 도메인 개념 안에서 적절한 객체를 선택하는 것은 도메인에 대한 지식을 기반으로 코드의 구조와 의미를 쉽게 유추할 수 있게 한다. 이것은 시스템의 유지보수성에 커다란 영향을 미친다.

소프트웨어는 항상 변한다. 설계는 변경을 위해 존재한다. 여러 개의 클래스로 기능을 분할하고 클래스 안에서 인터페이스와 구현을 분리하는 이유는 변경이 발생했을 때 코드를 좀 더 수월하게 수정하길 간절히 원하기 때문이다. 소프트웨어 클래스가 도메인 개념을 따르면 변화에 쉽게 대응할 수 있다.

인터페이스와 구현을 분리하라

다시 한 번 강조한다. 인터페이스와 구현을 분리하라.

명세 관점과 구현 관점이 뒤섞여 여러분의 머릿속을 함부로 어지럽히지 못하게 하라. 명세 관점은 클래스의 안정적인 측면을 드러내야 한다. 구현 관점은 클래스의 불안정한 측면을 드러내야 한다. 인터페이스가 구현 세부 사항을 노출하기 시작하면 아주 작은 변동에도 전체 협력이 요동치는 취약한 설계를 얻을 수밖에 없다.

마틴 파울러는 개념적인 관점과 명세 관점 사이는 그렇게 중요하지 않은 경우가 많지만 명세 관점과 구현 관점을 분리하는 것은 매우 중요하다고 주장한다[Fowler 1999b]. 프로그래머의 입장에서 가장 많이 접하게 되는 것은 코드이므로 구현 관점을 가장 빈번하게 사용하겠지만 실제로 훌륭한 설계를 결정하는 측면은 명세 관점인 객체의 인터페이스다. 명세 관점이 설계를 주도하게 하면 설계의 품질이 향상될 수 있다는 사실을 기억하라.

중요한 것은 여러분이 클래스를 봤을 때 클래스를 명세 관점과 구현 관점으로 나눠볼 수 있어야 한다는 것이다. 캡슐화를 위반해서 구현을 인터페이스 밖으로 노출해서도 안 되고, 인터페이스와 구현을 명확하게 분리하지 않고 흐릿하게 섞어놓아서도 안 된다. 결국 세 가지 관점 모두에서 클래스를 바라볼 수 있으려면 훌륭한 설계가 뒷받침돼야 하는 것이다.

추상화 기법

추상화 기법

추상화는 도메인의 복잡성을 단순화하고 직관적인 멘탈 모델을 만드는 데 사용할 수 있는 가장 기본적인 인지 수단이다. 사람들은 도메인에 존재하는 개념들을 구조화하고 단순화하기 위해 다양한 추상화 기법을 사용한다. 특성을 공유하는 객체들을 동일한 타입으로 분류하는 것은 객체지향 패러다임에서 사용하는 추상화 기법의 한 예다.

다음은 사람들이 세계를 이해하는 데 사용하는 중요한 추상화 기법의 종류를 나타낸 것이다. 각 추상화 기법은 복잡성을 낮추기 위해 사물의 특정한 측면을 감춘다.

- **분류와 인스턴스화:** **분류**는 객체의 구체적인 세부 사항을 숨기고 인스턴스 간에 공유하는 공통적인 특성을 기반으로 범주를 형성하는 과정이다. 분류의 역은 범주로부터 객체를 생성하는 **인스턴스화** 과정이다.

- **일반화와 특수화:** **일반화**는 범주 사이의 차이를 숨기고 범주 간에 공유하는 공통적인 특성을 강조한다. 일반화의 역을 **특수화**라고 한다.

- **집합과 분해:** **집합**은 부분과 관련된 세부 사항을 숨기고 부분을 사용해서 전체를 형성하는 과정을 가리킨다. 집합의 반대 과정은 전체를 부분으로 분리하는 **분해** 과정이다.

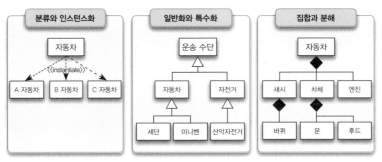

그림 A.1 추상화 메커니즘의 종류

객체지향의 가장 큰 장점은 동일한 추상화 기법을 프로그램의 분석, 설계, 구현 단계에 걸쳐 일관성 있게 적용할 수 있다는 점이다.

분류와 인스턴스화

개념과 범주

누군가 다가와 도로 위를 달리는 작은 승용차와 버스, 트럭들을 가리키며 무엇이냐고 물어본다면 사람들은 당연하다는 듯이 '자동차'라고 답할 것이다. 반면 길거리에 자라고 있는 다양한 종류의 가로수들을 가리키면 '나무'라고 답할 것이다. 비록 모든 자동차의 색상, 크기, 외관 등은 완전히 동일하지 않겠지만 사람들은 공통점을 바탕으로 서로 다른 자동차들을 자동차라는 하나의 개념으로 분류할 수 있다. 마찬가지로 개별 나무들의 특성 역시 완전히 동일하지는 않지만 유사한 특성을 바탕으로 나무라는 개념으로 분류할 수 있다.

객체를 분류하고 **범주**로 묶는 것은 객체들의 특정 집합에 공통의 개념을 적용하는 것을 의미한다. 개념이란 속성과 행위가 유사한 객체에 공통적으로 적용되는 관념이나 아이디어다[Martin 1998]. 자동차 범주에 적용되는 개념은 '바퀴를 이용해 사람들을 한 장소에서 다른 장소로 운반하는 운송수단'이다. 나무라는 범주에는 '푸른 잎과 갈색의 줄기를 가진 다년생 식물'이라는 개념을 적용할 수 있다.

객체들을 공통적인 특성을 기반으로 범주로 묶고 개념을 적용하는 것은 범주라는 정신적인 렌즈를 통해 세상을 바라보는 것과 유사하다. 자동차라는 렌즈를 통해 바라본 세상에는 자동차 범주에 속한 객체만이 보일 것이고 나무라는 렌즈를 통해 바라본 세상에는 나무 범주에 속한 객체만이 보일 것이다. 그림 A.2와 같이 범주와 개념은 인간이 실세계를 바라보는 인식의 형태를 빚는다.

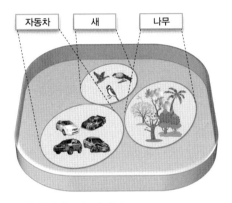

그림 A.2 세상에 대한 인간의 인식을 형성하는 범주와 개념

세상에 존재하는 객체에 개념을 적용하는 과정을 분류라고 한다[Martin 1998]. 분류는 객체를 특정한 개념을 나타내는 집합의 구성 요소로 포함시킨다. 어떤 객체를 자동차라는 개념으로 분류하는 것은 자동차라는 개념을 적용할 수 있는 집합의 일원으로 해당 객체를 포함시키는 것을 의미한다.

그림 A.2는 개념과 객체의 집합 간의 관계를 이해하기 쉽게 설명한 것이다. 자동차라는 개념은 우리가 자동차라고 부를 수 있는 공통의 특성을 가진 객체들의 집합을 일컫는 이름이다. 길을 걷다 새로운 자동차를 보게 되면 사람들은 무의식적으로 자동차라는 개념을 떠올리며 동시에 자동차 집합에 해당 객체를 포함시킨다.

세상에 존재하는 서로 다른 상태를 가진 무수히 많은 자동차와 나무를 개별적으로 다루지 않고 자동차나 나무라는 범주로 묶음으로써 세상에 존재하는 복잡성을 낮출 수 있다. 사람들은 분류를 통해 개별 현상을 하나의 개념으로 다룬다. 이때 '수많은 개별적인 현상들'을 객체라고 하고, '하나의 개념'을 타입이라고 한다. 다시 말해 분류는 객체를 타입과 연관시키는 것이다. 분류의 역은 타입에 해당하는 객체를 생성하는 과정으로 인스턴스화 또는 예시라고 한다.

객체지향의 세계에서 개념을 가리키는 표준 용어는 타입이다[Martin 1998]. 따라서 타입은 개념과 동의어이며 속성과 행위가 유사한 객체에 공통적으로 적용되는 관념이나 아이디어를 의미한다. 이런 관점에서 분류란 객체들을 동일한 타입 또는 범주로 묶는 과정을 의미하므로 객체를 타입의 인스턴스라고 한다.

요약하면 분류는 객체와 타입 간의 관계를 나타낸 것이다. 어떤 객체가 타입의 정의에 부합할 경우 그 객체는 해당 타입으로 분류되며 자동으로 타입의 인스턴스가 된다.

타입

객체를 타입에 따라 분류하기 위해서는 객체가 타입에 속하는지 여부를 확인할 수 있어야 한다. 어떤 객체의 타입이 자동차라고 말할 수 있으려면 자동차가 무엇인지에 대한 명확한 정의가 필요하다. 일단 자동차에 대한 명확한 정의가 내려진 후에는 어떤 객체가 자동차 타입의 인스턴스인지 여부를 쉽게 판단할 수 있다.

타입을 객체의 분류 장치로서 적용할 수 있으려면 다음과 같은 세 가지 관점에서의 정의가 필요하다[Martin 1998, Larman 2004].

- **심볼**: 타입을 가리키는 간략한 이름이나 명칭
- **내연**: 타입의 완전한 정의. 내연의 의미를 이용해 객체가 타입에 속하는지 여부를 확인할 수 있다.
- **외연**: 타입에 속하는 모든 객체들의 집합

그림 A.3은 어떤 객체를 자동차라는 타입으로 분류하는 데 필요한 정의를 심볼, 내연, 외연 측면에서 나타낸 것이다. 그림 좌측 하단에 표시된 내연은 어떤 객체가 의미적으로 자동차라는 타입에 속하는지 여부를 판단할 수 있는 정의를 제공한다. 만약 어떤 객체가 내연을 만족한다면 그 객체는 우측 하단에 표시된 자동차 집합인 외연의 한 원소로 포함된다. 자동차라는 심볼은 내연과 외연에 모호하지 않은 이름을 붙임으로써 타입을 쉽게 참조하고 커뮤니케이션할 수 있게 한다. 이처럼 도메인을 분석하는 동안 이름과 의미, 객체들의 집합을 이용해 개념을 정의할 수 있다.

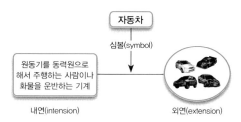

그림 A.3 자동차 타입을 정의하는 세 가지 관점

외연과 집합

타입의 외연은 타입에 속하는 객체들의 집합으로 표현한다. 집합은 외연을 가리키는 또 다른 명칭이다. 객체들은 동시에 서로 다른 집합에 포함될 수도 있다.

그림 A.4는 데스크톱 컴퓨터, 노트북 컴퓨터, 사무용 컴퓨터라는 세 가지 범주로 분류한 컴퓨터의 집합을 다이어그램으로 표현한 것이다. 각 집합은 내연의 정의를 만족하는 객체를 원소로 포함하고 있다. 사무용 컴퓨터에 속하는 두 대의 컴퓨터는 동시에 두 개의 집합에 포함된다는 사실을 알 수 있다. 사람들은 한 시점에 동일한 객체를 다양한 방식으로 인지하기 때문에 이것은 사람들이 세상을 인지하는 일반적인 방식을 반영한다.

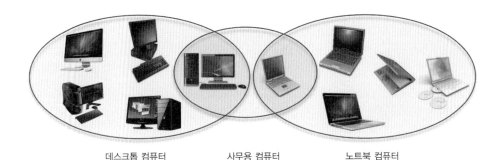

데스크톱 컴퓨터   사무용 컴퓨터   노트북 컴퓨터

그림 A.4 집합은 많은 객체를 포함하고 객체는 하나 이상의 집합에 포함될 수 있다.

그림 A.4는 단일 분류(single classification)와 다중 분류(multiple classification)의 차이점을 나타낸 것이다. 한 객체가 한 시점에 하나의 타입에만 속하는 것을 단일 분류라고 한다. 반면 한 객체가 한 시점에 여러 타입에 속할 경우 이를 다중 분류라고 한다. 다중 분류에 따르면 어떤 컴퓨터는 데스크톱 컴퓨터인 동시에 사무용 컴퓨터일 수 있다. 그러나 단일 분류를 따를 경우 컴퓨터는 데스크톱 컴퓨터나 사무용 컴퓨터 중 어느 한 집합에만 포함돼야 한다.

대부분의 객체지향 프로그래밍 언어들은 단일 분류만을 지원한다. 대부분의 언어에서 한 객체는 오직 한 클래스의 인스턴스여야만 하며 동시에 두 개의 클래스의 인스턴스일 수는 없다. 이 관점에서 다중 분류를 다중 상속과 혼동해서는 안 된다[Fowler 2003]. 다중 상속은 하나의 타입이 다수의 슈퍼타입을 가질 수 있도록 허용하지만 타입 정의를 생략할 수는 없다. 반면 다중 분류는 특정한 타입을 정의하지 않고도 하나의 객체가 서로 다른 타입의 인스턴스가 되도록 허용한다.

객체를 특정한 타입으로 분류하면 해당 객체는 타입의 집합에 포함된다. 만약 객체가 타입을 변경할 수 있다면 어떻게 될까? 객체가 한 집합에서 다른 집합의 원소로 자신이 속하는 타입을 변경할 수 있는 경우 이를 동적 분류(dynamic classification)라고 한다. 객체가 자신의 타입을 변경할 수 없는 경우 이를 정적 분류(static classification)라고 한다.

그림 A.5는 하나의 컴퓨터가 시간이 흐름에 따라 교육용 컴퓨터에서 사무용 컴퓨터로, 다시 사무용 컴퓨터에서 교육용 컴퓨터로 분류가 바뀌는 과정을 나타낸 것이다. 이 경우 해당 컴퓨터 객체의 타입은 시간의 흐름에 따라 변경 가능하다. 컴퓨터가 교육용 컴퓨터인 동시에 사무용 컴퓨터로도 동시에 사용될 수 있다는 점에 주목하라.

다중 분류와 동적 분류는 서로 배타적인 개념이 아니다. 개념적인 관점에서 다중 분류와 동적 분류를 함께 적용하는 것이 실세계의 복잡성을 모델링하는 데 유용하다. 클래스 기반의 객체지향 언어에서 타입은 클래스를 이용해서 구현된다. 대부분의 언어는 일단 클래스로부터 인스턴스를 생성한 후 클래스를 변경할 수 있는 방법을 제공하지 않는다. 즉, 객체의 타입을 변경할 수 없다. 따라서 우리가 사용하는 대부분의 언어는 정적 분류만 허용하며 동적 분류를 구현할 수 있는 방법을 제공하지 않는다.

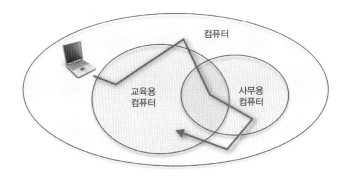

그림 A.5 집합은 많은 객체를 포함하고 객체는 하나 이상의 집합에 포함될 수 있다.

다중 분류와 동적 분류는 개념적인 관점에서 도메인을 분석하는 데는 유용하지만 객체지향 프로그래밍 언어의 제약으로 인해 이를 구현으로 옮기기는 쉽지 않다. 개인적인 경험에 따르면 다중 분류와 동적 분류 관점에서 도메인 모델의 초안을 만든 후 실제 구현에 적합하도록 단일 분류와 정적 분류 방식으로 객체들의 범주를 재조정하는 편이 분석과 구현 간의 차이를 메울 수 있는 가장 현실적인 방법이다.

마틴 파울러는 『Analysis Patterns』[Fowler 1996]와 『Object-Oriented Methods: Pragmatic Considerations』[Martin 1996]에서 다중 분류와 동적 분류를 구현할 수 있

는 다양한 방식의 '디자인 템플릿'을 소개하고 있다. 이러한 디자인 템플릿은 유연성이라는 측면에서 반드시 필요한 경우에만 사용해야 한다. 단순함을 위해서는 항상 다중분류와 동적 분류보다는 단일 분류와 정적 분류를 선택하는 것이 현명하다.

클래스

객체지향 프로그래밍 언어를 이용해 타입을 구현하는 가장 보편적인 방법은 클래스를 이용하는 것이다. 여기서 '타입을 구현한다'라고 표현한 이유는 클래스와 타입이 동일한 개념이 아니기 때문이다. 클래스는 타입을 구현하는 용도 외에도 코드를 재사용하는 용도로 사용되기도 한다. 클래스 외에도 인스턴스를 생성할 수 없는 추상 클래스나 인터페이스를 이용해 타입을 구현할 수도 있다.

역사적으로 분류(정확하게는 생물학적 분류)에 대한 최초의 괄목할 만한 연구는 플라톤의 제자인 아리스토텔레스에 의해 시작됐다. 아리스토텔레스의 연구 목적은 모든 자연계의 사물에 대한 완전하고 상세한 분류체계를 제공하는 것이었다. 아리스토텔레스는 식물과 동물에 대한 엄청난 양의 1차 자료를 모은 뒤 그것들을 좀 더 방대한 분류 틀로 정리하는 일에 힘을 쏟았다.

현재의 객체지향 패러다임은 아리스토텔레스의 분류법의 근간을 형성하는 아이디어를 기반으로 한다. 만약 객체들이 동일한 특성을 가진다면 그것들은 동일한 카테고리에 속한다. 따라서 객체들의 카테고리는 객체들이 공유하는 공통적인 특성에 의해 정의된다. 또한 아리스토텔레스는 객체의 특성을 본질적인 속성과 우연적인 속성으로 분류했다.[1] 본질(essence)이란 한 사물의 가장 핵심적이고 필수불가결한 속성이다. 본질적이지 않은 속성을 우연적(accidental) 속성이라고 한다. 예를 들어, 어떤 사람이 취직을

---

1 사물의 특성을 본질적인 속성과 우연적인 속성으로 분류하는 아리스토텔레스의 사상은 이후에 프레더릭 브룩스(Frederick Brooks)를 포함한 많은 연구자들에게 영감을 제공했다. 앞에서 살펴본 것처럼 프레더릭 브룩스의 기념비적인 논문인 『은총알은 없다(No Silver Bullet)』[Brooks 1995]에서는 소프트웨어를 개발하는 데 필요한 작업을 아리스토텔레스의 개념에 착안해 '본질적인 작업(essential task)'과 '부차적인 작업(accidental task)'의 두 가지 종류로 구분하고 있다.

해서 회사원이 됐다고 해도 그 사람은 여전히 그 사람일 뿐이다. 회사원이라는 역할이 그 사람의 본질을 바꾸지는 못한다.

클래스 기반의 객체지향 언어는 아리스토텔레스의 철학을 기반으로 한다. 클래스는 객체가 공유하는 본질적인 속성을 정의한다. 대부분의 객체지향 프로그래밍 언어에서 동일한 범주에 속하는 객체는 동일한 클래스의 인스턴스여야 한다. 대부분의 객체지향 언어는 본질적인 속성은 표현할 수 있지만 우연적인 속성은 표현할 수 없다. 따라서 동일한 범주에 속하는 객체는 모두 동일한 속성을 가져야만 한다.

아리스토텔레스는 세계에 존재하는 객체들에 대한 객관적인 분류 체계가 존재한다고 가정했다. 아리스토텔레스의 작업은 적어도 서양과 다른 여러 문화권에서 자연계에는 하나의 정확한 분류 체계가 존재한다는 광범위하게 수용돼 온 아이디어의 기반이 되었다. 안타깝게도 분류의 수준과 결과는 누가 분류를 하는가와 무엇을 기반으로 분류하는가에 따라 크게 달라진다. 실제로 사람들은 동일한 사물을 다양한 방식으로 인식하며 다양한 방식으로 분류한다.

자바스크립트처럼 클래스가 존재하지 않는 프로토타입 기반의 언어는 아리스토텔레스의 객관적인 분류 체계가 존재한다는 사상에 대한 철학적 의문에 그 뿌리를 두고 있다. 클래스가 없는 프로토타입 언어에서 분류와 인스턴스화는 프로토타입이라는 객체의 복사를 통해 이뤄진다.

일반화와 특수화

범주의 계층

18세기 유럽은 자연에 대한 관심과 발견이 폭발적으로 증가하던 시기였다. 학자들은 매년 수천 종류의 생물들을 새롭게 발견했다. 그때까지 듣지도 보지도 못했던 새로운 식물과 동물에 대한 보고서가 식민지로부터 끝없이 쏟아져 들어왔다. 공통의 분류 체계가 없었던 당시에 학자들이 다른 학자들의 연구 결과를 토대로 연구를 확장한다는 것은 사실상 불가능에 가까웠다. 학자들 사이에서는 보편적 분류 체계에 대한 필요성이 강하게 대두되고 있었다.

1735년에 카를로스 린네(Carlos Linnaeus)는 생물 분류법에 대한 기념비적인 논문인 『자연의 체계(Systema Naturae)』를 발표했다. 린네의 분류 체계는 '계'라는 최상위 단계가 있는 중첩된 계층 구조였다. 이는 다시 문, 강, 목, 과, 속, 종으로 세분화됐으며 각 단계를 가리키는 라틴어 명칭이 존재한다. 린네의 분류 체계의 또 다른 특징은 이명법을 적용했다는 점이다. 이명법은 언어에 따라 다르게 불리는 생물에 대한 표준 명칭을 정의하기 위해 모든 생물에 대해 속명과 종명을 혼합한 이름을 붙이는 것을 의미한다.

예를 들어, 얼룩고양이의 분류 체계를 살펴보자. 린네의 분류법에 따르면 얼룩 고양이는 다음의 분류 체계에 따라 '고양이속 고양이종(Felis Catus)'의 하위 종이다.

> 계: 동물계(Animalia)
>
> 문: 척색동물문(Chordata)
>
> 강: 포유류강(Mallalia)
>
> 목: 육식동물목(Carnivora)
>
> 과: 고양이과(Felidae)
>
> 속: 고양이속(Felis)
>
> 종: 고양이종(Catus)

린네의 분류 체계는 범주 간의 계층적인 구조를 가진다. 고양이종 범주는 포유류강 범주의 하위 범주에 속한다. 이것은 얼룩고양이의 특성을 추론할 수 있게 만들어준다. 모든 포유류에게는 척추가 있고 새끼를 낳아 젖을 먹여 기른다는 특징을 공유한다. 따라서 포유류에 대한 특징을 알고 있고 고양이종이 포유류강의 하위 범주라는 것을 알고 있다면 얼룩고양이를 실제로 알지 못하더라도 얼룩고양이에게 척추가 있고 새끼를 낳아 기르며 젖을 먹여 새끼를 기를 것이라는 사실을 쉽게 추론할 수 있다.

린네의 계층 구조는 좀 더 세부적인 범주가 계층의 하위에 위치하고 좀 더 일반적인 범주가 계층의 상위에 위치한다. 이때 계층의 상위에 위치한 범주를 계층의 하위에 위치한 범주의 일반화라고 하고, 계층의 하위에 위치한 범주는 계층의 상위에 위치한 범주의 특수화라고 한다.

서브타입

객체지향의 세계에서 범주는 개념을 의미하고, 개념은 타입을 의미하므로 일반화와 특수화는 계층 구조 안에 존재하는 타입 간의 관계를 의미한다. 따라서 좀 더 일반적인 타입을 이용해 좀 더 세부적인 타입을 정의함으로써 타입 간의 계층 구조를 구축할 수 있다. 어떤 타입이 다른 타입보다 일반적이라면 이 타입을 슈퍼타입(supertype)이라고 한다. 어떤 타입이 다른 타입보다 좀 더 특수하다면 이 타입을 서브타입(subtype)이라고 한다. 슈퍼타입은 서브타입의 일반화이고 서브타입은 슈퍼타입의 특수화다.

린네의 분류법에서 볼 수 있는 범주의 계층적인 분류 체계는 아리스토텔레스의 분류법에 기원을 두고 있다. 아리스토텔레스는 기존의 범주가 가진 속성을 새로운 범주가 포함할 경우 새로운 범주는 기존의 범주를 확장해 정의할 수 있다고 봤다. 다시 말해, 새로운 범주의 속성은 자신이 정의한 본질적인 속성에 기존 범주의 본질적인 속성을 추가한 것이다.

이것은 객체지향의 세계에서도 동일하게 적용된다. 일반화와 특수화의 계층 구조에서 서브타입은 슈퍼타입이 가진 본질적인 속성과 함께 자신만의 추가적인 속성을 가진다. 이것은 내연의 관점에서 슈퍼타입의 정의가 서브타입의 정의보다 더 일반적이라는 것을 의미한다.

앞에서 설명한 것처럼 내연의 관점에서 일반화와 특수화는 범주 간의 논리적인 추론을 가능하게 한다. 실제로 아리스토텔레스를 중심으로 한 그리스 철학은 1) 사물의 속성 자체에 주의를 기울이고, 2) 그 속성에 근거해서 사물을 범주화하며, 3) 그 범주들을 사용해 어떤 규칙을 만들어, 4) 사물들의 움직임을 그 규칙으로 설명하고자 했다. 그리스 철학의 이런 특성은 귀납적 추리를 가능하게 한다. 즉, 어떤 범주에 속하는 다른 객체 가 특정 속성을 가지고 있음을 알게 되면 그 범주와 하위 범주에 속하는 다른 객체도 그 속성을 가지고 있을 것이라고 추론할 수 있다.

서브타입은 슈퍼타입의 본질적인 속성을 모두 포함하기 때문에 계층에 속하는 모든 서 브타입들이 슈퍼타입의 속성을 공유한다는 것을 쉽게 예상할 수 있다. 이 같은 일반화 의 특징을 이용하면 부분적인 사실을 통해 복잡한 사실에 대한 논리적인 추론이 가능해 진다. 즉, 파편화된 사실들을 모르더라도 복잡한 세상의 속성을 논리적으로 쉽게 이해 할 수 있다.

내연의 관점에서 린네의 분류 계층을 표현한 그림 A.6을 살펴보자. 고양이는 육식동물 의 특수화이고 육식동물은 포유류의 특수화이기 때문에 고양이는 육식동물과 포유류가 가진 모든 본질적인 속성을 포함한다. 따라서 고양이는 야행성이고 애완용으로 기를 수 있으며, 쥐를 잡는 실용적인 동물(고양이의 본질적인 속성)이라는 특징 외에도 척추 가 있고 새끼를 낳아 젖을 먹여 기르는 동물인 동시에(포유류의 본질적인 속성) 다른 동 물을 먹이로 삼는다는(육식동물의 본질적인 속성) 특징이 있음을 쉽게 이해할 수 있다.

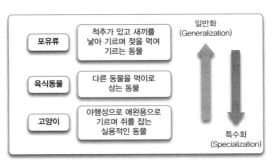

그림 A.6 내연의 관점에서 특수한 타입은 일반적인 타입의 속성을 포함한다.

객체의 집합을 나타내는 외연의 관점에서 서브타입은 슈퍼타입의 부분집합으로 표현된 다. 모든 고양이는 육식동물의 집합에 포함되며, 모든 육식동물은 포유류의 집합에 포함된다. 따라서 고양이의 집합은 육식동물의 부분집합이며, 육식동물의 집합은 포유류의 부분집합이다.

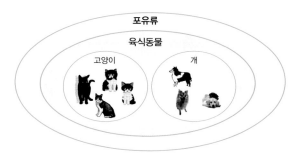

그림 A.7 외연의 관점에서 서브타입은 슈퍼타입의 부분집합이다.

크레이그 라만은 어떤 타입이 다른 타입의 서브타입이 되기 위해서는 '100% 규칙'과 'Is-a 규칙'을 준수해야 한다고 말한다[Larman 2004]. 100% 규칙은 타입의 내연과 관련된 규칙이며, Is-a 규칙은 타입의 외연과 관련된 규칙이다. 두 타입이 100% 규칙과 Is-a 규칙을 만족시키지 못할 경우 두 타입 간에 일반화 관계는 성립하지 않는다.

- 100% 규칙: 슈퍼타입의 정의가 100% 서브타입에 적용돼야만 한다. 서브타입은 속성과 연관관계 면에서 슈퍼타입과 100% 일치해야 한다.

- Is-a 규칙: 서브타입의 모든 인스턴스는 슈퍼타입 집합에 포함돼야 한다. 이는 대개 영어로 서브타입은 슈퍼타입이다(subtype is a supertype)라는 구문을 만듦으로써 테스트할 수 있다.

Is-a 규칙에서 알 수 있는 것처럼 흔히 일반화 관계를 **is-a 관계**라고 한다. "고양이는 육식동물이다"와 "육식동물은 고양이다"라는 말은 두 가지 범주 간의 일반화 관계를 표현한 것이다. is-a 관계의 본질은 서브타입이 슈퍼타입의 부분집합이라는 것이다.

---

2   서브타입이 슈퍼타입 정의를 확장하는 경우에는 is-a-kind-of 관계라고 부르기도 한다.

상속

프로그래밍 언어를 이용해 일반화와 특수화 관계를 구현하는 가장 일반적인 방법은 클래스 간의 상속을 사용하는 것이다. 그러나 안타깝게도 모든 상속 관계가 일반화 관계인 것은 아니다. 프로그램 내의 두 클래스 간에 상속 관계가 존재할 때 이 관계를 반드시 일반화 관계라고 할 수는 없다.

일반화의 원칙은 한 타입이 다른 타입의 서브타입이 되기 위해서는 슈퍼타입에 순응(conformance)해야 한다는 것이다. 순응에는 구조적인 순응(structural conformance)과 행위적인 순응(behavioral conformance)의 두 가지 종류가 있다[Cook 1994]. 두 가지 모두 특정 기대 집합에 대해 서브타입의 슈퍼타입에 대한 대체 가능성을 의미한다. 구조적인 순응의 경우 기대 집합은 속성과 연관관계에 관한 것이며, 행위적인 순응의 경우 기대 집합은 행위가 동일한 계약을 기반으로 하느냐에 관한 것이다.

구조적인 순응은 타입의 내연과 관련된 100% 규칙을 의미한다. 즉, 서브타입은 슈퍼타입이 가지고 있는 속성과 연관관계 면에서 100% 일치해야 한다. 따라서 서브타입이 슈퍼타입을 대체하더라도 구조에 관한 동일한 기대 집합을 만족시킬 수 있다. 예를 들어, **Person**이 name이라는 속성을 가진다면 **Person**의 서브타입인 **Employee** 역시 name이라는 속성을 가질 것이라고 기대할 수 있다. 따라서 **Employee**는 **Person**에 대해 구조적으로 순응하며 따라서 **Person**을 대체할 수 있다.

행위적인 순응은 타입의 행위에 관한 것이며, 서브타입은 슈퍼타입을 행위적으로 대체 가능해야 한다. 행위적인 순응을 흔히 **리스코프 치환 원칙(Liskov Substitution Principle, LSP)**[Martin 2002]이라고 한다. **Person**이 getAge()라는 메시지에 대한 응답으로 나이를 반환한다면 서브타입인 **Employee** 역시 getAge()라는 메시지에 대한 응답으로 나이를 반환해야 한다. 클라이언트 입장에서 **Employee**는 **Person**에 대해 행위적으로 순응하기 때문에 대체 가능하다.

상속의 또 다른 용도는 코드 중복을 방지하고 공통 코드를 재사용하기 위한 언어적 메커니즘을 제공하는 것이다. 만약 한 클래스가 다른 클래스를 상속한다면 상속하는 타입은 부모 클래스의 데이터와 메서드를 사용하고, 수정하고, 확장할 수 있다. 어떤 프로그래밍 언어도 상속이 대체 가능성을 만든다는 것을 보장하지 않는다.

상속은 서브타이핑(subtyping)과 서브클래싱(subclassing)의 두 가지 용도로 사용될 수 있다. 서브클래스가 슈퍼클래스를 대체할 수 있는 경우 이를 서브타이핑이라고 한다. 서브클래스가 슈퍼클래스를 대체할 수 없는 경우에는 서브클래싱이라고 한다. 서브타이핑은 설계의 유연성이 목표인 반면 서브클래싱은 코드의 중복 제거와 재사용이 목적이다. 흔히 서브타이핑을 인터페이스 상속(interface inheritance)이라고 하고, 서브클래싱을 구현 상속(implementation inheritance)이라고 한다.

안타깝게도 클래스가 다른 클래스를 상속받았다는 사실만으로 두 클래스 간의 관계가 서브타이핑인지, 서브클래싱인지 여부를 결정할 수는 없다. 서브타이핑의 전제 조건은 대체 가능성이기 때문에 서브타이핑인지 여부를 확인하려면 클라이언트 관점에서 실제로 어떻게 사용되고 있는지를 확인해야 한다.

요약하면 일반화를 위한 서브타이핑은 특정 기대 집합에 대한 서브타입과 슈퍼타입 간의 구조적, 또는 행위적 순응 관계를 의미하며, 대체 가능성을 내포한다. 상속은 서브타이핑을 프로그래밍 언어적으로 구현하는 데 사용될 수 있지만 모든 상속이 서브타이핑인 것은 아니다. 서브클래스가 슈퍼클래스를 대체할 수 없고 단지 코드만 공유하고 있다면 서브타이핑이 아니라 서브클래싱이라고 한다. 가능한 모든 상속 관계가 서브타이핑의 대체 가능성을 준수하도록 주의 깊게 사용하는 것은 코드를 유연하게 만들고 재사용성을 높이는 한 가지 방법이다.

여러 클래스로 구성된 상속 계층에서 수신된 메시지를 이해하는 기본적인 방법은 클래스 간의 위임(delegation)을 사용하는 것이다. 어떤 객체의 클래스가 수신된 메시지를 이해할 수 없다면 메시지를 클래스의 부모 클래스로 위임한다. 만약 부모 클래스에서도 메시지를 이해할 수 없다면 자신의 부모 클래스로 다시 메시지를 위임한다. 클래스 간의 위임 사슬은 계층 내의 어떤 클래스가 메시지를 처리하거나 최상위 부모 클래스에 위임될 때까지 계속된다.

클래스가 없는 프로토타입 기반 언어에서 상속은 객체와 객체 간의 관계로 이뤄진다. 즉, 어떤 타입의 객체를 특정 객체 타입의 특수화로 만들거나 행동을 공유할 수 있게 만들고 싶은 경우 객체와 객체를 상속 관계를 통해 연결한다.

프로토타입 기반 언어에서도 메시지는 클래스 기반의 객체지향 언어와 동일하게 위임 메커니즘에 의해 처리된다. 차이점이라면 자식 클래스와 부모 클래스 사이가 아니라 자식 객체와 부모 객체 사이에 위임이 이뤄진다는 점이다. 메시지를 수신한 객체는 자신이 메시지를 이해할 수 없을 경우 부모 객체에게 위임한다. 이 메시지 위임 사슬은 계층 내의 어떤 객체가 메시지를 처리하거나 최상위 부모 객체에 위임될 때까지 계속된다.

클래스 기반 언어와 프로토타입 기반 언어 모두 위임 메커니즘을 기반으로 메시지를 해석할 수 있는 대상을 선택한다. 단지 위임이 클래스를 기준으로 이뤄지는지, 아니면 객체를 기준으로 이뤄지는지 여부가 다를 뿐이다.

집합과 분해

계층적인 복잡성

허버트 A. 사이먼은 『The Architecture of Complexity』[Simon 1962]에서 호라와 템프스라는 두 명의 시계 제작자와 관련된 우화를 하나 소개한다.

> 옛날에 호라와 템프스라고 하는 매우 훌륭한 두 명의 시계 제작자가 있었다. 두 명 모두 시계 제작에 있어 명성이 드높았고 시계를 주문하려는 수많은 고객으로 인해 작업실의 전화가 쉴 틈 없이 울려댔다. 그러나 호라의 가게는 번창한 반면 템프스의 가게는 적자를 면치 못하다가 끝내 문을 닫고 말았다. 이유가 뭘까?
>
> 시계는 1,000개 정도 되는 많은 부품을 이용해 만들어진다. 템프스가 시계를 조립하다가 전화를 받기위해 조립 중인 시계를 내려 놓으면 기껏 조립해 놓은 시계의 부품들은 즉시 조각조각 떨어져 나갔다. 전화 통화가 끝난 후 템프스는 어쩔 수 없이 한숨을 쉬며 처음부터 다시 부품을 조립해야만 했다. 고객들이 템프스의 시계를 선호하면 선호할수록 더 많은 전화가 걸려왔고 전화가 걸려오면 걸려올수록 템프스가 처음부터 다시 작업해야 하는 횟수가 많아졌다. 템프스는 방해받지 않고 시계를 완성할 수 있는 시간을 확보하기가 점점 더 어려워졌다.
>
> 호라가 제작한 시계가 템프스의 것보다 덜 복잡하거나 더 복잡한 것은 아니었다. 그러나 호라는 10개의 기본 부품을 모아 하나의 조립 부품을 구성했다. 다시 그 조립 부품을 10개 정도 모아 더 큰 조립 부품을 만들었고 최종적으로 10개의 더 큰 조립부품을 모아 시계를 완성했다. 따라서 호라가 전화를 받기위해 조립 중인 시계를 내려놓더라도 전체 작업 중에서 적은 부분만을 잃을 수 있었고, 템프스가 시계를 조립하는 데 걸린 시간보다 상대적으로 짧은 시간에 시계를 조립할 수 있었다[Simon 1962].

호라와 템프스의 우화에서 얻을 수 있는 교훈 두 가지는 다음과 같다.

- 복잡성은 '계층'의 형태를 띤다.
- 단순한 형태로부터 복잡한 형태로 진화하는 데 걸리는 시간은 그 사이에 존재하는 '안정적인 형태'의 수와 분포에 의존한다.

시계는 복잡한 구조를 지닌 인공물이다. 시계는 1,000개에 달하는 부품이 유기적으로 결합되어 작동한다. 시계는 그 안에 더 작은 부품들을 포함하는 계층적인 형태를 취하기 때문에 시계를 짧은 시간 안에 효율적으로 조립하는 유일한 방법은 작은 부품으로 구성된 안정적인 형태의 중간 부품을 이용해서 시계를 조립하는 것이다. 중간 규모의 부품 역시 그 내부에 더 작은 부품들을 포함하는 계층적인 형태로 구성된다. 시계는 중간 부품들을 조립해서 만들어지고, 중간 부품은 더 작은 부품들을 조립해서 만들어진다. 따라서 시계는 전체적으로 연쇄적인 계층 구조로 구성된다.

이 같은 안정적인 형태의 부분으로부터 전체를 구축하는 행위를 **집합**이라고 하고 집합과 반대로 전체를 부분으로 분할하는 행위를 **분해**라고 한다. 집합의 가치는 많은 수의 사물들의 형상을 하나의 단위로 다룸으로써 복잡성을 줄일 수 있다는 데 있다. 집합은 불필요한 세부 사항을 배제하고 큰 그림에서 대상을 다룰 수 있게 한다. 즉, 불필요한 세부 사항을 추상화한다. 그러나 필요한 시점에는 전체를 분해함으로써 그 안에 포함된 부분들을 새로운 전체로 다룰 수 있다. 전체와 부분 간의 일관된 계층 구조는 재귀적인 설계를 가능하게 한다.

집합은 전체의 내부로 불필요한 세부 사항을 감춰주기 때문에 추상화 메커니즘인 동시에 캡슐화 메커니즘이다. 외부에서는 전체에 관해서만 알고 있고 내부의 세부 사항에 대해서는 알지 못하기 때문에 내부의 구성을 변경하더라도 외부에 영향을 미치지 않는다. 집합과 분해는 한 번에 다뤄야 하는 요소의 수를 감소시킴으로써 인지 과부하를 방지한다.

그림 A.8 집합은 부품과 관련된 세부 사항을 시계 내부로 캡슐화해서 복잡성을 극복한다.

집합의 경계가 시계처럼 물리적으로 명확한 경우도 있지만 모호한 경우도 많다. 그럼에도 사람들은 집합의 경계를 결정하는 데 큰 어려움을 느끼지 않는데 인간이 본능적으로 세계를 안과 밖 지향성을 가진 그릇으로 보기 때문이다. 인간은 실제로 경계가 존재하지 않는 곳에서도 쉽게 추상적인 경계를 찾는다. 자연에 영토란 개념은 존재하지 않는다. 산과 평야의 경계는 모호하다. 어디서부터가 숲이고 어디서부터가 들판인지 어느 누구도 명확하게 규정지을 수 없다. 그럼에도 사람들은 자연스럽게 영토를 경계 짓고 산과 평야를 구분하며 숲과 들판이 서로 다른 영역으로 분리돼 있다고 생각한다.

조지 레이코프는 『삶으로서의 은유』[Lakoff 2003]에서 인간은 본능적으로 '그릇 은유'를 가지고 있다고 설명한다. 그릇 은유를 통해 사람들은 경계가 존재하지 않는 곳에서도 수월하게 인위적인 집합을 창조할 수 있다.

> 우리는 물리적 존재이고, 피부 표면에 의해 경계 지어지고, 세계의 다른 부분들과 구분되며, 또한 세계의 다른 부분을 우리의 밖에 있는 것으로 경험한다. 우리들 각각은 경계 짓는 표면과 안-밖 지향성을 지닌 하나의 그릇이다. … 그래서 우리는 다른 대상도 역시 그릇으로 간주한다. 방이나 집은 분명한 그릇이다. 방에서 방으로 이동하는 것은 한 그릇에서 나와 다른 그릇으로 이동하는 것, 즉 방 안에서 나와서 다른 방 안으로 들어가는 것이다. 우리가 바위 속에 무엇이 있는가를 보려고 그 바위를 깨트릴 때처럼 우리는 심지어 고체의 대상조차도 그릇 지향성을 부과한다. 또한 우리는 자연 환경에도 그릇 지향성을 부과한다. … 숲 안의 벌목지는 우리가 자연적인 경계로 지각할 수 있는 무엇—나무가 다소 적어지고, 벌목지가 시작되는 경계가 불분명한 지역—을 가지고 있다. 그러나 심지어 그릇을 정의한다고 볼 수 있는 어떤 자연적인 물리적 경계가 없는 경우조차도 우리는 담이나 울타리, 추상적인 선이나 평면 등 어떤 것으로든 경계를 부과한다. 즉, 그것이 안쪽과 경계 짓는 표면을 갖게끔 영토를 구분한다. 인간의 본능 중에 영토 소유욕보다 기본적인 것은 거의 없다. 그래서 어떤 영토를 그렇게 정의하고, 그 영토 주변에 경계를 정하는 것은 양화 행동이다[Lakoff 2003].

합성 관계

상품 주문을 생각해보자. 여러분은 여러 상품을 한 번에 주문할 수 있다. 이때 각 상품을 몇 개 주문했는지를 가리켜 주문 항목이라고 한다. 각 주문 항목은 주문과 독립적으로 존재할 수 없다. 주문 항목은 반드시 어떤 한 주문의 일부로 생성되기 때문에 주문의 일부여야 한다. 객체와 객체 사이의 전체-부분 관계를 구현하기 위해서는 **합성 관계**를 사용한다.

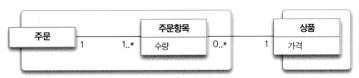

그림 A.9 합성 관계로 연결된 주문과 주문 항목

합성 관계는 부분을 전체 안에 캡슐화함으로써 인지 과부하를 방지한다. 주문 항목은 주문의 일부이므로 이 모델을 다루는 사람은 주문 항목과 관련된 세부 사항은 무시하고 주문과 상품만이 존재하는 것처럼 모델을 다룰 수 있다. 필요하다면 주문 내부로 들어가 주문 항목과 관련된 세부 사항을 확인할 수 있다. 주문 내부의 세부 사항을 다루는 동안에는 주문 외부의 상품에 대해서는 신경 쓰지 않아도 무방하다. 따라서 객체들의 그룹과 관련된 복잡성이 완화된다. 합성 관계를 이용해 계층적인 객체들의 그룹을 만드는 것은 바로 이런 이유에서다.

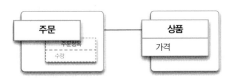

그림 A.10 합성 관계는 주문 항목의 존재를 일시적으로 감춤으로써 복잡성을 낮춘다.

상품과 주문 항목 사이에도 관계가 존재하지만 상품은 주문 항목의 일부가 아니다. 따라서 주문과 주문 항목 사이의 관계는 전체와 부분 간의 관계를 나타내는 합성 관계인데 비해 주문 항목과 상품 간에는 단순한 물리적 통로가 존재한다는 사실만 나타낸다. 이를 **연관 관계**라고 한다.

합성 관계와 연관 관계 사이의 차이가 항상 명확한 것은 아니지만 일반적으로 합성 관계로 연결된 객체는 포함하는 객체가 제거될 때 내부에 포함된 객체도 함께 제거된다. 위 예에서 주문이 제거되면 주문 항목도 함께 제거돼야 한다. 주문이 존재하지 않는 주문 항목은 의미가 없기 때문이다.

이에 반해 연관 관계로 연결된 두 객체는 생명주기와 관련된 어떤 제약도 부과하지 않는다. 연관 관계로 연결된 두 객체는 독립적으로 제거될 수 있다. 주문의 제거로 인해 주문 항목이 제거되더라도 상품은 계속 판매될 것이다. 합성 관계는 생명주기 측면에서 연관 관계보다 더 강하게 객체들을 결합한다.

패키지

비록 합성 관계를 이용해 커다란 객체 그룹을 단순화하더라도 클래스의 수가 많아지면 많아질수록 얽히고 설킨 클래스 간의 의존성을 관리하는 일은 악몽으로 변해 간다. 복잡한 클래스의 미로 속에서 길을 잃고 헤매지 않으려면 구조에 관한 큰 그림을 안내해 줄 지도가 필요하다.

지도는 소프트웨어의 전체적인 구조를 쉽게 이해할 수 있게 적절한 높이와 적절한 축척으로 소프트웨어를 표현할 수 있어야 한다. 소프트웨어에는 물리적인 형체라는 것이 존재하지 않으므로 구조를 단순화하기 위해서는 서로 관련성이 높은 클래스 집합을 논리적인 단위로 통합해야 한다. 이처럼 상공에서 바라본 소프트웨어의 전체적인 구조를 표현하기 위해 관련된 클래스 집합을 하나의 논리적인 단위로 묶는 구성 요소를 패키지 (package) 또는 모듈(module)이라고 한다.

패키지를 이용하면 시스템의 전체적인 구조를 이해하기 위해 한 번에 고려해야 하는 요소의 수를 줄일 수 있다. 또한 개별 클래스가 아닌 클래스의 집합을 캡슐화함으로써 전체적인 복잡도를 낮출 수 있다. 함께 협력하는 응집도 높은 클래스 집합을 하나의 패키지 내부로 모으면 코드를 이해하기 위해 패키지 경계를 넘나들 필요가 적어진다.

합성 관계가 내부에 포함된 객체들의 존재를 감춤으로써 내부 구조를 추상화하는 것처럼 패키지는 내부에 포함된 클래스들을 감춤으로써 시스템의 구조를 추상화한다.

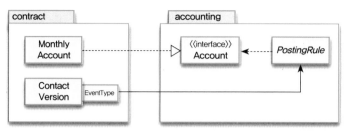

그림 A.11 패키지는 내부의 클래스들을 추상화한다.

[Beck 1989] Kent Beck, Ward Cunningham, "A Laboratory For Teaching Object-Oriented Thinking", OOPSLA 1989, 1-6.

[Beck 2002] Kent Beck, "Test Driven Development: By Example", Addison-Wesley Professional, 2002
 · 한국어판: 김창준, 강규영 공역, "테스트 주도 개발", 인사이트, 2014

[Booch 2007] Grady Booch, Robert A. Maksimchuk, Michael W. Engel, Bobbi J. Young, Jim Conallen, Kelli A. Houston, "Object-Oriented Analysis and Design with Applications (3rd Edition)", Addison-Wesley Professional, 2007
 · 한국어판: 박현철, 임춘봉, 박경민 공역, "UML을 활용한 객체지향 분석 설계", 에이콘출판사, 2013

[Brooks 1995] Frederick P. Brooks Jr., "The Mythical Man-Month: Essays on Software Engineering, Anniversary Edition (2nd Edition)", Addison-Wesley Professional, 1995
 · 한국어판: 강중빈 역, "맨먼스 미신", 인사이트, 2015

[Budd 2001] Timothy Budd, "An Introduction to Object-Oriented Programming (3rd Edition)", Addison-Wesley, 2001

[Cardelli 1985] Luca Cardelli, Peter Wegner, "On Understanding Types, Data Abstraction, and Polymorphism", Computing Surveys, Vol 17 n. 4, pp 471-522, 1985

[Cockburn 1997] Alistair Cockburn, "Structuring Use Cases with Goals", Journal of Object-Oriented Programming, Sep-Oct, 1997 and Nov-Dec, 1997.

[Cockburn 2000] Alistair Cockburn, "Writing Effective Use Cases", Addison-Wesley Professional, 2000
 · 한국어판: 임병인 역, "앨리스터 코오번의 유스케이스: Writing Effective Use Cases", 인사이트, 2011

[Cockburn 2001] Alistair Cockburn, "Agile Software Development", Addison-Wesley Professional, 2001
 · 한국어판: 이오커뮤니케이션 역, "Agile 소프트웨어 개발", 피어슨에듀케이션코리아, 2002

[Cook 1994] Steve Cook, John Daniels, "Designing Object Systems: Object-Oriented Modelling with Syntropy", Prentice Hall, 1994

[Devlin 2003] Keith Devlin, "Why universities require computer science students to take math", Communications of the ACM, Vol. 46, pp. 37 - 39, 2003

[D'Souza 1998] Desmond F. D'Souza, Alan Cameron Wills, Objects, Components, and Frameworks with UML: The Catalysis Approach, Addison-Wesley Professional, 1998

[Evans 2003] Eric Evans, "Domain-Driven Design: Tackling Complexity in the Heart of Software", Addison-Wesley Professional, 2003
 · 한국어판: 이대엽 역, "도메인 주도 설계: 소프트웨어의 복잡성을 다루는 지혜", 위키북스, 2011

[Fowler 1999] Martin Fowler, "Refactoring: Improving the Design of Existing Code", Addison-Wesley Professional, 1999
 · 한국어판: 김지원 역, "리팩토링: 코드 품질을 개선하는 객체지향 사고법", 한빛미디어, 2012

[Fowler 1996a] Martin Fowler, "Analysis Patterns: Reusable Object Models", Addison-Wesley Professional, 1996

[Fowler 1999b] Martin Fowler, Kendall Scott, "UML Distilled: A Brief Guide to the Standard Object Modeling Language (2nd Edition)", Addison-Wesley Professional, 1999
 · 한국어판: 신인철 역, "UML Distilled: 표준객체모델링언어 입문", 홍릉과학출판사, 2000

[Fowler 2003] Martin Fowler, "UML Distilled: A Brief Guide to the Standard Object Modeling Language (3rd Edition)", Addison-Wesley Professional, 2003
 · 한국어판: 이인섭 역, "UML DISTILLED: 표준 객체 모델링 언어 입문(제3판)", 홍릉과학출판사, 2005

[Freeman 2009] Steve Freeman, Nat Pryce, "Growing Object—Oriented Software, Guided by Tests", Addison—Wesley Professional, 2009
· 한국어판: 이대엽 역, "테스트 주도 개발로 배우는 객체 지향 설계와 실천", 인사이트, 2013

[GOF 1994] Erich Gamma, Richard Helm, Ralph Johnson, John M. Vlissides, "Design Patterns: Elements of Reusable Object—Oriented Software ", Addison—Wesley Professional, 1994
· 한국어판: 김정아 역, "GoF의 디자인 패턴: 재사용성을 지닌 객체지향 소프트웨어의 핵심요소", 프로텍 미디어, 2015

[Jacobson 1992] Ivar Jacobson, "Object—Oriented Software Engineering — A Use Case Driven Approach", Wesley Professional, 1992

[Kramer 2007] Jeff Kramer, "Is abstraction the key to computing?", Communications of the ACM, Vol. 50, pp. 36–42, 2007

[Kay 1993] Alan C. Kay, "The Early History of Smalltalk", http://gagne.homedns.org/~tgagne/contrib/EarlyHistoryST.html , 1993

[Kay 1998] Alan C. Kay, "Squeak mailing list", http://lists.squeakfoundation.org/pipermail/squeak-dev/1998–October/017019.html, 1998

[Kerievsky 2004] Joshua Kerievsky, "Refactoring to Patterns", Addison—Wesley Professional, 2004
· 한국어판: 윤성준, 조상민 공역, "패턴을 활용한 리팩터링", 인사이트, 2011

[Larman 2001] Craig Larman, "Applying UML and Patterns: An Introduction to Object—Oriented Analysis and Design and the Unified Process (2nd Edition)", Prentice Hall, 2001
· 한국어판: 박수희, 이강선, 노은하 공역, "UML과 패턴의 적용: 객체지향 분석 및 설계와 Unified Process 에 대한 입문서(제2판)", 홍릉과학출판사, 2003

[Lakoff 2003] George Lakoff, Mark Johnson, "Metaphors We Live" University Of Chicago Press, 2003
· 한국어판: 노양진, 나익주 공역, "삶으로서의 은유", 박이정출판사, 2006

[Larman 2004] Craig Larman, "Applying UML and Patterns: An Introduction to Object—Oriented Analysis and Design and Iterative Development (3rd Edition)", Prentice Hall, 2004
· 한국어판: 김수동 역, "UML과 패턴의 적용(제3판)", 홍릉과학출판사, 2005

[Lieberherr 1988] K. Lieberherr, I. llolland, A. Riel, "Object—Oriented Programming: An Objective Sense of Style", OOPSLA '88 Conference proceedings, pp. 323–334, 1988

[Liskov 1988] Barbara Liskov, "Data Abstraction and Hierarchy", SIGPLAN Notices, 23(5), pp. 17–34, 1988

[Martin 1996] James Martin, James J. Odell, "Object–Oriented Methods: Pragmatic Considerations", Prentice Hall, 1996

[Martin 1998] James Martin, James J. Odell, "Object–Oriented Methods: A Foundation, UML Edition (2nd Edition)", Prentice Hall, 1998

[Martin 2002] Robert C. Martin, "Agile Software Development, Principles, Patterns, and Practices", Prentice Hall, 2002
 · 한국어판: 이용원 역, "소프트웨어 개발의 지혜: 원칙, 디자인 패턴, 실천 방법", 야스미디어, 2004

[Metz 2012] Sandi Metz, "Practical Object–Oriented Design in Ruby – An Agile Primer", Addison–Wesley Professional, 2012
 · 한국어판: 박건하 역, "루비로 배우는 객체지향 디자인", 인사이트, 2014

[Meyer 2000] Bertrand Meyer, "Object–Oriented Software Construction 2nd Edition", Prentice Hall, 2000

[Noble 2002] James Noble, Robert Biddle, Ewan Tempero, "Metaphor and metonymy in object–oriented design patterns", Australian Computer Science Communications Volume 24 Issue 1, pp. 187–195

[Norman 1988] Donald A. Norman, "The Psychology of Everyday Things", Basic Books Inc, 1988
 · 한국어판: 이창우, 김영진, 박창호 공역, "디자인과 인간심리", 학지사, 2001

[Pinker 1994] Steven Pinker, "The Language Instinct", NewYork: Harper Collins, 1994
 · 한국어판: 김한영, 문미선, 신효식 공역, "언어본능: 마음은 어떻게 언어를 만드는가?", 동녘사이언스, 2008

[Pinker 1997] Steven Pinker, "How the Mind Works", Norton, 1997
 · 한국어판: 김한영 역, "마음은 어떻게 작동하는가: 과학이 발견한 인간 마음의 작동 원리와 진화심리학의 관점", 동녘사이언스, 2007

[Riel 1996] Arthur J. Riel, "Object–Oriented Design Heuristics", Addison–Wesley Professional, 1996

[Root–Bernstein 2001] Robert Root–Bernstein, Michele M. Root–Bernstein, "Sparks of Genius: The Thirteen Thinking Tools of the World's Most Creative People", Mariner Books, 2001
 · 한국어판: 박종성 역, "생각의 탄생: 다빈치에서 파인먼까지 창조성을 빛낸 사람들의 13가지 생각도구", 에코의서재, 2007

[Simon 1962] Herbert A. Simon, "The Architecture of Complexity", Proceedings of the American Philosophical Society, Vol. 106(6), pp. 467–482, 1962

[Waldén 1995] Kim Waldén, Jean-Marc Nerson, "Seamless Object-Oriented Software Architecture – Analysis and Design of Reliable Systems", Prentice Hall, 1995

[Weisfeld 2008] Matt Weisfeld, "The Object-Oriented Thought Process, 3rd Edition", Addison-Wesley Professional, 2008
 · 한국어판: 배선종 역, "객체지향적으로 생각하라!", 정보문화사, 2009

[Wirfs-Brock 1989] Rebecca Wirfs-Brock, Brian Wilkerson, "Object-oriented design: a responsibility-driven approach", OOPSLA '89 Conference Proceedings, pp. 1–6, 1989

[Wirfs-Brock 1990] Rebecca Wirfs-Brock, Brian Wilkerson, Lauren Wiener, "Designing Object-Oriented Software", Prentice Hall, 1990

[Wirfs-Brock 2003] Rebecca Wirfs-Brock, Alan Mckean, "Object Design: Roles, Responsibilities, and Collaborations", Addison-Wesley Professional, 2003
 · 한국어판: 김동혁, 윤대현 공역, "오브젝트 디자인: 소프트웨어 개발의 성공 열쇠", 인포북, 2004

찾아보기

찾아보기